オール
カラー

中1

要点が
しっかりわかる本

5科

「勉強のやり方」を教える塾 プラスティー代表　清水章弘／監修

プラスティー教育研究所／編集協力

かんき出版

はじめに

まず、みなさんに質問です。「勉強は好きですか？」

全国の中学校で講演をするとき、ほとんどの場合、誰も手を挙げません。みんなの前で「勉強が好き！」と挙手するのが恥ずかしいのかもしれませんが、それにしても誰も挙げないのがほとんどなのです。「勉強は好きじゃない」が、むしろ普通なのかもしれません。

今の時代は、楽しいことが多すぎます。落ち着いて机に向かって勉強できる人は、逆に珍しいのではないかと思います。スマホ・ゲーム・タブレットなどなど、とにかくたくさんの誘惑があるのです。僕もその気持ちはわかるつもりです。僕が小学生のころはゲームが流行っていました。中学生になると携帯電話が登場しました。ゲームに何時間も没頭したり、毎日 100 通以上のメールをしたり……と、一通り誘惑に触れて（負けて）きた身としては、みなさんの気持ちが、わかる気がするのです。

でも、僕は勉強の楽しさをみなさんに伝えたいと思います。ゲームやスマホをやめようとは言いません。でも、**勉強のやり方を身につけ、「できない」ことが「できる」になる楽しさを体感してもらいたい**と思っています。

中学 1 年生は何かと難しい時期です。「中 1 ギャップ」という言葉があります。小学校と中学校では大きく環境が変化します。その変化になじめず、学校がイヤになってしまう中学生は少なくありません。このことは学校や教育委員会で問題になっています。悩みを感じているのはみなさんだけではないのです。

必要なのは、**自学力**です。自学力とは、**自分から学び続ける力**のことです。「続ける」と聞くと、苦しくてつらいイメージを持つ人もいるかもしれません。でも、それは少し違います。

たしかに、つまらないこと・理解できないことは続きません。でも、ゲームやスマホに没頭できるのは「楽しい」からですよね。**続けるコツは「楽しむ」こと。**勉強も同じで、「わかる」→「成績が上がる」→「さらに学びたくなる」という流れが、続けるために必要なのです。

この本には 5 教科のもっとも大事なところを、ギッシリ詰め込みました。ザッと読んで「苦手」を把握するのもよし、じっくり読んで着実に覚えていくのよし。

各教科ページの冒頭には、その教科の勉強法を書いています。中 1 のうちに身につけたい勉強のやり方が載っているので、ぜひ実行してみてくださいね。

この本がみなさんの「わかった！」「できた！」のきっかけになることを願っています。

2024 年夏　清水章弘

本書の使い方

コンパクトにまとめた解説とフルカラーの図です。赤シートでオレンジの文字が消えます。

「学びのポイント」にはその項目でおさえるべきポイントや勉強法のコツなどを載せています。

暗記　発展　参考　注意　重要

などの補足説明も載っています。

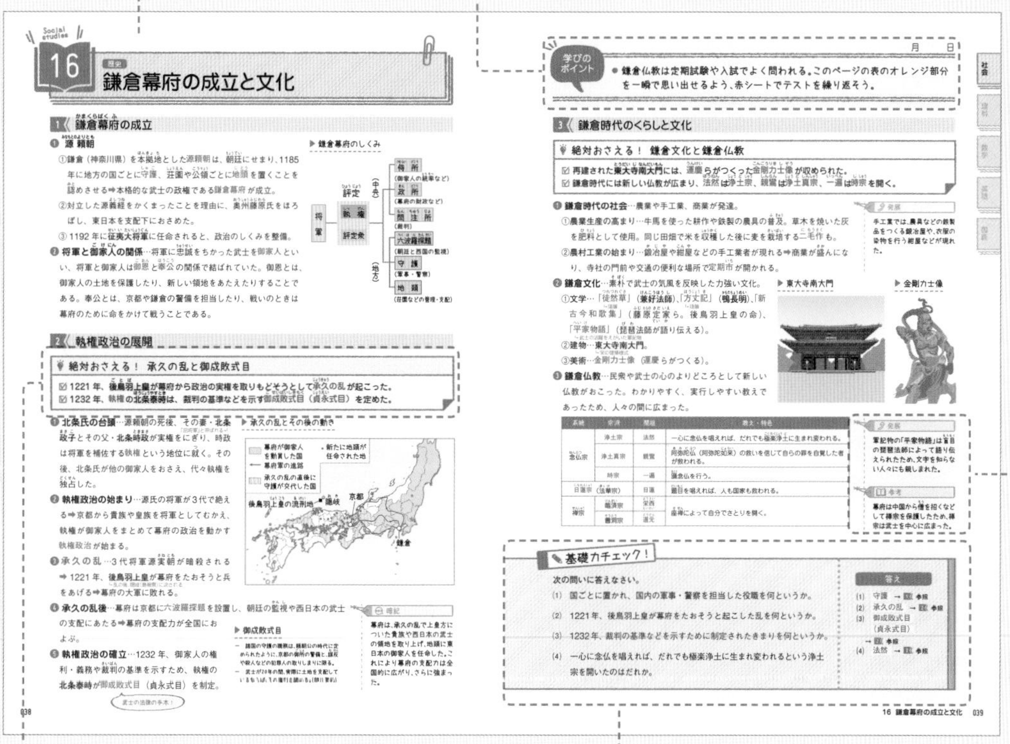

Social studies

16 歴史 鎌倉幕府の成立と文化

1 鎌倉幕府の成立《かまくらばくふ》

❶ 源 頼朝《みなもとのよりとも》

①鎌倉（神奈川県）を本拠地《ほんきょち》とした源頼朝は、朝廷《ちょうてい》にせまり、1185年に地方の国ごとに守護《しゅご》、荘園《しょうえん》や公領《こうりょう》ごとに地頭《じとう》を置くことを認《みと》めさせる➡本格的な武士の政権である鎌倉幕府が成立。

②対立した源義経《よしつね》をかくまったことを理由に、奥州藤原氏《おうしゅうふじわら》をほろぼし、東日本を支配下におさめた。

③1192年に征夷大将軍《せいいたいしょうぐん》に任命されると、政治のしくみを整備。

❷ 将軍と御家人《ごけにん》の関係…将軍に忠誠《ちゅうせい》をちかった武士を御家人といい、将軍と御家人は御恩《ごおん》と奉公《ほうこう》の関係で結ばれていた。御恩とは、御家人の土地を保護したり、新しい領地をあたえたりすることである。奉公とは、京都や鎌倉の警備を担当したり、戦いのときは幕府のために命をかけて戦うことである。

▶ 鎌倉幕府のしくみ

2 執権政治の展開

絶対おさえる！ 承久の乱と御成敗式目

☑ 1221年、後鳥羽上皇《ごとば》が幕府から政治の実権を取りもどそうとして承久の乱《じょうきゅう》が起こった。
☑ 1232年、執権の北条泰時《ほうじょうやすとき》は、裁判の基準などを示す御成敗式目《ごせいばいしきもく》（貞永式目《じょうえい》）を定めた。

❶ 北条氏の台頭…源頼朝の死後、その妻・北条政子《まさこ》とその父・北条時政《ときまさ》が実権をにぎり、時政は将軍を補佐する執権という地位に就《つ》く。その後、北条氏が他の御家人をおさえ、代々執権を独占《どくせん》した。

❷ 執権政治の始まり…源氏の将軍が3代で絶える➡京都から貴族や皇族を将軍としてむかえ、執権が御家人をまとめて幕府の政治を動かす執権政治が始まる。

❸ 承久の乱…3代将軍源実朝《さねとも》が暗殺される➡1221年、後鳥羽上皇が幕府をたおそうと兵をあげる➡幕府の大軍に敗れる。

❹ 承久の乱後…幕府は京都に六波羅探題を設置し、朝廷の監視《かんし》や西日本の武士の支配にあたる➡幕府の支配力が全国におよぶ。

❺ 執権政治の確立…1232年、御家人の権利・義務や裁判《さいばん》の基準を示すため、執権の北条泰時が御成敗式目（貞永式目）を制定。

武士の法律の手本！

▶ 承久の乱とその後の動き

▶ 御成敗式目

一 諸国の守護の職務は、頼朝公の時代に定められたように、京都の御所の警備と、謀反や殺人などの犯罪人の取りしまりに限る。
一 武士が20年の間、実際に土地を支配しているならば、その権利を認める。

暗記

幕府は、承久の乱で上皇方についた貴族や西日本の武士の領地を取り上げ、地頭に東日本の御家人を任命した。これにより幕府の支配力は全国的に広がり、さらに強まった。

038

月　日

学びのポイント

● 鎌倉仏教は定期試験や入試でよく問われる。このページの表のオレンジ部分を一瞬で思い出せるよう、赤シートでテストを繰り返そう。

社会　理科　数学　英語　国語

3 鎌倉時代のくらしと文化

絶対おさえる！ 鎌倉文化と鎌倉仏教

☑ 再建された東大寺南大門《とうだいじなんだいもん》には、運慶《うんけい》らがつくった金剛力士像《こんごうりきしぞう》が収められた。
☑ 鎌倉時代には新しい仏教が広まり、法然《ほうねん》は浄土宗《じょうどしゅう》、親鸞《しんらん》は浄土真宗《じょうどしんしゅう》、一遍《いっぺん》は時宗《じしゅう》を開く。

❶ 鎌倉時代の社会…農業や手工業、商業が発達。

①農業生産の高まり…牛馬を使った耕作や鉄製の農具の普及《ふきゅう》。草木を焼いた灰を肥料《ひりょう》として使用。同じ田畑で米を収穫《しゅうかく》した後に麦を栽培《さいばい》する二毛作《にもうさく》も。

②農村工業の始まり…鍛冶屋《かじや》や紺屋《こんや》などの手工業者が現れる➡商業が盛《さか》んになり、寺社の門前や交通の便利な場所で定期市《いち》が開かれる。

発展

手工業では、農具などの鉄製品をつくる鍛冶屋や、衣服の染物を行う紺屋などが現れた。

❷ 鎌倉文化…素朴《そぼく》で武士の気風を反映した力強い文化。

①文学…「徒然草《つれづれぐさ》」（兼好法師《けんこうほうし》）、「方丈記《ほうじょうき》」（鴨長明《かものちょうめい》）、「新古今和歌集」（藤原定家《ふじわらのさだいえ》ら。後鳥羽上皇の命）、「平家物語《へいけ》」（琵琶《びわ》法師が語り伝える）。

②建物…東大寺南大門。

③美術…金剛力士像（運慶らがつくる）。

▶ 東大寺南大門

▶ 金剛力士像

❸ 鎌倉仏教…民衆や武士の心のよりどころとして新しい仏教がおこった。わかりやすく、実行しやすい教えであったため、人々の間に広まった。

系統	宗派	開祖	教え・特色
念仏宗	浄土宗	法然	一心に念仏を唱えれば、だれでも極楽浄土に生まれ変われる。
	浄土真宗	親鸞	阿弥陀仏《あみだぶつ》（阿弥陀如来）の救いを信じて自らの罪を自覚した者が救われる。
	時宗	一遍	踊念仏を行う。
日蓮宗（法華宗）		日蓮	題目を唱えれば、人も国家も救われる。
禅宗	臨済宗	栄西	座禅によって自分でさとりを開く。
	曹洞宗	道元	

発展

軍記物の「平家物語」は盲目の琵琶法師によって語り伝えられたため、文字を知らない人々にも親しまれた。

参考

幕府は中国から僧を招くなどして禅宗を保護したため、禅宗は武士を中心に広まった。

基礎力チェック！

次の問いに答えなさい。

(1) 国ごとに置かれ、国内の軍事・警察を担当した役職を何というか。

(2) 1221年、後鳥羽上皇が幕府をたおそうと起こした乱を何というか。

(3) 1232年、裁判の基準などを示すために制定されたきまりを何というか。

(4) 一心に念仏を唱えれば、だれでも極楽浄土に生まれ変われるという浄土宗を開いたのはだれか。

答え

(1) 守護 → 参照
(2) 承久の乱 → 参照
(3) 御成敗式目（貞永式目） → 参照
(4) 法然 → 参照

16 鎌倉幕府の成立と文化　039

重要項目は「絶対おさえる！」にまとめています。

数学以外には「基礎力チェック！」問題があるので、要点を理解できたか確認してみましょう。数学は、例題をもとに解き方を解説しています。

特典動画の視聴方法

この本の特典として、「清水先生オススメ・勉強のやり方」の動画を、パソコンやスマートフォンから視聴することができます。日常の学習に役立ててください。

❶ インターネットで下記のページにアクセスする

パソコンから
https://kanki-pub.co.jp/pages/as5kayouten1/

スマートフォンから
QRコードを読み取る

❷ 特典ページがひらくので、動画を視聴する

※上記URLは購入者特典のため、転載等を禁じます。

もくじ

数学 Mathematics

英語 English

※国語は巻末から始まります

国語 Japanese

ブックデザイン:dig
図版・イラスト:佐藤百合子、熊アート
DTP:ニッタプリントサービス
編集協力:マイプラン、プラスティー教育研究所(佐藤大地、渡邉健太郎、安原和貴、永濱智也、池航平、西川博謙、佐藤大地、岸誠人、梅津さくら、延東知孝、濱田和輝、古屋秀基)

社会のおすすめ勉強法❶

解説を自分の言葉で語り直して、理解を深めよう!

解説読み上げ勉強法

勉強は、ただ聞いたり読んだりするだけでなく、「自分の言葉で解説してみる」とより一層理解が深まります。「解説読み上げ勉強法」は、自分の理解度チェックにもおすすめです。

「解説読み上げ勉強法」のやり方

❶ 教科書や参考書の解説を読む。

❷ 理解できない用語を調べる。

❸ 教科書や参考書の解説を自分なりの言葉に置きかえ、声に出して説明する。

できれば先生や友だち、家族に聞いてもらおう！

3 奈良時代の社会

絶対おさえる！ 平城京と人々の負担

☑ **710年に奈良に平城京《へいじょうきょう》がつくられ、それからの約80年間を奈良時代という。**
☑ **6歳《さい》以上の人々に口分田《くぶんでん》があたえられ、租《そ》・調《ちょう》・庸《よう》といった重い税が課せられた。**

❶ **平城京**…710年、律令国家の新しい都として奈良につくられた都。唐の都・長安《ちょうあん》にならう。広い道路によって碁盤の目のように区画された。市《いち》では各地から送られてきた産物が売買され、和同開珎《わどうかいちん》《かいほう》が流通。
↳人口100万人をこえる世界有数の都市

❷ **奈良時代**…奈良に平城京が造られた後の約80年間。

❸ **班田収授法《はんでんしゅうじゅのほう》**…戸籍《こせき》に登録された6歳以上のすべての男女に一定の口分田をあたえ、その人が死ぬと国に返させるしくみ。
↳6年ごとにつくられた

❹ **人々の負担**…租・調・庸の税や労役《ろうえき》・兵役の義務など重い負担。特に調や庸は都まで運ばなければならず、人々にとって大きな負担に。

❺ **律令政治のくずれ**…人口増加などにともなって口分田が不足したため、743年に墾田永年私財法《こんでんえいねんしざいのほう》を出し、新しく開墾《かいこん》した土地の永久私有を認《みと》める➡貴族や寺院が私有地（のちの荘園《しょうえん》）を広げ、公地・公民の原則はくずれる。

暗記
平城京の市《いち》では各地から
られてきた産物が売買され
和同開珎が流通。

人々の負担	
租	稲《いね》の収穫《しゅうかく》の約3％を納める
調	絹や魚などの特産物を納める
庸	労役の代わりに麻《あさ》を約8m納める

710年、現在の奈良県に平城京がつくられました。平城京は唐の長安にならってつくられたそうです。710年から平安京がつくられる794年までの時代を奈良時代といいます。この時代には班田収授法という制度があり、それは……

ポイント

☑ うまく説明できないところは理解できていない可能性が高い！　解説を読み直したり、身近な先生に質問したりして、正しく理解することに努めよう。

☑ まずは教科書や参考書を読みながらでOK。慣れてきたら何も見ずに解説してみよう。

社会のおすすめ勉強法❷

コメントを足して、自分だけの参考書をつくろう!

解説つけ足し勉強法

教科書や参考書は、ただ読むだけではもったいない！　どんどん自分なりのコメントを書き込んでいくと、自分にとって一番使いやすいオリジナルの教科書・参考書ができあがります。

「解説つけ足し勉強法」のやり方

❶ 教科書や参考書の解説を読む。

❷ 自分で調べたこと、授業で聞いたことを解説に書き込む。

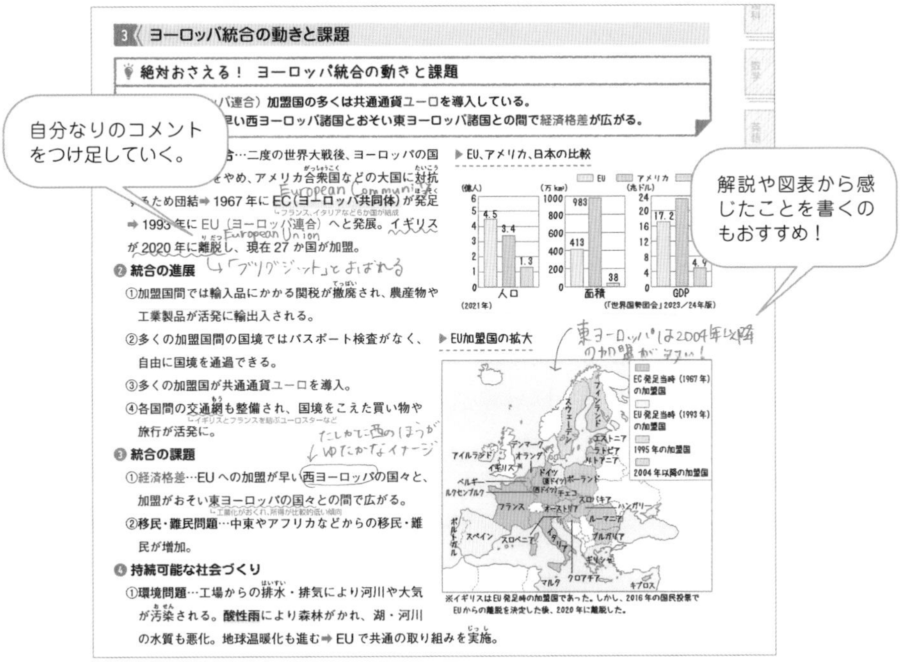

3 ヨーロッパ統合の動きと課題

絶対おさえる！　ヨーロッパ統合の動きと課題

ッパ連合）加盟国の多くは共通通貨ユーロを導入している。
早い西ヨーロッパ諸国とおそい東ヨーロッパ諸国との間で経済格差が広がる。

合…二度の世界大戦後、ヨーロッパの国をやめ、アメリカ合衆国《がっしゅうこく》などの大国に対抗《たいこう》するため団結➡1967年にEC（ヨーロッパ共同体）が発足《ほっそく》➡1993年にEU（ヨーロッパ連合）へと発展。イギリスが2020年に離脱《りだつ》し、現在27か国が加盟。

❷ 統合の進展

①加盟国間では輸入品にかかる関税が撤廃《てっぱい》され、農産物や工業製品が活発に輸出入される。

②多くの加盟国間の国境ではパスポート検査がなく、自由に国境を通過できる。

③多くの加盟国が共通通貨ユーロを導入。

④各国間の交通網《もう》も整備され、国境をこえた買い物や旅行が活発に。

❸ 統合の課題

①経済格差…EUへの加盟が早い西ヨーロッパの国々と、加盟がおそい東ヨーロッパの国々との間で広がる。

②移民・難民問題…中東やアフリカなどからの移民・難民が増加。

❹ 持続可能な社会づくり

①環境問題…工場からの排水《はいすい》・排気により河川や大気が汚染《おせん》される。酸性雨により森林がかれ、湖・河川の水質も悪化。地球温暖化も進む➡EUで共通の取り組みを実施《じっし》。

ポイント

☑ためらわずにコメントを書き込み、自分だけの教科書・参考書をつくろう。

☑書き込む内容は知識だけでなく自分の感情や感想でもOK！

☑資料集や図説は暗記に役立つ小ネタの宝庫！　どんどん読んで、知ったことを書き込もう。

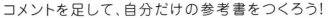

Social studies

1 地理 世界の姿

1 六大陸と三大洋

絶対おさえる！　六大陸と三大洋

☑ 六大陸のうち、最も大きい大陸は**ユーラシア大陸**で、**アジア州**と**ヨーロッパ州**に分けられる。
☑ 三大洋は、最も広い**太平洋**と、大西洋、インド洋の３つの海洋。

❶ **陸地**…日本列島に近いユーラシア大陸（└最も大きい大陸）のほか、アフリカ大陸、北アメリカ大陸、南アメリカ大陸、オーストラリア大陸、南極大陸の六大陸と多くの島々。

❷ **海洋**…太平洋（└最も広い海洋）、大西洋、インド洋の三大洋のほか、大陸周辺に広がる海洋や、大陸に囲まれた海洋など。

❸ **陸地と海洋の面積の割合**…約３：７で、海洋のほうが広い。

❹ **六つの州**…ユーラシア大陸を２つに分けるアジア州とヨーロッパ州のほか、アフリカ州、北アメリカ州、南アメリカ州、オセアニア州。

オーストラリアがふくまれる州！

▶ 大陸と州、三大洋

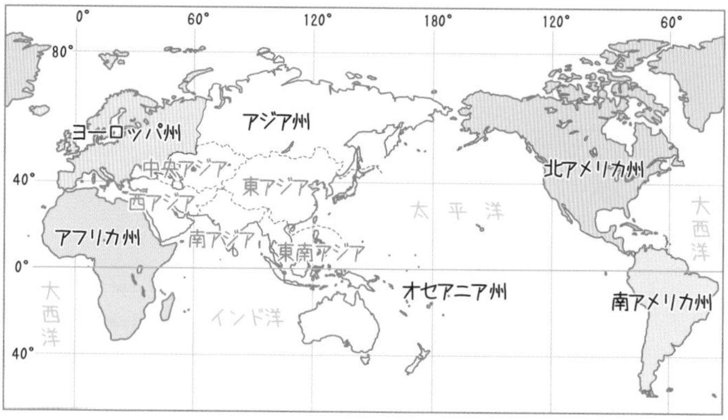

発展

アジア州は、さらに西アジア、中央アジア、南アジア、東南アジア、東アジアに分けられる。

2 国境と国旗

❶ **国境**…国と国の境界のこと。山地、川、海洋など自然の地形を利用したものと、緯線《いせん》や経線を使った人工的なものがある。

①海洋国（島国）…周りを海に囲まれている国。
└日本やニュージーランド、フィリピンなど

②内陸国…国土が海に面していない国。
└モンゴルやスイスなど

❷ **国旗**…国独自の旗で、その国の自然や歴史、人々の思いなどを表したもの。

・**オセアニア州の国々の国旗**…南十字星がえがかれた国旗や、イギリスの国旗（ユニオンジャック）の入った国旗が多くみられる。

・**イスラム教徒が多い国々の国旗**…三日月と星が入った国旗がみられる。

重要

アフリカ州の国に直線的な国境が多くみられる理由→植民地支配を受けていたときに緯線や経線を使って引かれた境界線を、そのまま国境にしたから。

3 世界のさまざまな国々

❶ **世界の国々**…190あまりの国がある。

❷ **面積**…最大の国は**ロシア**で、総面積が日本の約45倍ある。最小の国はイタリアのローマ市内にある**バチカン市国**。

❸ **人口**…州別だと、**アジア州**が最も多い。世界で最も人口の多い国は**インド**、第２位は**中国**《ちゅうごく》（2023年）。

・人口密度…人口を面積で割った値。1㎢あたりの人口で表される。

▶ 世界の地域別人口の移り変わり

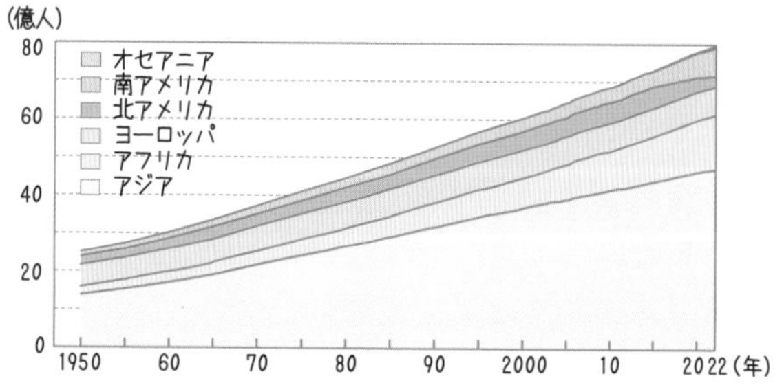

（「世界国勢図会」2023／24ほか）

学びのポイント

● 赤道や主要な緯線・経線がどのあたりを通っているのか、地図で必ずチェックしておこう。とくに赤道の位置は頻出なので要注意！

4《 緯度と経度

絶対おさえる！ 緯度と経度

☑ 緯度は赤道を0度として、北と南にそれぞれ90度。
☑ 経度は本初子午線《ほんしょしごせん》を0度として、東と西にそれぞれ180度。

❶ 緯線と経線

①緯線…赤道と平行に引かれた線。
↳インドネシアやエクアドルなどを通る
②経線…北極点と南極点を結んだ線。

❷ 緯度と経度

①緯度…0度の赤道を中心として、北と南にそれぞれ90度に分かれる。北側が**北緯《ほくい》**、南側が**南緯《なんい》**。

②経度…イギリスの旧グリニッジ天文台を通る0度の経線（本初子午線）を基準として、東と西にそれぞれ180度に分かれる。東側が**東経**、西側が**西経**。

▶ 緯線と経線

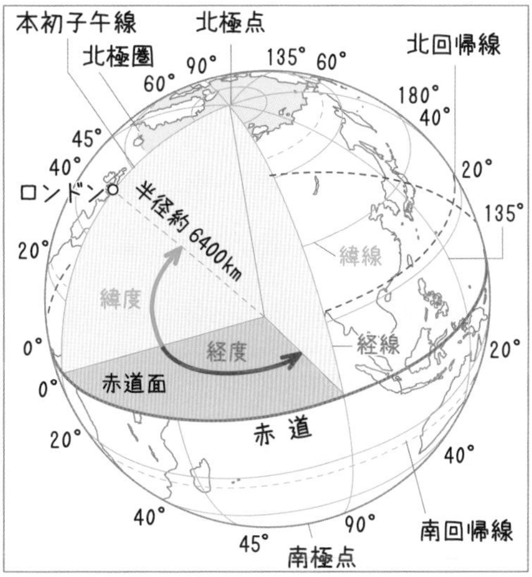

5《 地球儀と世界地図

❶ 地球儀《ちきゅうぎ》…地球をそのまま小さく縮《ちぢ》めた模型。距離《きょり》や面積、方位、形をほぼ正確に表す。

❷ 世界地図…球体の地球を平面で表した地図。一度に世界全体を見ることができ、持ち運びしやすい。目的に応じてさまざまな地図がある。

①**中心からの距離と方位が正しい地図**…図の中心からの最短距離と正しい方位がわかる。中心からはなれるほど、陸地の形がゆがんで表される。
↳直線で表される

②**緯線と経線が直角に交わった地図**…高緯度になるほど、実際よりも面積が大きく表される。

③**面積が正しい地図**…高緯度になるほど、陸地の形がゆがんで表される。

▶ 中心からの距離と方位が正しい地図

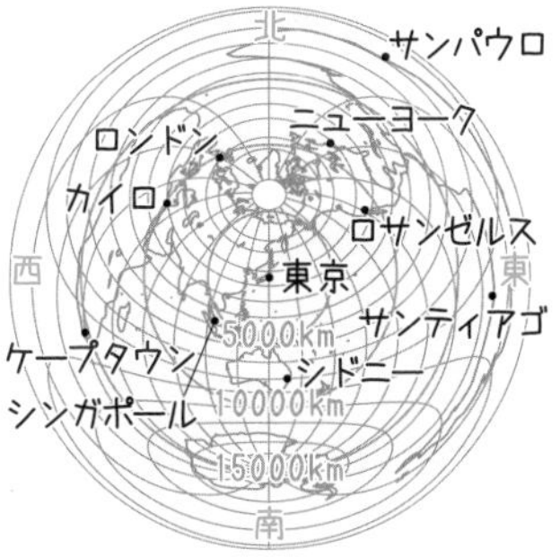

基礎カチェック！

次の問いに答えなさい。

(1) 三大洋のうち、太平洋、インド洋と、もう1つの海洋名は。

(2) 日本のように、海に囲まれた国を何というか。

(3) 緯度0度を通る緯線を何というか。

(4) 地球をそのまま小さく縮めた模型を何というか。

答え

(1) 大西洋
→ 1《 参照
(2) 海洋国（島国）
→ 2《 参照
(3) 赤道
→ 4《 参照
(4) 地球儀
→ 5《 参照

Social studies

2

地理

日本の姿

1 日本の位置と領域

絶対おさえる！ 日本の領域

☑ 日本の北端は**択捉島《えとろふとう》**、東端は**南鳥島《みなみとりしま》**、南端は**沖ノ鳥島《おきのとりしま》**、西端は**与那国島《よなぐにじま》**。

☑ 領海をのぞく海岸から 200 海里以内の**排他《はいた》的経済水域**で、沿岸国は水産資源や鉱産資源を管理。

❶ **日本の位置**…ユーラシア大陸の東に位置する。およそ**北緯20度～46度**、**東経122度～154度**の範囲《はんい》。
↳オーストラリアとほぼ同経度

❷ **国の領域**…国の主権がおよぶ範囲。陸地の部分である**領土**、沿岸から 12 海里以内の海域である**領海**、それらの上空にある**領空**からなる。
↳国の範囲のこと
↳約22km

❸ **日本の領域**…北海道《ほっかいどう》、本州《ほんしゅう》、四国《しこく》、九州《きゅうしゅう》の 4 つの大きな島と、その周辺の大小さまざまな島々からなる。

①国土面積…約38万㎢。全長約 3,000㎞。
↳南北に細長くのびる

②日本の端の島…北端は**択捉島**、東端は**南鳥島**、南端は**沖ノ鳥島**、西端は**与那国島**。

③**排他的経済水域**…領海をのぞいた、沿岸から**200海里**以内の水域。沿岸国は、水産資源や鉱産資源を自国のものとすることができる。
↳約370km

日本の領海と排他的経済水域を合わせた面積は国土面積の10倍以上！

▶ 日本の位置や領域

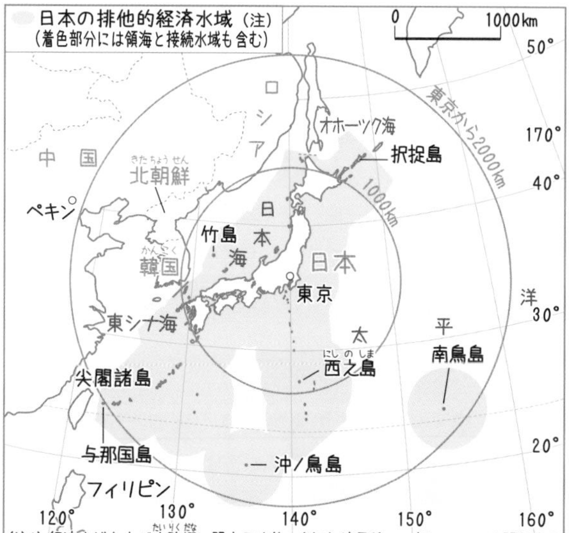

（注1）経済水域および大陸棚《たいりくだな》に関する法律にしたがって引かれた線　（注2）境界線の一部については関係する近隣諸国と交渉中

❹ **領土をめぐる問題**

①**北方領土**…北海道の北東にある、歯舞群島《はぼまいぐんとう》、色丹島《しこたんとう》、国後島《くなしりとう》、択捉島。現在は**ロシア**が不法に占拠《せんきょ》。

②**竹島《たけしま》**…島根県に属する。**韓国《かんこく》**が不法に占拠。

③**尖閣諸島《せんかくしょとう》**…沖縄県に属する。周辺の海底に資源がある可能性が注目されると、**中国《ちゅうごく》**や台湾《たいわん》が領有権を主張。

▶ 領土・領海・領空の区分

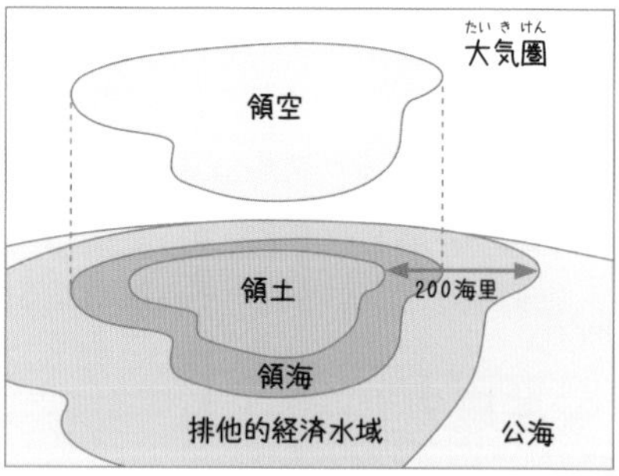

＊1海里は 1852m　※領海は、日本では 12 海里。

2 標準時と時差

❶ **標準時**…その国の基準になる時刻のこと。世界各国が標準時子午線《しごせん》をもとに定め、アメリカやロシアなど東西に広い国には複数ある。

❷ **時差**…2 つの地点の標準時の差。**経度15度ごとに1時間**の時差が生じる。2 地点間の時差は、2 地点の経度差÷ 15 で計算される。

❸ **日付変更線《ひづけへんこうせん》**…1 日の始まりと終わりを示す線。ほぼ経度 180 度に沿って引かれている。西から東へこえるときは日付を 1 日おくらせ、東から西へこえるときは 1 日進める。

❹ **日本の標準時子午線**…兵庫県**明石市《あかしし》**などを通る**東経135度**の経線。

☆ 重要

日本の排他的経済水域の面積が領土面積に対して広い理由→日本は島国で離島が多いから。

学びのポイント

● 都道府県は地図上での位置を必ずおさえておこう。また、都道府県名と県庁所在地名が異なるところは狙われやすいのでしっかりと覚えておこう。

3 都道府県

絶対おさえる！ 都道府県

☑ **都道府県**は、1都・1道・2府・43県の計47に区分。
☑ **7地方区分**は北海道地方、東北地方、関東地方、中部地方、近畿《きんき》地方、中国・四国地方、九州地方。

❶ **都道府県**…地方の政治を行うための基本の単位。1都・1道・2府・43県の計47に区分される。
└東京都、北海道、大阪府・京都府

❷ **都道府県庁所在地**…都道府県庁が置かれている都市。城下町《じょうかまち》や港町として昔から栄えてきた都市が多い。17の道県では、都道県庁所在地の都市名と道県名が異なる。

❸ **県境**…都道府県の境界線。山地や河川、海峡《かいきょう》など、自然を利用した昔の国の境界を利用していることが多い。

▶ 都道府県名と異なる道県庁所在地

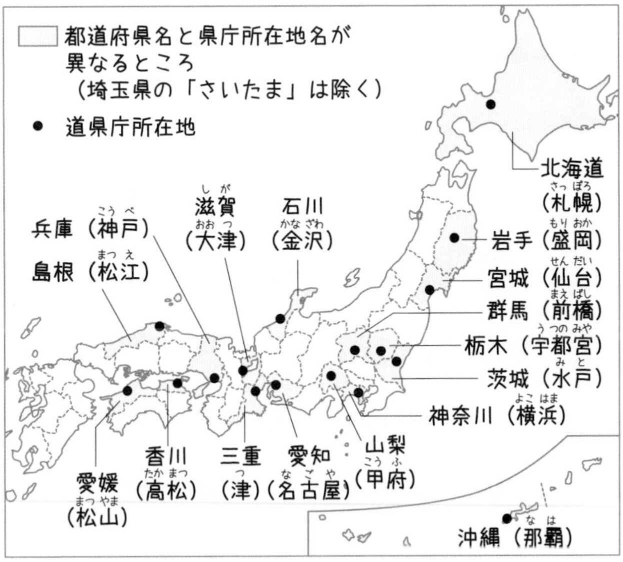

4 地域区分

❶ **7地方区分**…**北海道地方、東北地方、関東地方、中部地方、近畿地方、中国・四国地方、九州地方**の7つの地方。最も一般的な区分。

❷ **2地域区分**…東日本・西日本の2区分。

❸ **3地域区分**…東北日本・中央日本・西南日本の3区分。日本の政治・経済・文化の中心である近畿・中部・関東地方を中央日本としてまとめたもの。

❹ **さまざまな地域区分**

①**中部地方**…北陸《ほくりく》・中央高地《ちゅうおうこうち》・東海《とうかい》に区分。

②**中国・四国地方**…山陰《さんいん》・瀬戸内《せとうち》・南四国《みなみしこく》に区分。

▶ さまざまな地域区分

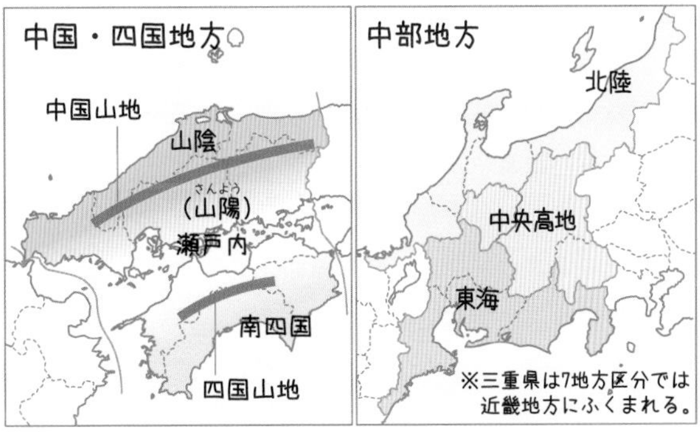

基礎力チェック！

次の問いに答えなさい。

(1) 日本の国土面積は約何万k㎡か。
(2) 日本の南端の島を何というか。
(3) 1時間の時差が生じる経度差は。
(4) 都道府県庁が置かれている都市を何というか。

答え

(1) 38万k㎡ → 1《 参照
(2) 沖ノ鳥島 → 1《 参照
(3) 15度 → 2《 参照
(4) 都道府県庁所在地 → 3《 参照

Social studies

3 地理 世界各地の人々のようす

1 世界の気候

絶対おさえる！ 世界の気候

☑ 世界の気候は、熱帯《ねったい》、乾燥《かんそう》帯、温帯、冷帯（亜《あ》寒帯）、寒帯の５つに大別。
☑ 日本は、温帯のうち、１年を通して雨が多く降る温暖湿潤《しつじゅん》気候に属する。

❶ 世界の５つの気候…世界の気候は、熱帯、乾燥帯、温帯、冷帯（亜寒帯）、寒帯の５つの気候帯に分けられる。

日本は季節の変化がある温帯に属する

▶ 世界の気候帯

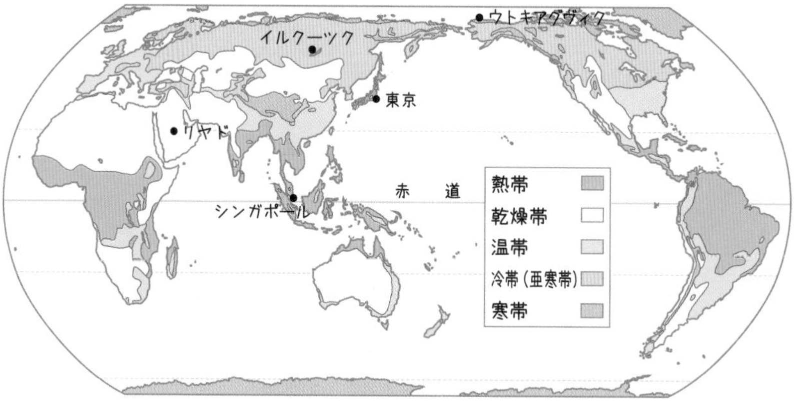

（「ディルケ世界地図」2015年版ほか）

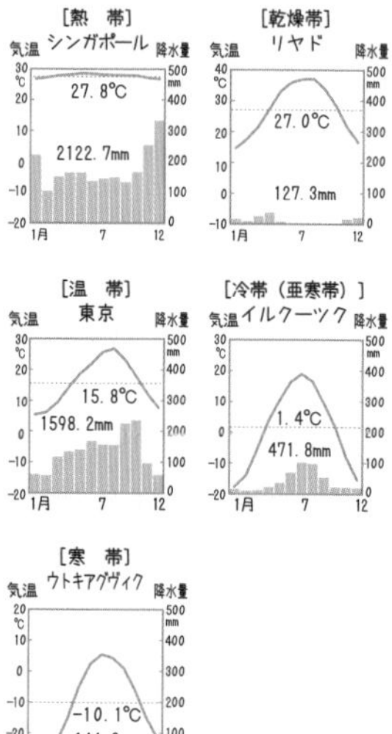

（「理科年表」2024年版）

①熱帯…１年を通して気温が高い。**熱帯雨林（熱帯林）**が広がり降水量が多い地域と、雨季・乾季《かんき》がある地域がある。
└緑の葉が1年中しげる

②乾燥帯…１年を通して降水量が少ない。砂漠《さばく》が広がる地域と、短い草が生える地域がある。人々は、水が得られる**オアシス**のまわりに住む。
└自然のわき水や井戸など

③温帯…温暖で、四季の変化がある。温暖湿潤気候、西岸海洋性気候、地中海《ちちゅうかい》性気候に分けられる。

・温暖湿潤気候…季節による気温の変化が大きく、１年を通して降水量が多い。日本はこの気候に属する。

・西岸海洋性気候…**偏西風《へんせいふう》**と暖流の影響で、冬でも比較的温暖。
└イギリス、フランスなど　└北大西洋海流

・地中海性気候…夏に気温が高く乾燥し、冬に降水量が多い。
└イタリアなど

④冷帯（亜寒帯）…冬の寒さがきびしい。シベリアにはタイガとよばれる**針葉樹林**が広がり、**永久凍土《とうど》**になっている地域もある。
└1年中、凍った状態の土

⑤寒帯…１年の大半は雪や氷でおおわれ、寒さがきびしい。樹木はほとんど育たず、わずかにコケや草が生えるのみ。

❷ アンデス地方の気候…標高が高く、緯度《いど》のわりにすずしい（高山気候）。昼と夜の気温差が大きい。標高によって、**リャマ**や**アルパカ**などを放牧し、寒さに強いじゃがいもを栽培《さいばい》。

重要

熱帯に属するマレーシアなどで住居が高床になっている理由→風通しをよくするため。

重要

シベリアで建物を高床にしている理由→建物から出る熱で永久凍土がとけないようにし、建物が傾くのを防ぐため。

参考

標高が100m上がるごとに、気温はおよそ0.6℃下がる。

学びのポイント

● 気候帯の分布は要チェック。緯度や地形との関連性をおさえておこう。気候帯ごとの雨温図の特徴についても読みとれるようにしておこう。

2 世界の宗教

絶対おさえる！ 世界の宗教

☑ 世界の三大宗教は**キリスト教**、**イスラム教**、**仏教**で、キリスト教を信仰《しんこう》する人が最も多い。
☑ **ヒンドゥー教**はインドの民族宗教で、国民のおよそ８割が信仰している。

❶ **世界の三大宗教**…キリスト教、イスラム教、仏教。世界的に信者が多い。

▶ 世界の主な宗教の分布

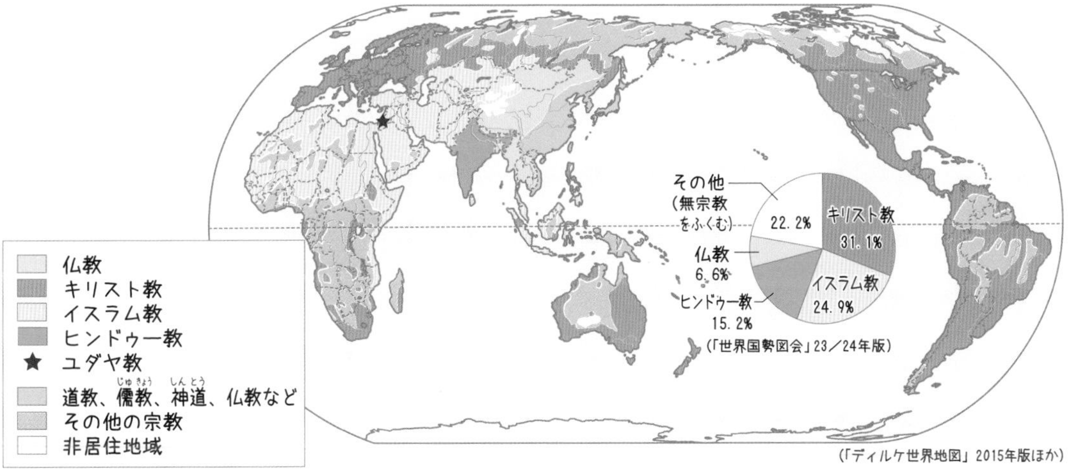

（「ディルケ世界地図」2015年版ほか）

▶ 世界三大宗教

	キリスト教	イスラム教	仏教
主な地域	ヨーロッパ 南北アメリカなど	西アジア 北アフリカなど	東アジア 東南アジアなど
特色	教典は**聖書**。日曜日に教会へ行き、食事の前にいのる。	教典は**コーラン**。信者は豚肉を食べない。断食《だんじき》月がある。	教典は経《きょう》。上座部《じょうざぶ》仏教と大乗《だいじょう》仏教に分けられる。

⚠ 注意
イスラム教徒は豚肉を食べない。ヒンドゥー教徒は牛を神聖な動物と考えているため、牛肉を食べない。

❷ **その他の宗教**…特定の地域で信仰されている宗教として、ヒンドゥー教、ユダヤ教、神道など。
↳日本

インドでおよそ8割の人々が信仰！

基礎力チェック！

次の問いに答えなさい。

(1) １年を通して気温が高く、降水量の多い地域がふくまれる気候帯は。

(2) 温帯のうち、偏西風の影響を受ける気候は。

(3) シベリアにみられる針葉樹林が広がる地域は。

(4) 世界三大宗教のうち、最も信者が多いのは。

答え

(1) 熱帯
→ 1《 参照
(2) 西岸海洋性気候
→ 1《 参照
(3) タイガ
→ 1《 参照
(4) キリスト教
→ 2《 参照

4 地理 アジア州①

1 アジア州の自然と文化

絶対おさえる！ アジア州

☑ ヒマラヤ山脈やチベット高原のある中央部は「世界の屋根」ともよばれる。
☑ 世界人口の約６割をしめ、インドと中国がとくに多い。

❶ 自然

①**中央部**…世界最高峰《さいこうほう》のエベレスト山があるヒマラヤ山脈（↳8000m級の山々が連なる）や標高 4000m をこえるチベット高原があり、「**世界の屋根**」ともいわれる。そこから、黄河《こうが》《ホワンホー》やメコン川などが流れる。

②**東アジア**…タクラマカン砂漠《さばく》やゴビ砂漠など、大きな砂漠が広がる。

▶ アジア州の自然

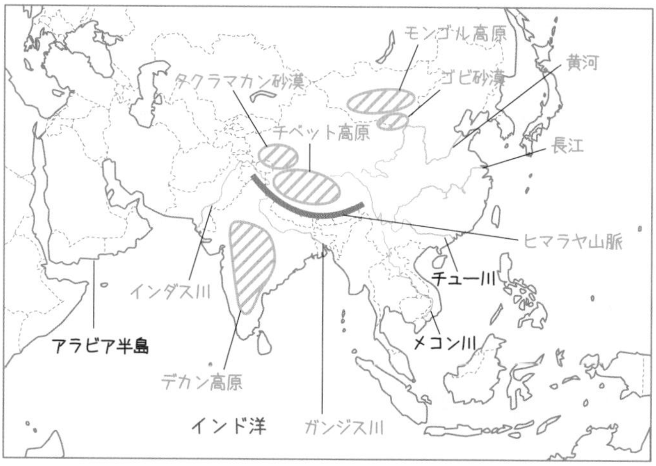

❷ 気候

①**東部**…温帯に属し、季節風（モンスーン）（↳半年ごとにふく向きが変わる）の影響《えいきょう》で降水量が多く、はっきりとした四季がみられる。

②**南部・南東部**…赤道付近は**熱帯**《ねったい》に属し、その周辺では季節風の影響を受けて雨季と乾季《かんき》がみられる。

③**北部と内陸部**…北部は冷帯（亜《あ》寒帯）や寒帯、内陸部は乾燥《かんそう》帯に属する。

❸ **宗教**…西アジアや中央アジアではイスラム教、東アジアでは**仏教**、南アジアのインドではヒンドゥー教が盛《さか》ん。フィリピン（↳かつてスペインの植民地）ではキリスト教信者が多数。

❹ **人口**…世界人口の**約6割**。**インド**と**中国**がそれぞれ 14 億人ととくに多い。

2023年にインドが中国の人口を上回る！

> **発展**
> 季節風が海洋から大陸にふく季節は雨季、大陸から海洋にふく季節は乾季になる。

> **暗記**
> 降水量が多い東アジアや東南アジアでは稲作、降水量の少ない中国北部やインド西部では畑作、乾燥した西アジアや中央アジアでは遊牧が盛ん。

> **注意**
> 世界三大宗教である、キリスト教、イスラム教、仏教いずれもアジア州で生まれた。

2 東アジアの国々

❶ 韓国《かんこく》（大韓民国《だいかんみんこく》）

①**文化**…韓国語は**ハングル**とよばれる独自の文字を使用。食事の際には箸《はし》を使い、儒教《じゅきょう》（↳中国の孔子が説いた教え）の影響がみられるなど、日本との共通点も多い。

②**工業**…1960 年代から工業化。1990 年代以降、半導体や薄型《うすがた》テレビなどの**ハイテク（先端《せんたん》技術）産業**が発達。情報通信技術（ICT）関連産業も盛ん。

③**輸出品**…繊維《せんい》製品から、自動車、通信機器などに変化。

④**課題**…首都ソウルへの人口と政治・経済の一極集中が進む。地価や住宅価格の高騰《こうとう》などが深刻に。

▶ 韓国の輸出品の変化

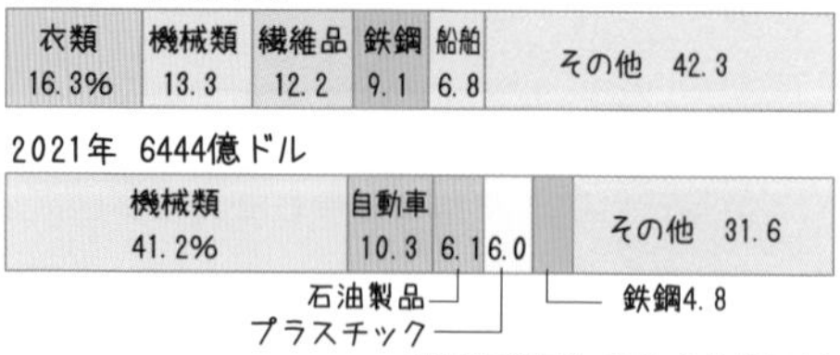

（「世界国勢図会」2023／24年版ほか）

❷ **台湾**《たいわん》…世界の中でもハイテク（先端技術）産業が発達し、大規模《だいきぼ》な半導体の工場が集まる。

❸ **アジア NIES**《ニーズ》**（新興工業経済地域）**…戦後、工業化が急速に進んだ韓国、台湾、ホンコン（香港）、シンガポール。

学びのポイント

● 中国・韓国の経済発展に関する設問は頻出！経済発展の経緯とおおよその時期、さらには現在抱える課題についてそれぞれ理解していこう。

3 中国

絶対おさえる！　中国の農業と工業

☑ 華中《かちゅう》・華南《かなん》地方では**稲作**、東部の華北《かほく》・東北《とうほく》地方では**畑作**が盛ん。西部では**牧畜《ぼくちく》**が中心。

☑ 沿岸部の**経済特区**を中心に工業化を進め、「世界の工場」とよばれる。

❶ 人口…約14億人（2023 年）で、東部の平野に集中。人口の増加をおさえるためにとられていた「一人っ子政策」は、少子高《こう》齢《れい》化の加速により 2015 年末に廃止。

└一組の夫婦につき子どもを1人に制限

❷ 民族…人口の約 9 割が漢族（漢民族）で、その他の少数民族は西部に住む。

❸ 農業

①東部

・**華中・華南地方**…主に**稲作**。茶の栽培《さいばい》も。

└長江流域　└チュー川流域

・**華北・東北地方**…小麦・だいずなどの**畑作**。

②西部…**牧畜**が中心。オアシス農業も。

▶ 中国の農業分布

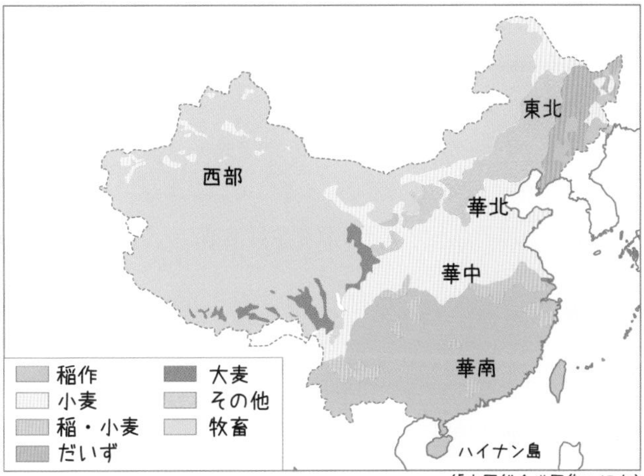

（「中国総合地図集」ほか）

❹ 工業

①**経済の改革と開放政策**…中国の農村で郷鎮企業《ごうちんきぎょう》とよばれる工場が成長。1979 年以降、南部の沿海部に経済特区を設けて、外国企業を優遇《ゆうぐう》し積極的に誘致《ゆうち》。

シェンチェンなど↵

②**外国企業の進出と工業の発展**…安くて豊富な労働力を求めて外国企業の進出が活発化➡製品が世界各地へ輸出され「世界の工場」とよばれる。

▶ 経済特区

※河北省《かほくしょう》もふくまれる

❺ 課題

①**経済格差**…沿岸部と経済発展がおくれている内陸部との格差が拡大。

②**環境《かんきょう》問題**…工場や自動車、家庭からの排煙《はいえん》や排気ガス、排水による大気汚染《おせん》や水質汚濁《おだく》などが深刻《しんこく》化。

発展

政府は格差をなくすため、2000年ごろから内陸部の大規模な開発を進めた。これを西部大開発という。

基礎力チェック！

次の問いに答えなさい。

(1)　アジア中央部に位置する、8000m 級の山々が連なる山脈は。

(2)　韓国語で用いられている独自の文字は。

(3)　中国の華中の長江《ちょうこう》《チャンチアン》流域、華南のチュー川流域で盛んな農業は。

(4)　中国が外国企業を誘致するため沿岸部に設置した地域を何というか。

答え

(1)　ヒマラヤ山脈
→ 1 参照

(2)　ハングル
→ 2 参照

(3)　稲作
→ 3 参照

(4)　経済特区
→ 3 参照

Social studies

5 地理 アジア州②

1 東南アジア

絶対おさえる！ 東南アジアの産業と結びつき

☑ 東南アジアでは大河の流域を中心として**稲作**が盛《さか》んで、**二期作**を行う地域もある。
☑ 東南アジアの国々は**東南アジア諸国連合（ASEAN《アセアン》）**を結成して、結びつきを強化している。

❶ **気候**…大部分が熱帯《ねったい》に属する。

❷ **民族**…インドネシア、マレーシア、シンガポールは多民族国家。中国系の人々である**華人《かじん》**が経済の分野で活躍《かつやく》。

❸ **宗教**…マレーシアやインドネシアではイスラム教、フィリピンではキリスト教、インドネシアのバリ島ではヒンドゥー教を主に信仰《しんこう》。

❹ **農業**

①**稲作**…季節風（モンスーン）の影響《えいきょう》で降水量が多いため、大河の流域を中心に盛ん。一年中高い気温をいかし、年に２回同じ土地で稲を栽培《さいばい》する**二期作**を行う地域もある。タイやベトナムでは米の輸出が多い。作業の機械化、品種改良などで生産量が大幅《おおはば》に増加している。
（↳チャオプラヤ川など）

②**大農園**…マレーシア、インドネシアでは、植民地時代に開かれた**プランテーション**とよばれる大農園で、天然ゴム、油やしなどの輸出用の商品作物を栽培。フィリピンではバナナ、ベトナムではコーヒーの栽培が盛ん。

③**養殖《ようしょく》えび**…タイ、インドネシアの**マングローブ**が広がる海岸で盛ん。

❺ **工業**…タイやマレーシア、インドネシアなどでは、製品の輸出を目的として**工業団地**を整備。外国企業《きぎょう》を招き、工業化が進む。

❻ **結びつき**…ほとんどの国が**東南アジア諸国連合（ASEAN）**に加盟。加盟国間の輸出入にかかる税金をなくすなど、経済的・政治的な結びつきを強化している。

❼ **都市問題**…農村から都市部へ人口が大量に流入。生活環境《かんきょう》が悪い**スラム**ができ、交通量が増えてはげしい交通渋滞《じゅうたい》が日常的に発生。
（↳衛生状態が悪く住居が密集する地区）

▶ 東南アジアの農業地域

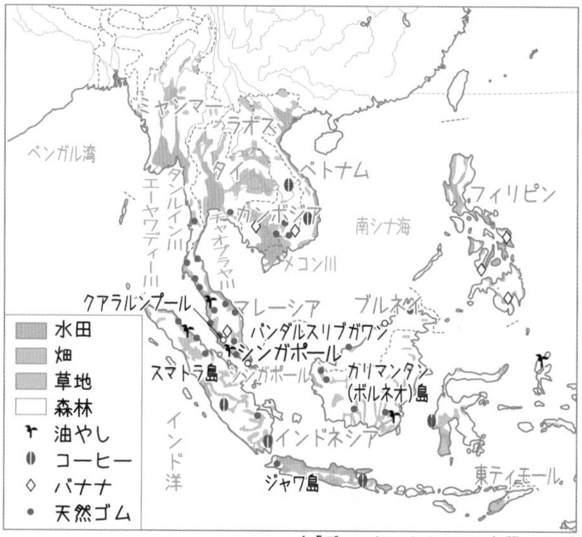

（「ディルケアトラス2015年版」ほか）

▶ 東南アジアの主な輸出品の変化

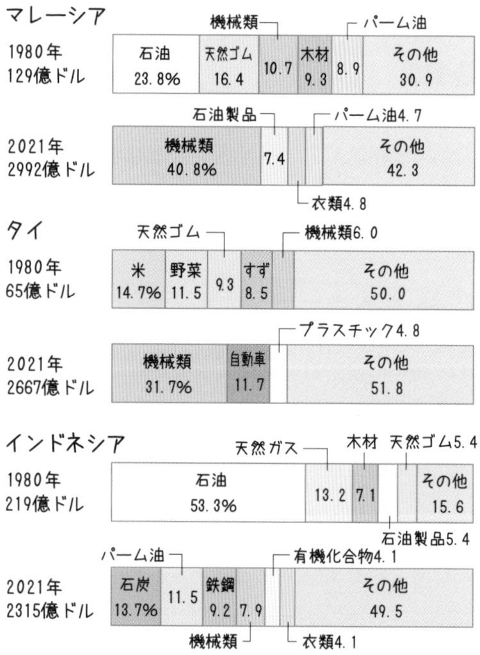

（「世界国勢図会」2023／24年版ほか）

学びのポイント

● 東南アジア諸国の経済発展にともなう輸出品の変化についてはしっかりとおさえておこう。資源・農産物から機械類へと変化していることに注意！

2《 南アジア

絶対おさえる！ 南アジアの産業

☑ 降水量が多いガンジス川下流域では稲作が盛ん。デカン高原では綿花、アッサム地方では茶を栽培。
☑ インドではICT（情報通信技術）産業が発展。数学や英語の教育水準が高いことが背景。

❶ **宗教**…インドでは人口の約８割がヒンドゥー教を信仰。パキスタンやバングラデシュではイスラム教徒、スリランカでは仏教徒が多い。

❷ **農業**…降水量が多いガンジス川下流域では**稲作**、降水量が少ないガンジス川上流やインダス川流域では小麦の栽培。デカン高原では**綿花**、アッサム地方やスリランカの高地では**茶**。

❸ **工業**

①インド…自動車産業を中心にした工業化を経て、南部（ベンガルールなど）でICT（情報通信技術）関連産業が発展。
└インターネットやパソコンなど、情報や通信に関連する技術を使用
➡数学の教育水準が高く、英語を話せる技術者が多いことなどが背景。アメリカとの時差を利用した事業もある。

②バングラデシュ、パキスタン…近年、繊維《せんい》工業が成長。
└特に衣料品を縫う縫製業が成長

▶ 南アジアの農業分布

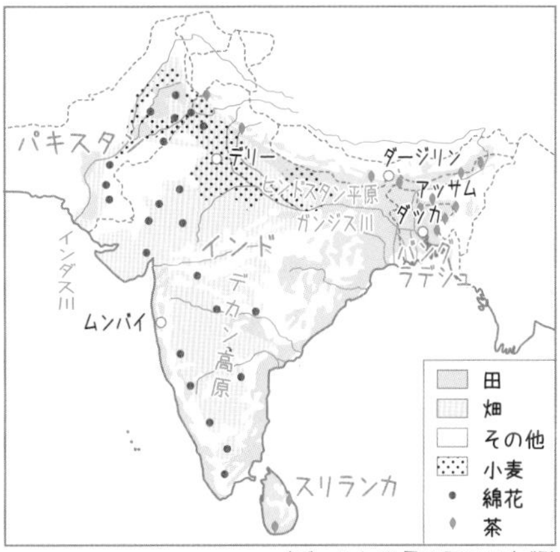

（ディルケ世界地図2015年版）

3《 西アジア・中央アジア

❶ **気候**…大部分が**乾燥帯**に属する。

❷ **民族・宗教**…アラブ系の人々が多く、ほとんどが**イスラム教**を信仰。

❸ **産業**

①**西アジア**…**ペルシャ湾岸《わんがん》**に**石油**の産出地が集中。石油輸出で得た利益で通信・交通網《もう》を整備して近代都市を建設。

・石油輸出国機構（OPEC《オペック》）…原油産出国が結成。原油価格を決定する。

②**中央アジア**…石油や石炭、天然ガス、レアメタルなどの鉱産資源が豊富。

取り出すことが難しい金属や埋蔵量が少ない金属の総称！

▶ 西アジア・中央アジアの輸出品

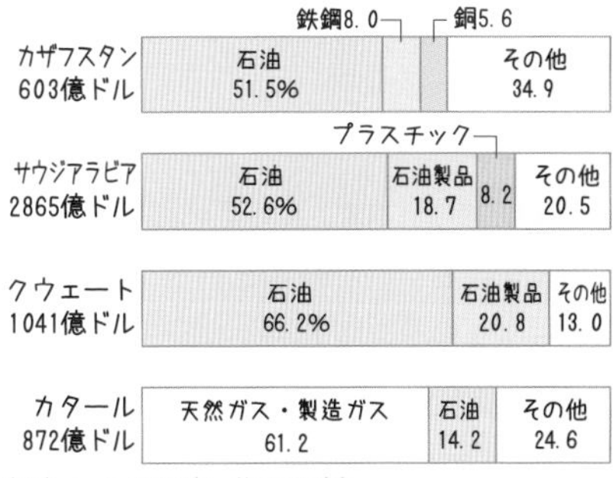

（クウェートは2022年、他は2021年）

（「世界国勢図会」2023/24年版ほか）

基礎力チェック！

次の問いに答えなさい。

(1) 輸出を目的とした商品作物を栽培する大規模な農園は。
(2) 東南アジア諸国が結成した東南アジア諸国連合の略称《りゃくしょう》は。
(3) デカン高原で栽培が盛んな農作物は。
(4) 多くの原油産出国が加盟している石油輸出国機構の略称は。

答え

(1) プランテーション
→ 1《 参照
(2) ASEAN → 1《 参照
(3) 綿花 → 2《 参照
(4) OPEC → 3《 参照

Social studies

6

地理

ヨーロッパ州

1 ヨーロッパ州の自然と文化

絶対おさえる！ ヨーロッパの自然

☑ 北部のスカンディナビア半島には、氷河《ひょうが》地形のフィヨルドがみられる。
☑ 暖流の北大西洋海流と偏西風《へんせいふう》の影響《えいきょう》で、高緯度《こういど》のわりに温暖。

❶ **自然**…中央部の広い平野を流れる**ライン川**などの国際河川《かせん》は、水運にも利用。南部には**アルプス山脈**が東西に連なり、北部のスカンディナビア半島には、**氷河**によって削《けず》られた谷に海水が深く入りこんだ**フィヨルド**がみられる。
└氷河による侵食でできた地形

❷ **気候**…暖流の**北大西洋海流**と**偏西風**の影響で、高緯度のわりに温暖。温帯の西岸海洋性気候と地中海性気候、冷帯（亜《あ》寒帯）に分かれる。
└西から東にむかって1年中ふく風

①**西岸海洋性気候**…1年を通して平均的に雨が降る。冬でも寒さはそれほどきびしくない。
└ロンドン、パリなど

②**地中海性気候**…夏は気温が高く乾燥《かんそう》、冬は温暖で雨が降る。
└ローマ、アテネなど

❸ **民族と言語**

①**北西部**…**ゲルマン系**言語（英語やドイツ語）。

②**南部**…**ラテン系**言語（フランス語やイタリア語）。

③**東部**…**スラブ系**言語（ロシア語やポーランド語）。

❹ **宗教**…キリスト教が広く信仰《しんこう》されている。カトリック、プロテスタント、正教会に分かれる。

▶ ヨーロッパ州の自然

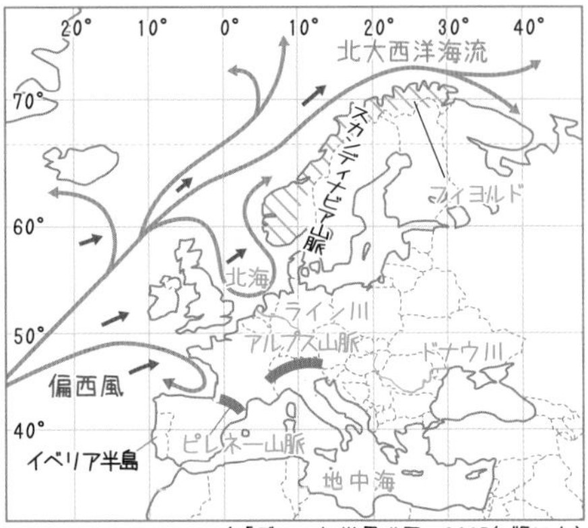

（「ディルケ世界地図」2015年版ほか）

▶ ヨーロッパ州の農業

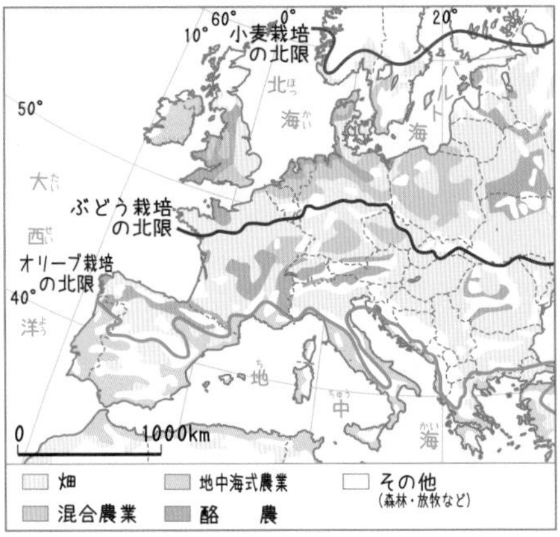

2 ヨーロッパ州の産業

❶ **農業**…自然環境に合った農業。

①**混合農業**…穀物栽培《さいばい》と家畜《かちく》の飼育を組み合わせた農業。フランスやドイツなどで盛《さか》ん。

②**地中海式農業**…乾燥する夏にオリーブやぶどう、雨が降る冬に小麦を栽培。

③**酪農《らくのう》**…牛や羊を飼い、チーズやバターを生産。デンマークやオランダで盛ん。

❷ **工業**

①**工業地域の変化**…18世紀にイギリスで近代工業が発展。その後、石炭や鉄鉱石が豊富なドイツで、内陸部のルール地方を中心に鉄鋼業が発達。現在、工業の中心は、製品の輸出がしやすい沿岸部へと移動。
└オランダのロッテルダムなど

②**盛んな工業の変化**…かつては重工業が盛ん。1980年代以降、ハイテク（先《せん》端《たん》技術）産業が大きく成長。航空機などを国際的な分業で生産。

医薬品、航空機、コンピュータなどを生産！

③**ヨーロッパの統合と工業の変化**…西ヨーロッパの企業《きぎょう》が、賃金の安い東ヨーロッパの国々に工場を移転。

発展

航空機メーカーのエアバス社では、エンジンはイギリス、胴体はフランスといったように、各国のメーカーの専門的な技術を生かした国際的な分業が行われている。

学びのポイント

● EU加盟国に関する設問は頻出。それぞれの国の加盟時期をおさえていこう。イギリスが2020年に離脱していることにも要注意。

3 ヨーロッパ統合の動きと課題

絶対おさえる！ ヨーロッパ統合の動きと課題

☑ EU（ヨーロッパ連合）加盟国の多くは共通通貨ユーロを導入している。
☑ EUへの加盟が早い西ヨーロッパ諸国とおそい東ヨーロッパ諸国との間には経済格差がある。

❶ 国境をこえた統合…二度の世界大戦後、ヨーロッパの国どうしで争うのをやめ、アメリカ合衆国《がっしゅうこく》などの大国に対抗《たいこう》するため団結➡ 1967年にEC（ヨーロッパ共同体）が発足《ほっそく》
↳フランス、イタリアなど6か国が結成
➡ 1993年にEU（ヨーロッパ連合）へと発展。イギリスが2020年に離脱《りだつ》し、現在27か国が加盟。

❷ 統合の進展…①加盟国間では輸入品にかかる関税が撤《てっ》廃《ぱい》され、農産物や工業製品が活発に輸出入される。②多くの加盟国間の国境ではパスポート検査がなく、自由に国境を通過できる。③多くの加盟国が共通通貨ユーロを導入。④各国間の交通網《もう》も整備され、国境をこえた買い物や旅行が活発に。
↳イギリスとフランスを結ぶユーロスターなど

❸ 統合の課題

①経済格差…EUへの加盟が早い西ヨーロッパの国々と、加盟がおそい東ヨーロッパの国々との間にある。
↳工業化がおくれ、所得が比較的低い傾向

②**移民・難民問題**…中東やアフリカなどからの移民・難民が増加。

❹ 持続可能な社会づくり

①**環境問題**…工場からの排水《はいすい》・排気により河川や大気が汚染《おせん》される。**酸性雨**により森林がかれ、湖・河川の水質も悪化。地球温暖化も進む➡ EUで共通の取り組みを実施《じっし》。

②**新たなエネルギー**…火力や原子力にかわる、再生可能エネルギーを利用した発電も積極的に進められる。

風力や太陽光など、なくならず、環境にやさしいエネルギー！

▶ EU、アメリカ、日本の比較

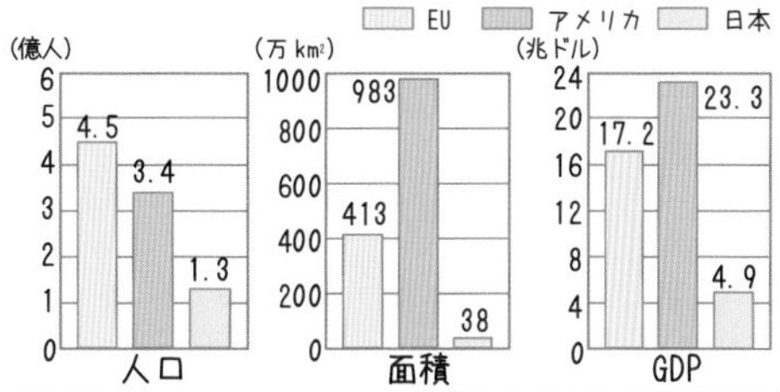

(2021年)　(「世界国勢図会」2023／24年版)

▶ EU加盟国の拡大

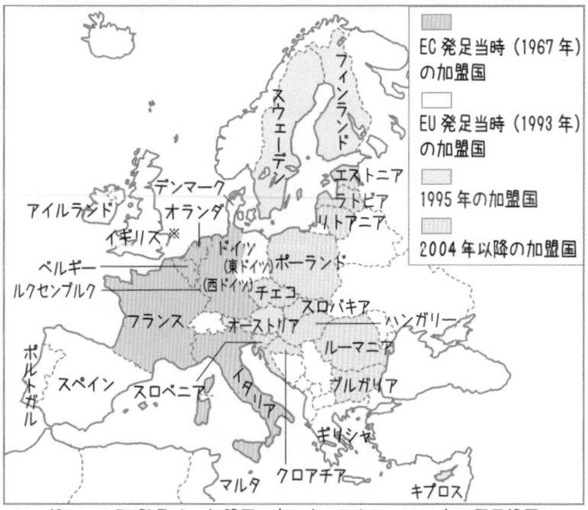

※イギリスはEU発足時の加盟国であった。しかし、2016年の国民投票でEUからの離脱を決定した後、2020年に離脱した。

基礎力チェック！

次の問いに答えなさい。

(1) スカンディナビア半島の沿岸部にみられる海岸地形を何というか。

(2) 西ヨーロッパの気候に影響をあたえる暖流を何というか。

(3) 乾燥する夏にオリーブなど、冬に小麦を栽培する農業を何というか。

(4) EUの共通通貨を何というか。

答え

(1) フィヨルド
→ 1 参照

(2) 北大西洋海流
→ 1 参照

(3) 地中海式農業
→ 2 参照

(4) ユーロ → 3 参照

Social studies

7 地理 アフリカ州

1 アフリカ州の自然

絶対おさえる！ アフリカ州の自然と気候

- ☑ 北部に世界最大の**サハラ砂漠《さばく》**が広がり、その東に世界最長の**ナイル川**が流れる。
- ☑ 赤道から離れるにつれ、熱帯雨林気候➡サバナ気候➡ステップ気候➡砂漠気候が分布。

❶ 自然

①**北部**…世界最大のサハラ砂漠が広がり、その東に世界最長のナイル川が流れる。サハラ砂漠の南縁《なんえん》に沿ったサヘルでは、食物が育たずやせた土地になる**砂漠化**が進む。
↳アラビア語で「岸辺」という意味

②**赤道付近**…コンゴ盆地《ぼんち》やギニア湾《わん》などに、**熱帯雨林(熱帯林)**がみられる。その周辺にはサバナが広がる。
↳まばらに樹木がある草原

③**東部**…エチオピア高原のほか、キリマンジャロ山などの火山が分布。ビクトリア湖やタンガニーカ湖といった大きな湖がある。
↳アフリカで最も高い山

❷ 気候

気候…赤道付近の熱帯を中心として、南北に乾《かん》燥《そう》帯、温帯の地域が広がる。

①**赤道周辺**…熱帯雨林気候➡サバナ気候。

②**南北の回帰線付近**…ステップ気候➡砂漠気候。

③**北部（アルジェリアやモロッコ）や南端（南アフリカ共和国）**…地中海《ちちゅうかい》性気候。

▶ アフリカ州の自然

▶ アフリカ州の主な使用言語

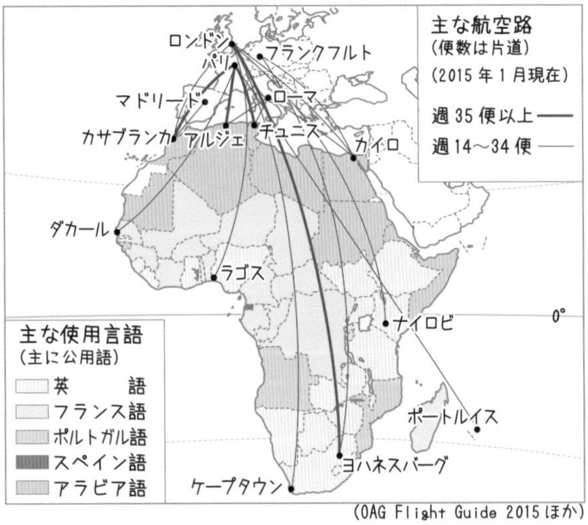

(OAG Flight Guide 2015ほか)

2 アフリカ州の文化・歴史

❶ 言語と宗教

①**北部**…アラビア語が話され、多くの人がイスラム教を信仰《しんこう》。

②**サハラ砂漠より南の地域**…かつて植民地支配されていたヨーロッパの国の言語を公用語としている国が多い。キリスト教のほか、地域の伝統的な宗教やイスラム教を信仰。

❷ 歴史

歴史…16世紀以降、多くの人が**奴隷《どれい》**として南北アメリカ大陸へ送られる➡19世紀末までにアフリカのほとんどの地域がヨーロッパ諸国の植民地に➡1960年代に植民地の多くが独立。

・**植民地支配の影響《えいきょう》**…多くの国が植民地時代に引かれた境界を国境としている。緯線《いせん》と経線をもとに引かれていることから、まっすぐな国境線が多い。

国内の地域によって民族や言語、宗教、文化が異なる国も。内戦の原因に！

発展

南アフリカ共和国では、かつてヨーロッパ系以外の人々を差別するアパルトヘイト(人種隔離《かくり》政策)が行われていたが、現在は廃止《はいし》。

学びのポイント
● アフリカの言語分布は、かつて植民地支配していた国の影響が大きい。サハラ砂漠以北の国はアラビア語が話されていることにも注意。

3《 アフリカ州の産業

絶対おさえる！ アフリカ州の産業の特色

☑ ギニア湾岸のコートジボワールとガーナでは、**カカオ豆**の栽培《さいばい》が盛ん。
☑ アフリカ最大の工業国である**南アフリカ共和国**では、金や**レアメタル**などが多く産出される。

❶ 農業

①**熱帯地域**…植民地時代に開かれたプランテーションで、輸出向けの商品作物を大規模に栽培。**コートジボワール**と**ガーナ**の**カカオ豆**の生産量は世界の約半分をしめる。ケニアでは茶やバラ、エチオピアではコーヒー豆の栽培が盛《さか》ん。
↳商品作物：商品として販売するためにつくる作物
↳カカオ豆：チョコレートの原料

②**乾燥帯地域**…遊牧やオアシス農業。
↳遊牧：移動しながら家畜を飼育する牧畜

③**北部の地中海沿岸と南部の温帯地域**…オリーブやぶどうを栽培。

❷ 鉱業…鉱産資源が豊富で、重要な輸出品となっている。

①南アフリカ共和国…金、石炭、鉄鉱石、レアメタル。
↳南アフリカ共和国：アフリカ最大の工業国
↳レアメタル：希少金属

②アルジェリア、ナイジェリア…石油。

③ボツワナ、コンゴ民主共和国…ダイヤモンド。

④ザンビア…銅。

▶ アフリカ州の主な鉱産資源

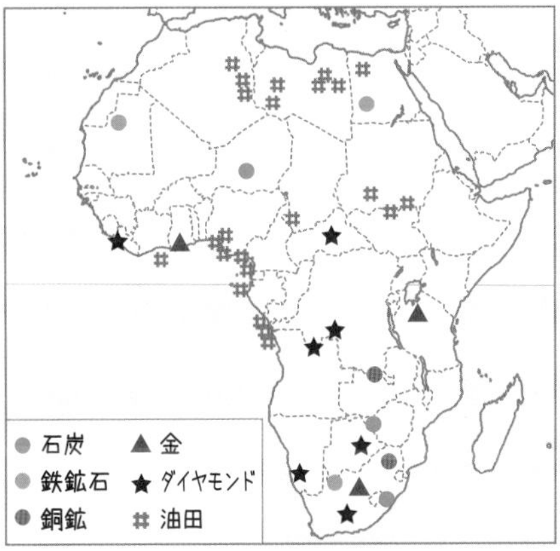

▶ アフリカ州の主な国の輸出品

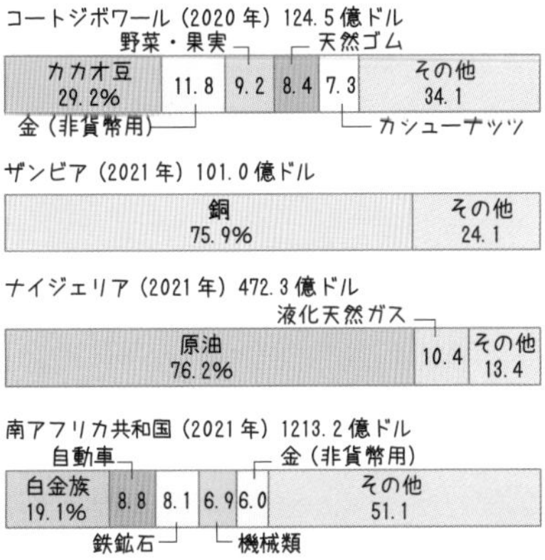

（「世界国勢図会」2023／24年版）

4《 アフリカ州の課題

❶ 経済の課題…モノカルチャー経済➡価格や収穫《しゅうかく》量が変動するため、国の収入が不安定になりやすい。
↳モノカルチャー経済：多くの国が、特定の鉱産資源や農作物の生産・輸出に頼る

❷ 課題の解決

① EU（ヨーロッパ連合）をモデルとして、2002年にAU（アフリカ連合）を結成。各国共通の課題の解決を目指す。

②先進国による技術支援《しえん》や開発援助が続けられている。NGO（非政府組織）も保健《ほけん》・医療《いりょう》活動などさまざまな支援を行っている。

基礎カチェック！

次の問いに答えなさい。

(1) アフリカ大陸の北部に広がる世界最大の砂漠を何というか。

(2) アフリカ大陸北部で多くの人に信仰されている宗教は何か。

(3) コートジボワールやガーナで栽培が盛んな農作物は何か。

(4) 特定の鉱産資源や農作物の生産・輸出に頼る経済を何というか。

答え

(1) サハラ砂漠
→ 1《 参照

(2) イスラム教
→ 2《 参照

(3) カカオ豆
→ 3《 参照

(4) モノカルチャー経済
→ 4《 参照

Social studies

8 地理 北アメリカ州

1 北アメリカ州の自然と文化

絶対おさえる！ 北アメリカ州の自然

☑ 西部に険しい**ロッキー山脈**、東部になだらかな**アパラチア山脈**がつらなる。
☑ 北緯《ほくい》 40 度以南は、西経 100 度付近を境に東側は比較的降水量が多く、西側は降水量が少ない。

❶ 自然

①**西部**…標高 4000 m をこえる**ロッキー山脈**。

②**中央部**…**グレートプレーンズ**やミシシッピ川が流れる中央平原が広がる。**プレーリー**は世界的な農業地帯。**五大湖《ごだいこ》**とよばれる大きな湖。

↳丈の短い草が生える草原（プレーリー）
↳アメリカとカナダの国境付近（五大湖）

③**東部**…なだらかな**アパラチア山脈**。

❷ 気候

①**北緯 40 度以北**…主に針葉樹林が広がる冷帯（亜《あ》寒帯）。さらに北の北極圏《けん》は寒帯。

②**北緯 40 度以南**…西経 100 度付近を境に、東側は主に温帯、西側は主に乾燥《かんそう》帯が広がる。

降水量が異なる↵（西経 100 度付近）

③**中央アメリカやカリブ海付近**…熱帯。メキシコ湾《わん》に面した地域には、**ハリケーン**が発生。

夏から秋にかけて高潮や洪水などの大災害をもたらす↵（ハリケーン）

❸ 歴史・民族…先住民である**ネイティブアメリカン**が生活していたが、17 世紀以降、イギリスやフランスなどが植民地をつくり、移民《いみん》が開拓《かいたく》。英語やスペイン語、キリスト教などが持ちこまれ、文化として広まる。その後、アフリカから**奴隷《どれい》**が連れてこられ、19 世紀以降はアジアからの移民も増加した。

▶ 北アメリカ州の自然と主な都市

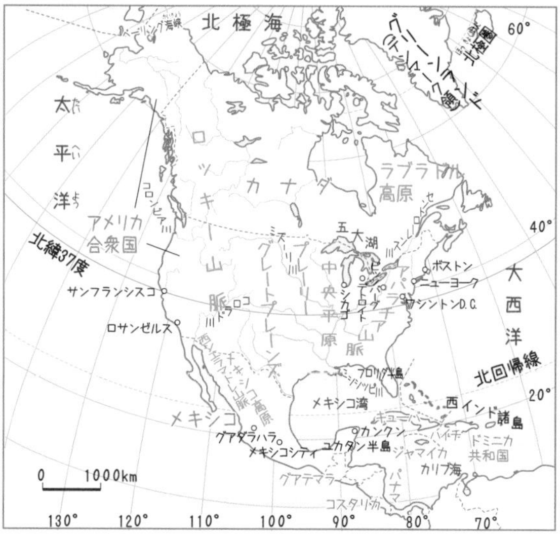

▶ アメリカ合衆国の州別・主な都市圏別の人口構成

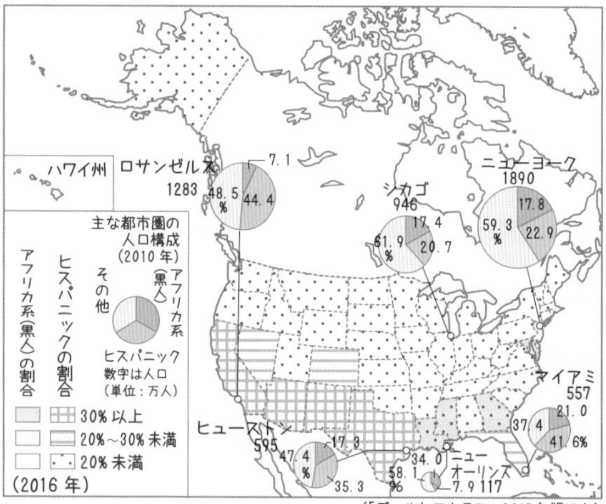

（「ディルケアトラス」2015 年版ほか）

2 アメリカ合衆国・カナダの多民族と結びつき

❶ カナダ…国民の多くがイギリス系住民であるが、**ケベック州**はフランス系住民が多くをしめる。英語と**フランス語**が公用語。少数派を尊重し、伝統文化の共存を認《みと》める**多文化主義**の政策をとる。

❷ アメリカ合衆国《がっしゅうこく》…ヨーロッパ系・アフリカ系・アジア系など多くの民族からなる。奴隷制は 1865 年に廃止《はいし》。近年、メキシコなどから仕事を求めてやって来た、スペイン語を話す**ヒスパニック**が増加。

❸ 結びつき…アメリカ合衆国、カナダ、メキシコは、**NAFTA**（北米自由貿易協定）に代わり **USMCA**（米国・メキシコ・カナダ協定）を結び、2020 年に発効。

学びのポイント

● アメリカ合衆国の農業は気候や地形などの自然条件を存分に生かして行われている。気候や緯度との関連性に着目しておさえていこう。

3《 アメリカ合衆国の農業

絶対おさえる！　アメリカ合衆国の農業の特色

☑ その土地の自然条件や社会的条件に最も適した農作物を栽培《さいばい》する**適地適作**の農業が行われている。
☑ 広大な農地で大型農業機械を使い、特定の農作物を大量に生産する**企業《きぎょう》的な農業**が行われている。

❶ **農業大国**…小麦、とうもろこし、だいずの生産が盛《さか》ん。多くの農作物を世界中に輸出していることから、「世界の食料庫」とよばれる。

❷ **適地適作**…その土地の自然条件や社会的条件に最も適した農作物を栽培。農業地域区分ははっきりしており、帯状に広がっている。

❸ **企業的な農業**…広大な農地で大型農業機械を使い、少ない労働力で特定の農作物を大量に生産。

❹ **アグリビジネス**…農産物の流通から販売まで、農業に関連することを専門に扱《あつか》う企業。
↳主に穀物を扱う穀物メジャーなどがある

▶ アメリカの主な農業

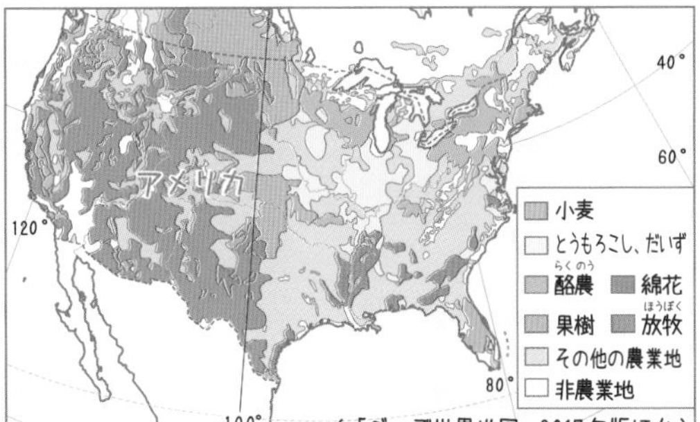

（「グーズ世界地図」2017年版ほか）

4《 アメリカ合衆国の鉱工業

❶ **工業の歴史**…石炭や鉄鉱石などの豊富な鉱産資源と水上交通を利用し、19 世紀から五大湖周辺で鉄鋼業や自動車産業が発展。第一次世界大戦後、世界最大の工業国に。
↳ピッツバーグ（鉄鋼業）　↳デトロイト（自動車産業）

❷ **工業地域の変化**　（土地が安く気候も温暖、労働力が豊富！）

①サンベルト…北緯 37 度より南の地域。情報通信技術（ICT）関連産業やハイテク（先端《せんたん》技術）産業などが発達。
↳航空宇宙産業やエレクトロニクス産業、バイオテクノロジーなど

②シリコンバレー…**サンフランシスコ**の南に位置する地域。情報通信技術（ICT）関連産業の企業や研究所が集中し、高度な技術の開発が進められている。

▶ アメリカの鉱工業

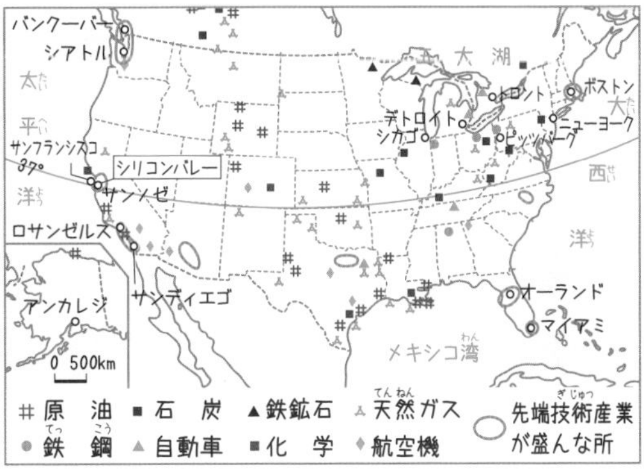

基礎力チェック！

次の問いに答えなさい。

(1)　北アメリカ大陸の西部に位置する山脈を何というか。

(2)　メキシコなどからアメリカにやってくるスペイン語を話す移民は。

(3)　その土地の自然条件や社会的条件に最も適した農作物を栽培する農業は。

(4)　サンフランシスコ郊外《こうがい》にあるICT関連産業の企業などが集中する地域は。

答え

(1)　ロッキー山脈
→ 1《 参照
(2)　ヒスパニック
→ 2《 参照
(3)　適地適作
→ 3《 参照
(4)　シリコンバレー
→ 4《 参照

Social studies

9

地理

南アメリカ州

1 南アメリカ州の自然

絶対おさえる！ 南アメリカ州の自然

☑ 太平洋側に**アンデス山脈**が南北につらなり、北部には流域面積が世界最大の**アマゾン川**が流れる。
☑ アマゾン川流域には**熱帯雨林（熱帯林）**、ラプラタ川流域には草原地帯（**パンパ**）が広がる。

❶ 自然

①太平洋側に**アンデス山脈**が南北に走る。北部には流域面積が世界最大の**アマゾン川**が流れ、その流域には広大な**熱帯雨林（熱帯林）**が広がっている。ラプラタ川流域には**パンパ**とよばれる草原地帯が広がる。

↳世界最長の山脈

②北部にはギアナ高地があり、その南には平坦なアマゾン盆地《ぼんち》が広がっている。東部にはなだらかなブラジル高原が広がる。

❷ 気候…熱帯から寒帯まで、さまざまな気候が分布。

①**北部・東南部**…熱帯。
②**アルゼンチン中部・チリ南部**…温帯。
③**太平洋側北部・アルゼンチン南部**…乾燥《かんそう》帯。
④**南端《なんたん》**…寒帯。 氷河がみられる地域も！

▶ 南アメリカ州の自然

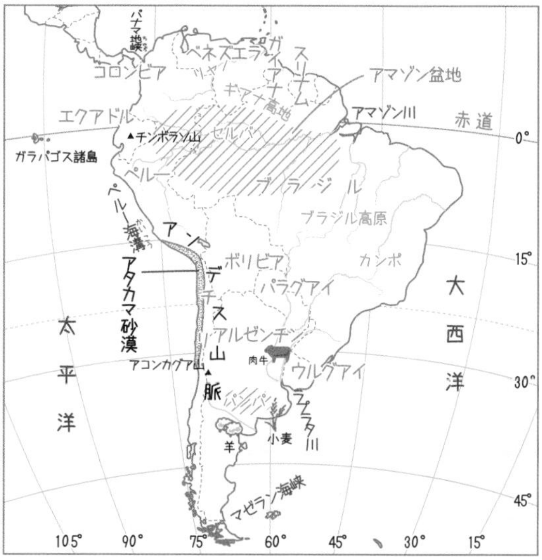

2 南アメリカ州の歴史と人種・民族構成

❶ 先住民と歩み

①古くから**先住民**が生活し、とくにアンデス山脈では**インカ帝国《ていこく》**など高度な文明が栄える。
↳マチュピチュ遺跡が有名

② 16世紀にスペインやポルトガルなどヨーロッパの人々が進出。先住民の文明をほろぼして**植民地**として支配。**キリスト教**などヨーロッパの文化がもちこまれる。アフリカから**奴隷《どれい》**としてアフリカ系（黒人）の人々が連れてこられる。

③ 19世紀の終わりにイタリアやドイツなどヨーロッパから、20世紀には日本から、多くの**移民**が入る。

国をこえて移り住む人々↵

❷ 人種・民族構成…アンデス山脈やアマゾン盆地に住む先住民のほか、ヨーロッパ系、アフリカ系、先住民とヨーロッパ系の混血である**メスチーソ**など。さまざまな文化が混ざり合う多文化社会。

❸ 公用語…ブラジルは**ポルトガル語**で、その他多くの国々は**スペイン語**。

▶ 南アメリカ州の主な言語と人種・民族構成

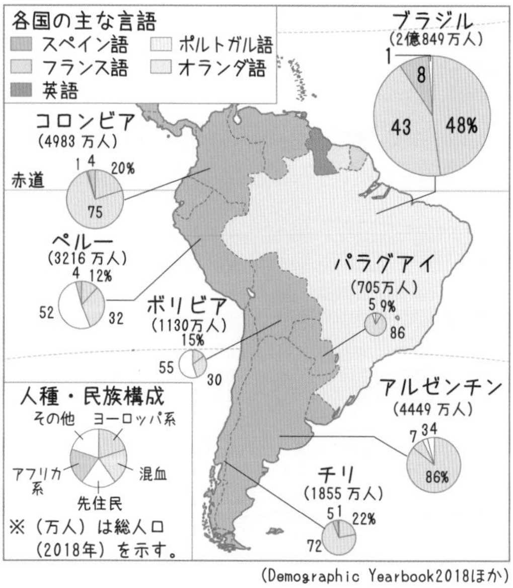

(Demographic Yearbook2018ほか)

学びのポイント

● 南アメリカ州は南北にとても長く、熱帯から寒帯までの気候区分が広がっている。とくに南部の高緯度地域では氷河地形がみられることに注意。

3 南アメリカ州の産業

絶対おさえる！ 南アメリカ州の産業の特色

☑ ブラジルでは**バイオエタノール（バイオ燃料）**の原料となるさとうきびの栽培《さいばい》が盛《さか》ん。
☑ アマゾン川流域では、伝統的な**焼畑《やきはた》農業**が行われてきた。

❶ 農業

①ブラジル…コーヒー豆、だいずの栽培が盛ん。近年、バイオエタノール（バイオ燃料）の原料となるさとうきびの生産が増加。（再生可能エネルギーの1つ！）
↳植物を原料とした燃料

②アマゾン川流域…伝統的に**焼畑農業**を行ってきた。
森林や草原を焼きはらい、その灰を肥料として作物を栽培↵

③アルゼンチン…パンパで小麦の栽培や肉牛の放牧。

④熱帯の海岸地域…プランテーションで、輸出用のバナナの栽培が大規模に行われる。
↳植民地時代に開かれた大規模な農園

⑤アンデス山脈…標高にあわせて、じゃがいもやとうもろこしなどを栽培し、リャマやアルパカを放牧。

❷ 鉱業…ブラジルの鉄鉱石、チリの銅、ベネズエラの原油は世界有数の埋蔵量で、レアメタル（希少金属）を産出する国も。

❸ ブラジルの輸出品の変化…かつては農産物や鉱産資源が輸出の中心で、とくにコーヒー豆の輸出に依《い》存《ぞん》したモノカルチャー経済。1970年代以降、航空機、自動車などの分野で工業化が進み、機械類の輸出が増加。
↳特定の農産物や鉱産資源の生産・輸出に頼る経済

▶ 南アメリカ州の国々の主な輸出品

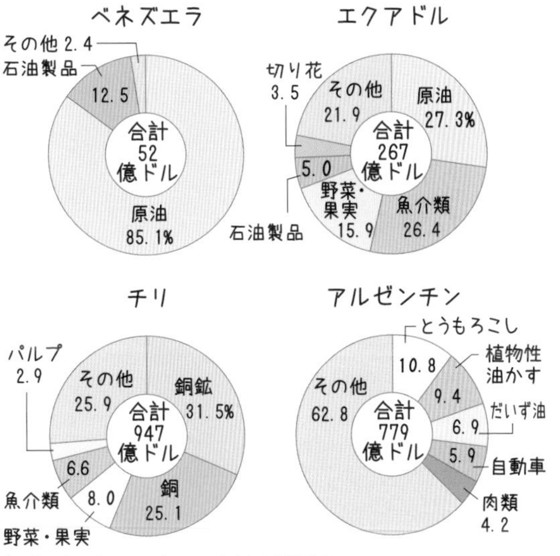

（ベネズエラ2022年、ほかは2021年）
（「世界国勢図会」2023/24年版ほか）

▶ ブラジルの輸出品の変化

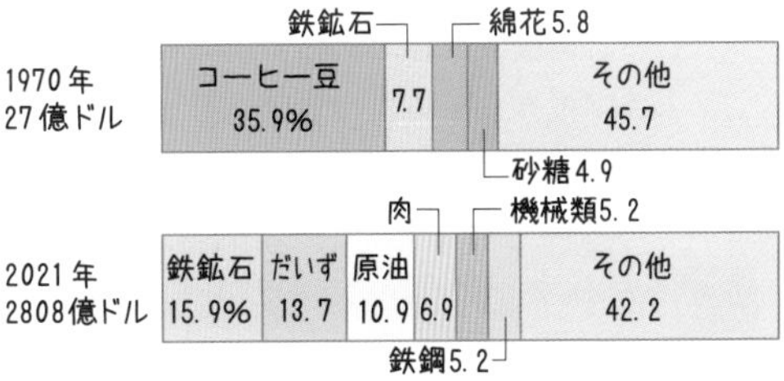

（「世界国勢図会」23／24年版ほか）

4 アマゾン川流域の地域開発

❶ ブラジルの都市問題…大都市ではスラムが形成。
↳衛生状態が悪く住居が密集する地区

❷ アマゾン川流域の地域開発…広大な熱帯雨林（熱帯林）を伐採《ばっさい》➡環境破壊《はかい》が深刻《しんこく》化。持続可能な開発が望まれる。
↳世界の熱帯雨林の約3分の1をしめる
↳経済発展と環境保護を両立させる

基礎力チェック！

次の問いに答えなさい。

(1) 南アメリカ大陸北部を流れる流域面積が世界最大の川を何というか。

(2) ブラジルの公用語は何か。

(3) ブラジルで近年生産が増加している、さとうきびを原料とする燃料は。

(4) 経済発展と環境保護を両立させるような開発を何というか。

答え

(1) アマゾン川
→ 1 参照

(2) ポルトガル語
→ 2 参照

(3) バイオエタノール（バイオ燃料）
→ 3 参照

(4) 持続可能な開発
→ 4 参照

10 地理 オセアニア州

1 オセアニア州の構成と自然

絶対おさえる！ オセアニア州の自然と気候

☑ オーストラリア大陸の内陸部は砂漠《さばく》や草原が広がる**乾燥《かんそう》帯**、南東部や南西部は**温帯**に属する。
☑ 地震《じしん》や火山の多いニュージーランドは**温帯**、太平洋の島々は**熱帯**に属する。

❶ **構成**…オーストラリア大陸と太平洋の島々で構成。太平洋の島々は、メラネシア、ポリネシア、ミクロネシアの３つの地域に分けられる。
・メラネシア…「黒い島々」という意味。
・ポリネシア…「たくさんの島々」という意味。
・ミクロネシア…「小さい島々」という意味。

❷ **自然と気候**
①**オーストラリア大陸**…大規模な地震や火山が少ない。内陸部は、降水量が極《きわ》めて少なく、砂漠や草原が広がる**乾燥帯**。南東部や南西部は、比較的雨が多く**温帯**（温暖湿潤《しつじゅん》気候や地《ち》中海《ちゅうかい》性気候）に属する。
↳国土の3分の2をしめる

②ニュージーランド…地震や火山が多い。**温帯**（西岸海洋性気候）に属し、１年中適度な降水量がある。
③**太平洋の島々**…**熱帯**に属し、１年中降水量が多く気温が高い。島々の多くは火山島やさんご礁《しょう》の島。
・**火山活動によってできた火山島**…面積が大きく地形が複雑。動植物や資源が豊か。
・さんご礁**が海面上に現れてできた島**…風景は美しいが、面積が小さく、資源にとぼしい。
↳温かいきれいな海にできる

▶ オセアニア州の構成と自然

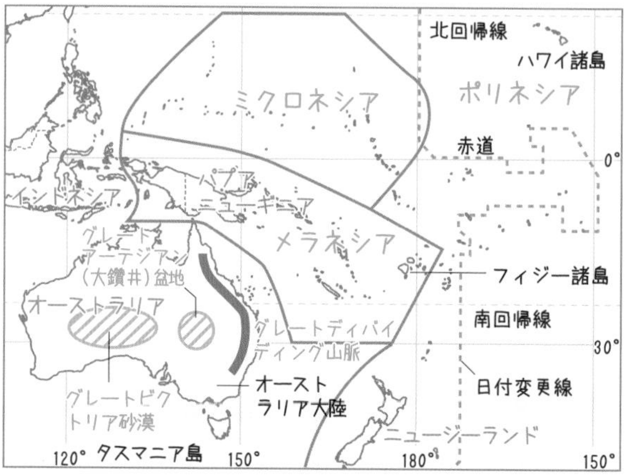

▶ オーストラリアに暮らす移民の出身地の変化

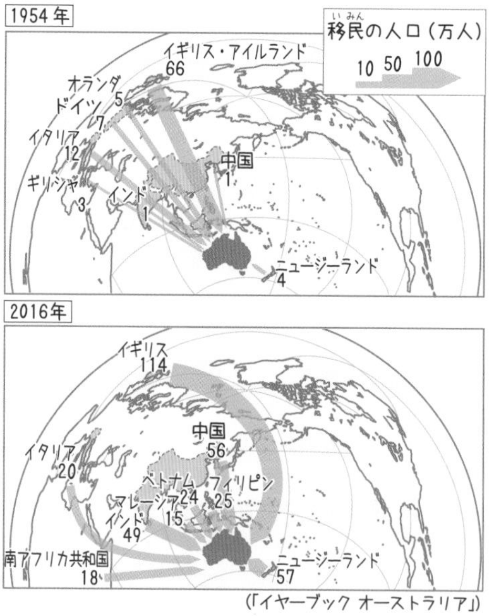

（「イヤーブック オーストラリア」）

2 オセアニア州の歴史と文化

❶ **歴史**…オーストラリアではアボリジニ、ニュージーランドではマオリとよばれる先住民が生活➡18世紀後半にイギリスの植民地になる。（採集や狩猟をして暮らしていた！）

❷ **オーストラリアの移民政策**…白人を優先し、ヨーロッパ系以外の移民を制限する白豪《はくごう》主義は1970年代に廃止《はいし》。
➡アジアやオセアニアの国々などからの移民が増加。
➡多様な人々が共存し、それぞれの文化を尊重し合う多文化社会へと大きく変化。

❸ **文化**…キリスト教が広く信仰《しんこう》されている。イギリスから独立したオーストラリアやニュージーランド、フィジーは英語が公用語。

発展
オーストラリアやニュージーランド、フィジーなどは、現在もイギリスとの結びつきが強く、国旗にイギリスの国旗が入っている。

学びのポイント

● オーストラリアの他国とのかかわりの変化に注意。かつてはイギリスとのつながりが強かったが、近年ではアジア諸国とのつながりが強くなっている。

3 オセアニア州の産業

絶対おさえる！ オーストラリアの農牧業と鉱業

☑ オーストラリアでは、東部と南西部で羊の飼育、北東部で牛の飼育が盛《さか》ん。
☑ オーストラリアでは、東部で石炭、北西部で鉄鉱石を多く産出。

❶ オセアニア州の農牧業

①オーストラリア…雨が降る東部と南西部では羊の飼育、北東部では牛の飼育が盛ん。

②ニュージーランド…乳牛や肉用の羊の飼育が盛ん。乳製品や羊肉が重要な輸出品。

❷ オーストラリアの鉱産資源…東部で**石炭**、北西部で**鉄鉱石**が多く産出され、重要な輸出品である。金や銅、ボーキサイト、ウランなどの鉱山も分布。大規模な露天掘《ろてんぼ》りの鉱山もある。
↳地表からけずって掘り下げる採掘方法

❸ 観光業…美しい自然景観などを求めて観光客が増加し、リゾート地として発展。オーストラリアにはウルル(エアーズロック)やグレートバリアリーフなどの観光名所があり、ニュージーランドでは地熱《ちねつ》発電や温泉を生かした観光が早くから行われてきた。

▶ オーストラリアの農牧業・鉱産資源

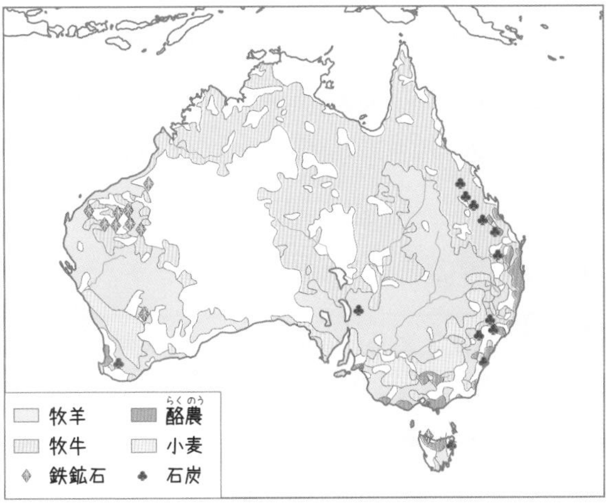

4 オーストラリアと他地域との関係

❶ 貿易相手国の変化…かつてはイギリスをはじめとするヨーロッパの国々への輸出が多かった。近年は、アジアや太平洋の国々との貿易が増え、中国《ちゅうごく》が最大の貿易相手国（2018年）。輸出品目も羊毛や小麦などの農産物中心から、鉱産資源中心へと変化した。

❷ アジアとの経済的な結びつき…APEC(アジア太平洋経済協力)の結成を主導し、距離《きょり》が近いアジア諸国と経済協力を進める。日本やアジア各国はオーストラリアの資源にたよる。

▶ オーストラリアの貿易相手国の変化

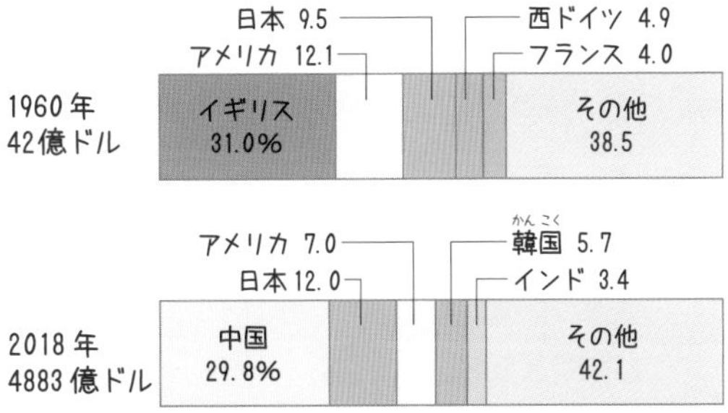

※金額は輸出入総額。　(UN Comtrade)

基礎力チェック！

次の問いに答えなさい。

(1)　オーストラリアの内陸部は何という気候帯に属するか。
(2)　ニュージーランドの先住民を何というか。
(3)　オーストラリアの北西部で産出される鉱産資源は何か。
(4)　2018年現在、オーストラリア最大の貿易相手国はどこか。

答え

(1)　乾燥帯 → 1 参照
(2)　マオリ → 2 参照
(3)　鉄鉱石 → 3 参照
(4)　中国 → 4 参照

Social studies

11 歴史 世界の古代文明と宗教

1 人類の出現と進化

❶ 人類の進化…猿人《えんじん》➡原人➡新人へと変化。

①猿人…約 700 万年前から 600 万年前にアフリカに現れた、最古の人類。直立二足歩行し、石などを道具として使った。

②原人…約 200 万年前に現れた。火や言葉を使用し、打製《だせい》石器をつくり始めた。

③新人（ホモ・サピエンス）…約 20 万年前にアフリカに現れた、人類の直接の祖先。

❷ 旧石器時代…約 1 万年前まで。石を打ち欠いて作った打製石器を使い、狩《か》り・漁・採集を行う。移動の生活。

❸ 新石器時代…約 1 万年前から。石を磨《みが》いてつくった磨製《ませい》石器や土器を使い、農耕や牧畜《ぼくちく》を始める。

↳氷河時代が終わる

発展

ラスコー洞窟《どうくつ》の壁画《へきが》(フランス)→旧石器時代に新人によってえがかれた壁画。

▶ 打製石器と磨製石器

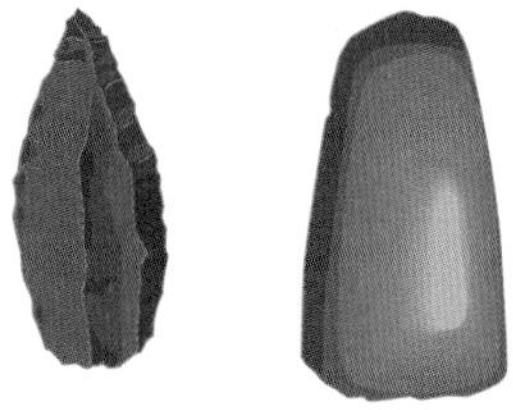

2 世界の古代文明

絶対おさえる！ 世界の古代文明

☑ **ナイル川流域のエジプト文明では、象形《しょうけい》文字や太陽暦《れき》を発明。**

☑ **チグリス・ユーフラテス川流域のメソポタミア文明では、くさび形文字や太陰暦《たいいんれき》を発明。**

❶ 古代文明 大河のほとりでおこる！

①エジプト文明…紀元前 3000 年ごろ、ナイル川流域で発生。神殿《しんでん》や王の墓であるピラミッドをつくる。太陽暦がつくられ、象形文字（神聖《しんせい》文字＝ヒエログリフ）も発明された。

↳太陽を基準に、1年を365日として12か月に分ける

②メソポタミア文明…紀元前 3000 年ごろ、チグリス・ユーフラテス川流域で発生。太陰暦、60 進法、七曜制などが考え出され、くさび形文字も発明された。

↳月の満ち欠けに基づく

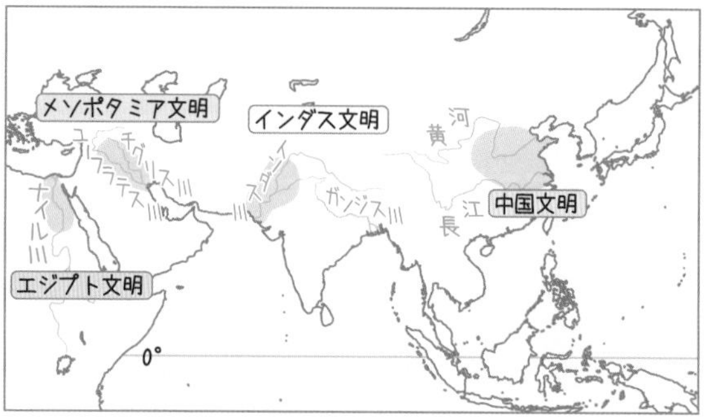

③インダス文明…紀元前 2500 年ごろ、インダス川流域で発生。モヘンジョ・ダロの遺跡《いせき》など、整備された道路や水路をもつ都市が中心。

④中国文明…今から 1 万年ほど前、黄河《こうが》《ホワンホー》・長江《ちょうこう》《チャンチアン》の流域で発生。

発展

メソポタミア文明では、紀元前18世紀ごろ、ハンムラビ王が全域を統一。ハンムラビ法典を整え、人々を支配した。

❷ ギリシャ・ローマの文明

①ギリシャの都市国家…紀元前 8 世紀ごろから、アテネやスパルタで都市国家（ポリス）を形成。アテネでは、すべての男子市民が出席する民会が中心の民主政を行う。攻《せ》めこんできたペルシャを撃退《げきたい》した後、ギリシャ文明は全盛期《ぜんせいき》に。

②ヘレニズム…紀元前 4 世紀、ギリシャを支配していたアレクサンドロス大王の遠征《えんせい》によって、ギリシャの文化とオリエントの文化が融合《ゆうごう》。

③ローマの都市国家…紀元前 6 世紀に王政から共和政に。紀元前 30 年に地中海周辺を統一し、ローマ帝国《ていこく》が成立。内乱後、皇帝《こうてい》が支配する帝政《ていせい》へ。

↱貴族が率いる（共和政）

↳世界最大級の都市ローマが首都

参考

ギリシャの民主政は、今日の民主主義の起源となった。

学びのポイント

● エジプトでは「太陽暦」、メソポタミアでは「太陰暦」が使われた。混同しないよう注意して覚えよう！

3《 宗教のおこり

❶ **仏教**…紀元前５世紀ごろ、インドに生まれたシャカ（釈迦）が開く。修行《しゅぎょう》を積んでさとりを開けば、苦しみから救われると説いた。

❷ **キリスト教**…紀元前後に、パレスチナ地方に生まれたイエスの教えを基に成立。人は神の前ではみな平等で、神を信じる者は救われると説き、その教えは**『聖書《せいしょ》（新約聖書）』**にまとめられた。4 世紀末にローマ帝国の国教となった。

❸ **イスラム教**…アラビア半島に生まれたムハンマドが７世紀初めに開く。唯一神である**アラー（アッラー）**の教えを伝える。聖典は『コーラン』。

▶ 宗教のおこりと広まり

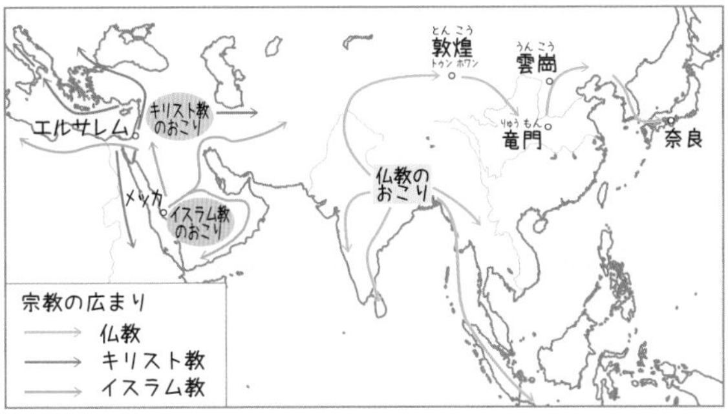

4《 中国の古代国家

❶ **殷《いん》**…紀元前 16 世紀ごろ、黄河流域に成立。青銅器や甲骨文字《こうこつもじ》が使われた。（漢字の基となった文字！）
↳亀の甲や牛の骨に占いの結果を記録

❷ **春秋・戦国時代**…紀元前８世紀ごろから、多くの国が争う戦乱の時代。鉄製の兵器や農具が普及《ふきゅう》。
↱青銅よりもかたくて丈夫
紀元前６世紀ごろ、孔子《こうし》が**儒教《じゅきょう》（儒学《じゅがく》）**を説く。

❸ **秦《しん》**…紀元前３世紀に、始皇帝《しこうてい》が中国を統一。貨幣《かへい》や文字などを統一し、政治のしくみを整えた。北方民族の侵入《しんにゅう》を防ぐため、**万里《ばんり》の長城《ちょうじょう》**を修築《しゅうちく》。
↳『皇帝』の呼び名を初めて使う

❹ **漢《かん》**…政治に儒教を取り入れて領土を拡大していき、朝鮮《ちょうせん》半島北部や中央アジアも支配下に。シルクロード（絹《きぬ》の道）を通じて西方との交流が盛《さか》んになる。中国から西方へ絹織物など、西方から中国へ馬やぶどう、仏教が伝わる。

▶ 2世紀ごろの世界

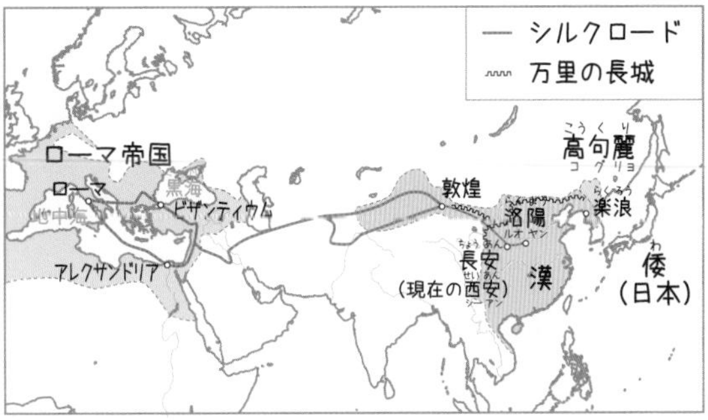

参考
秦は、きびしい政治に対する反乱が広がり、統一後わずか15年でほろんだ。

基礎カチェック！

次の問いに答えなさい。

(1)　アフリカに現れた最古の人類を何というか。

(2)　紀元前3000年ごろ、ナイル川流域で発生した古代文明は。

(3)　アラビア半島で生まれたムハンマドが開いた宗教を何というか。

(4)　紀元前３世紀の中国を統一した秦の王はだれか。

答え

(1)　猿人
→ 1《 参照

(2)　エジプト文明
→ 2《 参照

(3)　イスラム教
→ 3《 参照

(4)　始皇帝
→ 4《 参照

Social studies

12

歴史

日本列島の誕生と国家の形成

1 日本列島の誕生

❶ **日本列島の誕生**…氷河時代に陸続きの大陸から人々が移住。約1万年あまり前、氷河時代が終わると海面が上昇《じょうしょう》➡大陸とつながっていた部分が海となり、現在の日本列島の形ができる。

❷ **日本列島の旧石器時代**…土器はなく、**打製石器**を使用。狩《か》りや採集の生活。

暗記

岩宿遺跡《いわじゅく》(群馬県)で打製石器が発見され、日本にも旧石器時代があったことが明らかになった。

2 縄文時代・弥生時代

絶対おさえる！ 縄文時代・弥生時代

☑ **縄文時代《じょうもん》には狩りや採集の生活をしていたが、弥生時代《やよい》に大陸から稲作《いなさく》が伝えられ農耕が始まる。**
☑ **卑弥呼《ひみこ》が邪馬台国《やまたいこく》の女王となり、倭《わ》の30ほどの小国を従えていた。**

❶ **縄文時代**…約1万数千年前～紀元前4世紀ごろ。狩り・採集が中心。

①たて穴住居…ほり下げた地面に柱を立て屋根をかけた住居。奈良時代ごろまで一般に用いられる。

②縄文土器…厚手で黒褐色《こくかっしょく》の土器。縄目《なわめ》の文様がついている。

③貝塚《かいづか》…人々が貝殻《かいがら》や魚の骨などを捨てた跡《あと》。

④**土偶《どぐう》**…土製の人形。豊作をいのるためなどに用いる。

❷ **弥生時代《やよい》**…紀元前4世紀～紀元3世紀ごろ。農耕による定住。

①**稲作**…大陸から金属器とともに伝わる。

②弥生土器…薄手《うすで》でかための赤褐色《せきかっしょく》の土器。飾《かざ》りが少ない。米の保存や煮《に》たきなどに使われた。

③**金属器**…青銅器や鉄器のこと。銅鏡《どうきょう》・銅鐸《どうたく》・銅剣《どうけん》などの青銅器は主に祭りのための宝物《ほうもつ》、鉄器は農具や工具として使われた。

④**高床倉庫《たかゆか》**…収穫《しゅうかく》した稲《いね》を保管するための倉庫。

ねずみや湿気を防ぐための工夫も！

⑤**石包丁《いしぼうちょう》**…稲の穂《ほ》をかりとるための道具。

▶ 旧石器時代～弥生時代の主な遺跡

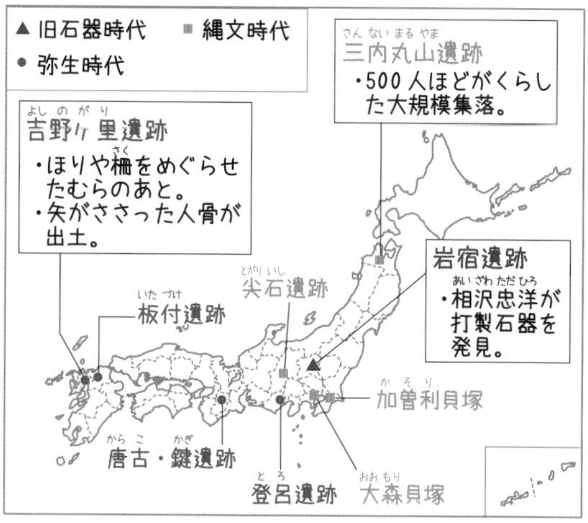

▶ 縄文土器と弥生土器

❸ **国々の誕生**

①**小国の分立**…紀元前後、倭《わ》（日本）には100あまりの小国（「**漢書《かんじょ》**」**地理志**より）。57年、奴国《なこく》《なのくに》の王が漢《かん》（後漢《ごかん》）に使いを送り、皇帝《こうてい》から「**漢委《かんのわの》(倭)奴《なの》国王《こくおう》**」と刻まれた**金印**を授《さず》けられる（「**後漢書**」**東夷伝《とういでん》**より）。
└江戸時代に志賀島(福岡県)で発見

②邪馬台国…3世紀、卑弥呼が女王となり、倭の30ほどの小国を従えていた国。239年に中国の魏《ぎ》に使いを送り、「**親魏倭王《しんぎわおう》**」の称号《しょうごう》や金印、銅鏡100枚などを授かる（「**魏志《ぎし》**」**倭人伝《わじんでん》**より）。
└まじないによる政治を行う

▶ 「魏志」倭人伝

　倭にはもともと男子の王がいたが、戦乱が続いたので、国々が共同して女子を王に立てた。名を卑弥呼という。…(略)…卑弥呼の宮殿《きゅうでん》には、物見やぐらや柵が厳重《げんじゅう》にめぐらされ、武器をもった兵士がいつも守っていた。(部分要約)

学びのポイント

● 日本で文字が広く使われる前の時代のようすは、中国の史料によって明らかになった。史料の名前と、書かれている内容をセットで覚えよう。

3 大和政権と古墳時代

絶対おさえる！ 古墳時代

☑ 3世紀後半、**大和《やまと》政権（ヤマト王権）**が現れ、**前方後円墳《ぜんぽうこうえんふん》**など**古墳《こふん》**が多くつくられた。
☑ 日本に移り住んだ**渡来人《とらいじん》**が、**須恵器《すえき》**の作り方や**漢字**・**儒学《じゅがく》**・**仏教**などを伝えた。

❶ 大和政権（ヤマト王権）

①**大和政権**…3世紀後半に奈良盆地《ぼんち》を中心とする地域に現れた、強大な力を持つ王と有力豪族《ごうぞく》の勢力。
　└ある地方で大きな勢力をもつ一族（有力豪族）

②**大王《おおきみ》《だいおう》**…大和政権の中心となる王。後に天皇となる。

❷ 古墳時代…古墳がつくられた6世紀末ごろまで。

①**古墳**…王や豪族の墓。古墳の周りには埴輪《はにわ》が置かれ、内部の石室や棺《かん》には、初めは銅鏡《どうきょう》など祭りの道具が、後には鉄製の武器や馬具、かんむりが納められる。

▶ 主な前方後円墳

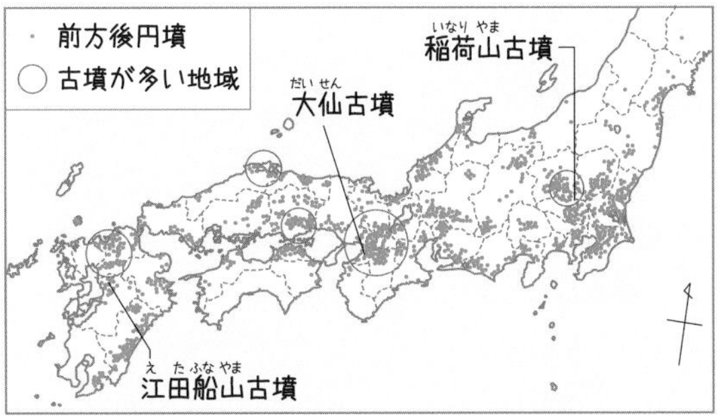

・**前方後円墳**…円形と方形を合わせた形の古墳。規模《きぼ》が大きいのが特徴。**大仙古墳《だいせん》**（└大阪府堺市にある）**(仁徳天皇陵《にんとくてんのうりょう》)**が代表例。

▶ 前方後円墳

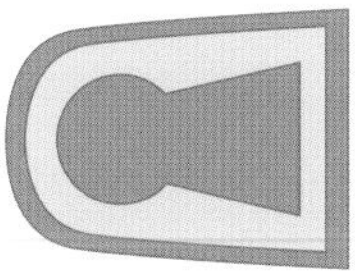

・**埴輪《はにわ》**…人や動物をかたどった素焼《すや》きの土製品。

②**渡来人**…中国や朝鮮《ちょうせん》半島から日本に移住した人々。**須恵器**や機織《はたお》りなどの大陸の技術、**漢字・儒学・仏教**など進んだ文化を伝えた。大和政権でも書類の作成や財政の管理を担当。
　└須恵器：高温で焼かれた黒っぽい土器

❸ 大陸との交流

①**朝鮮半島**…5～6世紀ごろ、高句麗《こうくり》・百済《くだら》《ひゃくさい》・新羅《しらぎ》《しんら》が勢力を争う。大和政権は百済や伽耶《かや》地域（任那《みまな》《にんな》）と結び、高句麗や新羅と戦ったことが、好《こう》太王《たいおう》（広開土王《こうかいどおう》）碑《ひ》に記されている。

▶ 5世紀の朝鮮半島

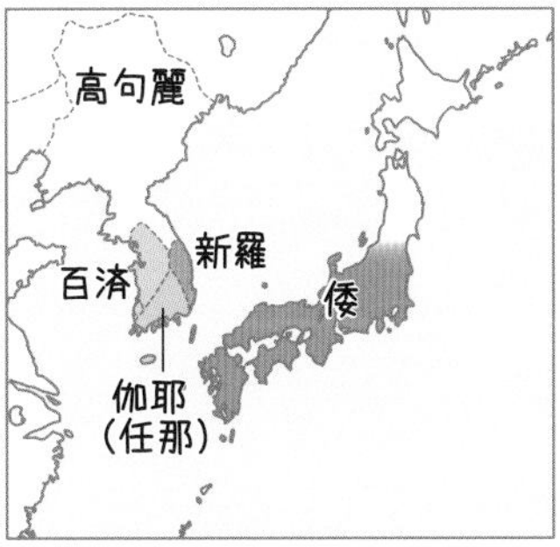

②**中国**…南朝と北朝に分かれて対立。皇帝《こうてい》の権力は東アジア全体におよぶ。その権威《けんい》を借りることで、国内での王としての地位を高め、朝鮮半島の国々との関係を有利なものにしようとして、**倭の五王**が南朝にたびたび使者を送る。
　└倭の五王：大和政権の王たち

基礎力チェック！

次の問いに答えなさい。

(1) 縄文時代の人々が、貝殻や魚の骨などを捨てた跡を何というか。

(2) 3世紀前半、邪馬台国を治めた女王はだれか。

(3) 奈良盆地を中心とした王と有力豪族からなる勢力を何というか。

(4) 古墳時代に、中国や朝鮮半島から日本に移住してきた人々を何というか。

答え

(1) 貝塚
→ 2 参照

(2) 卑弥呼
→ 2 参照

(3) 大和政権(ヤマト王権)
→ 3 参照

(4) 渡来人 → 3 参照

Social studies

13 歴史 古代国家の成立

1 聖徳太子《しょうとくたいし》の政治

絶対おさえる！ 聖徳太子(厩戸皇子)の政治

☑ **聖徳太子は、十七条の憲法《じゅうしちじょう》、冠位十二階《かんいじゅうにかい》の制度を整え、天皇中心の政治を目指す。**
☑ **聖徳太子は、隋《ずい》の進んだ政治制度や文化を取り入れるため、小野妹子《おののいもこ》らを遣隋使《けんずいし》として派遣《はけん》。**

❶ 東アジアのようす

①**朝鮮《ちょうせん》半島**…6 世紀になると、新羅《しらぎ》《しんら》と百済《くだら》《ひゃくさい》の勢力が強まり、新羅が伽耶《かや》地域（任那《みまな》《にんな》）の国々をほろぼす。

②**中国**…6 世紀末に隋《ずい》が統一➡7 世紀初めに隋がほろび、唐《とう》が統一。唐は律令《りつりょう》を定め、税制や兵役《へいえき》を整えて強大な帝国《ていこく》となる。

❷ 聖徳太子（厩戸皇子《うまやどの》）の政治…推古《すいこ》天皇の摂政《せっしょう》となり、蘇我《そが》氏と協力して天皇中心の政治を目指す。
（↳大和政権で勢力をもった豪族）

①十七条の憲法…天皇の地位を明らかにし、朝廷《ちょうてい》の役人の心得を示したもの。仏教や儒教《じゅきょう》の考え方が取り入れられている。

②冠位十二階の制度…家柄《いえがら》にとらわれず、才能や功績のある人物を役人に取り立てるための制度。
（↳かんむりの色などで地位を表す）

③遣隋使…隋の進んだ政治制度や文化を取り入れるために派遣された。**小野妹子**らが送られ、多くの留学生や僧《そう》も同行。隋と対等な国交を目指す。

❸ 飛鳥《あすか》文化…日本で最初の仏教文化。

①**建築**…法隆寺《ほうりゅう》。（現存する世界最古の木造建築物！）

②**仏像**…法隆寺釈迦三尊像《しゃかさんぞんぞう》、広隆寺《こうりゅうじ》弥勒菩薩像《みろくぼさつぞう》。

▶ 7世紀初めの東アジア

▶ 十七条の憲法

一に曰く、和をもって貴《たっと》しとなし、さからう(争う)ことなきを宗《むね》とせよ。
二に曰く、あつく三宝《さんぼう》を敬え。三宝とは仏《ぶつ》・法《ほう》(仏教の教え)・僧なり。

参考

朝廷とは、天皇と豪族(貴族)からなる政府のこと。

2 律令《りつりょう》国家の成立

❶ 大化《たいか》の改新《かいしん》…645 年、中大兄皇子《なかのおおえのおうじ》と中臣鎌足《なかとみのかまたり》らが、蘇我氏をたおして始めた政治改革。土地と人々を国が直接支配する方針（公地・公民）を示す。

❷ 白村江《はくすきのえ》《はくそんこう》の戦い…日本と唐・新羅連合軍との戦い。中大兄皇子が唐・新羅にほろぼされた百済を支援《しえん》するため、朝鮮半島に大軍を送ったが敗れる➡唐や新羅の侵攻《しんこう》に備えるため、西日本に山城《やまじろ》や水城《みずき》を築く。
（↳後に天智天皇として即位）

❸ 壬申《じんしん》の乱…天智《てんじ》天皇の死後に起こった天皇のあとつぎ争い。勝利した大海人皇子《おおあまのおうじ》が天武《てんむ》天皇として即位《そくい》。律令に基《もと》づく政治を進めた。
（↱初めて全国の戸籍をつくる）
（↳天智天皇の弟）

❹ 大宝《たいほう》律令…唐の律令にならい 701 年に完成。これにより、律令に基づく政治を行う国家（律令国家）が成立し、天皇を中心に貴族が政治を行う。地方は国や郡などに分けられ、国司《こくし》や郡司《ぐんじ》が政治を担当した。
（↳都から派遣）
（↳地方の豪族を任命）

❺ 遣唐使《けんとうし》…唐の制度や文化を取り入れるために派遣された使節。

暗記

律令のうち、「律」は刑罰《けいばつ》の決まり、「令」は政治を行う上での決まり。

▶ 律令国家の政治のしくみ

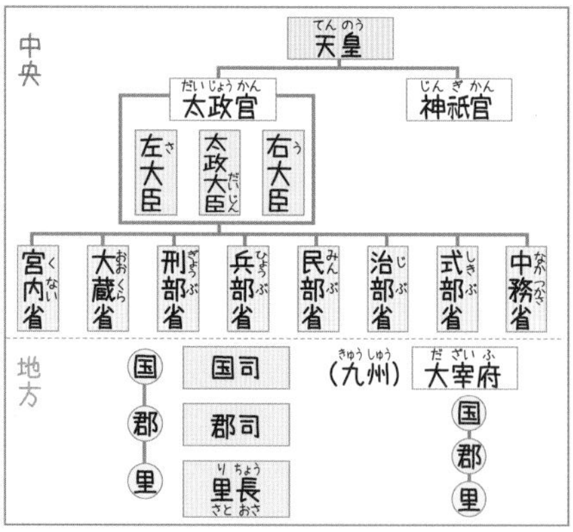

学びのポイント

● 重要な出来事の年号を覚えておくと流れが把握しやすくなる。
大化の改新(645)、大宝律令(701)、平城京遷都(710)は要チェック！

3 奈良時代の社会

絶対おさえる！ 平城京と人々の負担

☑ 710年に奈良に**平城京**《へいじょうきょう》がつくられ、それからの約80年間を**奈良時代**という。
☑ 6歳《さい》以上の人々に**口分田**《くぶんでん》があたえられ、**租**《そ》・**調**《ちょう》・**庸**《よう》といった重い税が課せられた。

❶ **平城京**…710年、律令国家の新しい都として奈良につくられた都。唐の都・長安《ちょうあん》にならう。広い道路によって碁盤の目のように区画された。市《いち》では各地から送られてきた産物が売買され、**和同開珎**《わどうかいちん》《かいほう》が流通。
↳人口100万人をこえる世界有数の都市

❷ **奈良時代**…奈良に平城京がつくられた後の約80年間。

❸ **班田収授法**《はんでんしゅうじゅのほう》…戸籍《こせき》に登録された6歳以上のすべての男女に一定の**口分田**をあたえ、その人が死ぬと国に返させるしくみ。
↳6年ごとにつくられた

❹ **人々の負担**…**租**・**調**・**庸**の税や労役《ろうえき》・兵役の義務など重い負担。とくに調や庸は都まで運ばなければならず、人々にとって大きな負担に。

❺ **律令政治のくずれ**…人口増加などにともなって口分田が不足したため、743年に**墾田永年私財法**《こんでんえいねんしざいのほう》を出し、新しく開墾《かいこん》した土地の永久私有を認《みと》める➡貴族や寺院が私有地（のちの**荘園**《しょうえん》）を広げ、公地・公民の原則はくずれる。

暗記

平城京の市では各地から送られてきた産物が売買され、和同開珎が流通。

人々の負担	
租	稲《いね》の収穫《しゅうかく》の約３％を納める
調	絹や魚などの特産物を納める
庸	労役の代わりに麻《あさ》を約8m納める
出挙《すいこ》	稲を借りて利息付きで返す
雑徭《ぞうよう》	国司の下《もと》で１年に60日以内の労役
兵役	衛士《えじ》（都の警備）：1年間 防人《さきもり》(北九州警備)：3年間

4 奈良時代の文化

❶ **天平文化**《てんぴょう》…仏教と唐の影響《えいきょう》を強く受けた国際色豊かな文化。

①**建築物**…東大寺《とうだいじ》、**正倉院**《しょうそういん》、唐招提寺《とうしょうだいじ》。
↳東大寺の宝物庫。聖武天皇の遺品や西方からの工芸品がおさめられる

②**書物**

・「**古事記**《こじき》」・「**日本書紀**《にほんしょき》」…神話や伝承などをまとめた歴史書。
・「**風土記**《ふどき》」…地方ごとの自然や産物、伝説などを記した地理書。
・「**万葉集**《まんようしゅう》」…大伴家持《おおとものやかもち》らが編さんした日本最古の和歌集。
↳天皇から農民、防人までの約4500首の歌がおさめられている

❷ **仏教**

①**聖武天皇**…国ごとに**国分寺**《こくぶんじ》**・国分尼寺**《にじ》を建立《こんりゅう》。都には**東大寺**を建て、**大仏**をつくらせる。（仏教の力で国を守るため！）

②**鑑真**《がんじん》…唐から来日した僧。日本に正式な仏教の教えを伝える。

▶ 防人の歌(「万葉集」より)

から衣《ころも》　すそに取りつき泣く子らを
置きてぞ来《き》ぬや母《おも》なしにして

基礎力チェック！

次の問いに答えなさい。

(1) 聖徳太子が制定した、役人の心構えを示したきまりを何というか。

(2) 701年に制定された、唐の律令にならったきまりを何というか。

(3) 奈良時代に人々に課された税のうち、稲の収穫の約３％を納める税は。

(4) 聖武天皇のころに栄えた文化を何というか。

答え

(1) 十七条の憲法
→ 1 参照
(2) 大宝律令
→ 2 参照
(3) 租
→ 3 参照
(4) 天平文化 → 4 参照

Social studies

14 歴史 貴族の政治と文化

1 平安京《へいあんきょう》と東アジアの変化

❶ 社会の混乱《こんらん》…奈良時代後半、天皇が仏教と僧《そう》を重んじたため、仏教勢力が政治に深くかかわるなどして混乱➡**桓武天皇《かんむ》**は新しい都で政治の立て直しを目指し、平城京《へいじょうきょう》から長岡京《ながおかきょう》に都を移す。

❷ 平安京…794 年、桓武天皇が長岡京から京都に移した都。

❸ 平安時代…平安京に都がつくられてから、鎌倉《かまくら》幕府ができるまでの約 400 年間。

❹ 朝廷《ちょうてい》の東北地方への進出…古くから東北地方に住み抵抗《ていこう》を続けていた蝦夷《えみし》を、**征夷大将軍《せいいたいしょうぐん》**に任命された**坂上田村麻呂《さかのうえのたむらまろ》**が平定。朝廷の支配が東北地方にまでおよぶ。

❺ 新しい仏教…唐《とう》から帰国した僧が、仏教の新しい教えを日本に伝える。山奥《やまおく》の寺で修行《しゅぎょう》を積み、国家の平安をいのる。

①**最澄《さいちょう》**…**天台宗《てんだいしゅう》**を広め、**比叡山《ひえいざん》**（滋賀県・京都府）に**延暦寺《えんりゃくじ》**を建てる。

②**空海《くうかい》**…**真言宗《しんごんしゅう》**を広め、**高野山《こうやさん》**（和歌山県）に**金剛峯寺《こんごうぶじ》**を建てる。

❻ 東アジアの変化

①**中国**…唐は内乱などでおとろえ、10 世紀初めにほろびる。小国が分立し、やがて**宋《そう》**（北宋）が中国を統一。

②**朝鮮半島《ちょうせん》**…10 世紀初めに**高麗《こうらい》**がおこり、やがて新羅《しらぎ》《しんら》をほろぼして、朝鮮半島を統一。

▶ 朝廷の東北地方への進出

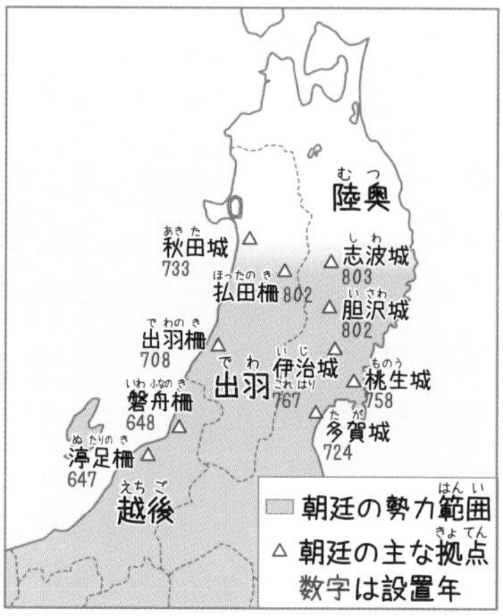

▶ 11世紀の東アジア

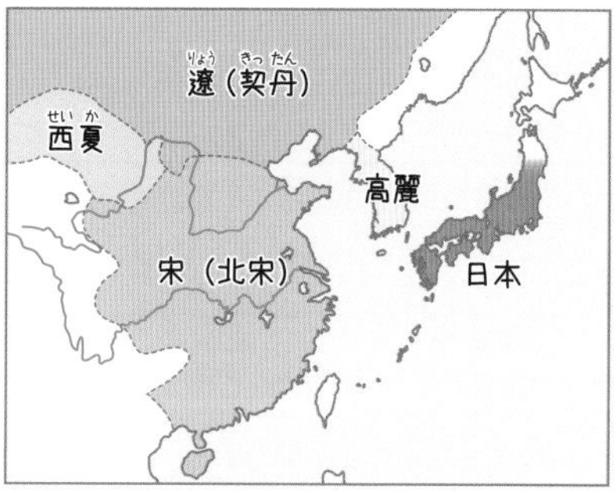

2 摂関《せっかん》政治の時代

絶対おさえる！ 摂関政治

☑ **藤原氏《ふじわら》**は天皇が幼いときに**摂政《せっしょう》**、成人してからは**関白《かんぱく》**の職につき実権をにぎる**摂関政治**を行った。

☑ 摂関政治は 11 世紀前半の**藤原道長《ふじわらのみちなが》**・頼通《よりみち》父子の時代に最盛期《さいせいき》をむかえた。

❶ 藤原氏の政治…藤原氏が娘《むすめ》を天皇のきさきにして、生まれた子どもを天皇に立てることで勢力をのばす。朝廷《ちょうてい》の高い地位を独占《どくせん》し、多くの荘園《しょうえん》を所有。

❷ 摂関政治…藤原氏は、9 世紀後半には、天皇が幼いときには摂政、成人してからは関白の職について政治の実権をにぎった。11 世紀前半の藤原道長とその子の頼通の時代に最盛期をむかえる。

❸ 新しい税…10 世紀になると、朝廷は税の取り立てをあきらめ、かわりに田の面積に応じて米をおさめさせた。（律令国家のしくみがくずれる！）

❹ 地方政治の乱れ…朝廷が国司《こくし》の権限を強化したため、国司の不正（税の一部を自分の収入にするなど）が多くなるなどした。

▶ 天皇家と藤原氏との関係

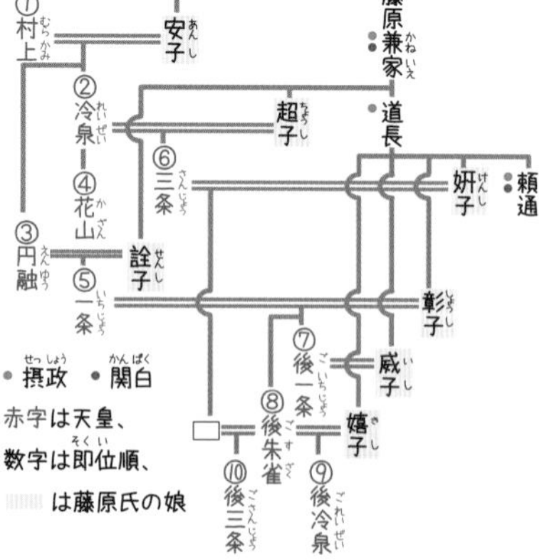

学びのポイント

- 最澄・空海が広めた天台宗・真言宗は定期試験で最頻出！
総本山もセットで何度も唱えて覚えてしまおう！

3 国風《こくふう》文化

絶対おさえる！ 国風文化

☑ 摂関政治のころに栄えた、日本の風土や生活、日本人の感情にあった文化を**国風文化**という。
☑ **紫式部《むらさきしきぶ》**が「**源氏《げんじ》物語**」、**清少納言《せいしょうなごん》**が「**枕草子《まくらのそうし》**」を**仮名《かな》文字**で著した。

❶ **遣唐使《けんとうし》の停止**…唐のおとろえと往復の危険を理由とした**菅原道真《すがわらのみちざね》**の提案により、遣唐使を停止する。

❷ **国風文化**…摂関政治のころに栄えた、日本の風土や生活、日本人の感情にあった文化。**仮名文字**がつくられ、すぐれた文学作品が生み出された。
└漢字を書きくずし、日本語の発音を表現しやすくした文字

①文学作品…長編小説「**源氏物語**」（**紫式部**）、随筆《ずいひつ》「**枕草子**」（**清少納言**）、「**古《こ》今《きん》和歌集**」（紀貫之《きのつらゆき》らが編さん）

↱季節の移りかわりなど
②絵画など…日本の風物をえがいた**大和絵《やまとえ》**が生まれる。

❸ **住居や生活様式**…貴族は**寝殿造《しんでんづくり》**とよばれる住居に住み、服装《ふくそう》も唐風から日本風に変化。

▶ 寝殿造の屋敷《やしき》

敷地《しきち》をかべでしっかり囲っている。
建物をわたりろうかでつなぐ。
人工の池や山。

❹ **浄土信仰《じょうどしんこう》（浄土の教え）**…阿弥陀仏《あみだぶつ》（阿弥陀如来《にょらい》）にすがり死後に極楽《ごくらく》浄土に生まれ変わることを願う信仰《しんこう》。10世紀半ばからしだいに世の中が乱れ不安が高まったことから、人々の間に広まる。宇《う》治《じ》（京都府）の**平等院鳳凰堂《びょうどういんほうおうどう》**は、このころを代表する阿弥陀堂。
└藤原頼通が建てた

▶ 漢字から仮名文字への変化

ひらがな

安	あ	あ
以	い	い
宇	う	う
衣	え	え
於	お	お

カタカナ

阿	ア	ア
伊	イ	イ
宇	ウ	ウ
江	エ	エ
於	オ	オ

参考
仮名文字のうちひらがなは、主に女性が利用した。

参考
正月、端午《たんご》の節句《せっく》、七夕《たなばた》といった年中行事は、平安時代から行われていた。

▶ 平等院鳳凰堂

基礎力チェック！

次の問いに答えなさい。

(1) 唐から帰国後、天台宗を広めた僧はだれか。

(2) 藤原氏が行った、摂政や関白の位について行った政治を何というか。

(3) 平安時代に栄えた、日本の風土や生活などに合った文化を何というか。

(4) 平安時代に、清少納言が書いた随筆を何というか。

答え

(1) 最澄
→ 1 参照
(2) 摂関政治
→ 2 参照
(3) 国風文化
→ 3 参照
(4) 枕草子
→ 3 参照

Social studies

15 歴史 武家政権の誕生

1 武士の登場

絶対おさえる！ 地方の反乱と武士の成長

- ☑ 10世紀半ば、関東では**平将門《たいらのまさかど》**、瀬戸内海《せとないかい》では**藤原純友《ふじわらのすみとも》**が反乱を起こした。
- ☑ 成長した武士団の中でも、天皇の子孫である**源氏《げんじ》**と**平氏《へいし》**が有力な存在となった。

❶ **武士のおこり**…都の貴族たちの中に、軍事や武芸を専門とする武士が現れ、地方の有力な農民は豪族《ごうぞく》となり、土地や財産を守るために武装《ぶそう》するようになった。

❷ **武士団の形成**…地方の武士は、**武士団**をつくるほどに成長。長《おさ》（惣領《そうりょう》）が一族のその子や兄弟をまとめて郎党《ろうとう》を従えた。

❸ **地方の反乱**…10世紀半ば、関東では**平将門**（└「新皇」と名乗る）、瀬戸内海では**藤原純友**が、それぞれ周辺の武士団を率いて大きな反乱を起こす➡朝廷《ちょうてい》は別の武士団の力を借りて反乱をしずめた。

❹ **武士の成長**…成長した武士団の中でも、天皇の子孫である**源氏**と**平氏**が有力な存在となり、武士の統率《とうそつ》者（棟《とう》梁《りょう》）となっていった。

①**源氏**…**源 義家《みなもとのよしいえ》**が東北地方で起こった2度の戦乱（└前九年合戦・後三年合戦）をしずめ、東日本に勢力を拡大。

②**平氏**…瀬戸内海の海賊《かいぞく》をおさえ、西日本に勢力を拡大。

③**奥州藤原《おうしゅうふじわら》氏**…東北地方を統一し、三代にわたって**平《ひら》泉《いずみ》**（岩手県）を中心に勢力をふるった。

❺ **荘園《しょうえん》や公領《こうりょう》での武士の役割**…武士が荘園や公領で、犯罪の取りしまりや年貢《ねんぐ》の取り立てを任される。➡荘園や公領に館を築き、地方で勢力を広げる。

▶ 武士団のしくみ

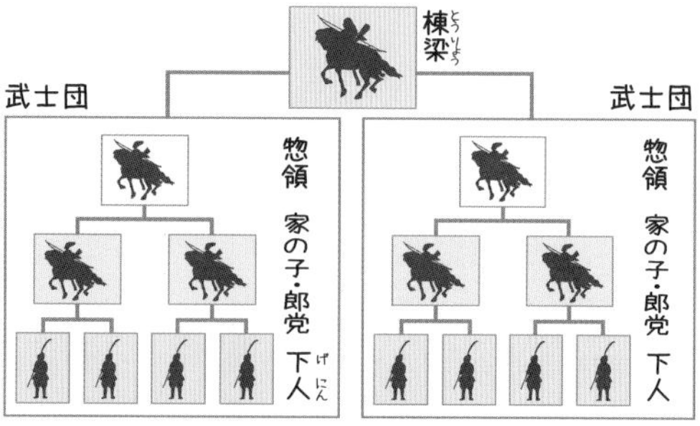

▶ 武士団と各地で起こった争乱

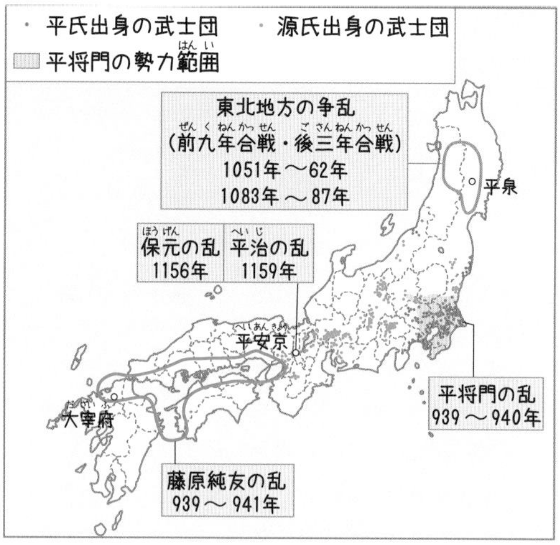

2 院政《いんせい》

❶ **後三条天皇《ごさんじょう》**（└藤原氏との血縁関係がうすい）…摂関《せっかん》政治をおさえて政治改革を行い、天皇の力を復活させた。

❷ **白河上皇《しらかわ》**…天皇の位を退き上皇となってからも、上皇の御所《ごしょ》である院で政治を行う**院政**を始めた。

❸ **荘園の集中**…上皇はさまざまな権利をあたえて荘園を保護したため、多くの荘園が上皇に寄進された。

❹ **僧兵《そうへい》**…寺社がかかえた武装した僧。広大な荘園を保有するようになった寺社の勢力が大きくなり、朝廷や院に対して集団で訴《うった》え（強訴《ごうそ》）を行った。

❺ **武士の中央進出**…僧兵をおさえるため、地方の武士団を朝廷や院の警護《けいご》にあたらせた。

暗記

奥州藤原氏は、大量にとれた砂金や良馬などの交易で栄えた。1189年、源義経《よしつね》をかくまったことを口実に、源頼朝《よりとも》によって攻《せ》めほろぼされた。

学びのポイント

● 12世紀の政治史は「朝廷内部の対立→平氏の政権確立→平氏の没落」という大枠を理解してから用語暗記に進むと、スムーズに覚えられるよ！

3《 平氏の台頭と平氏政権

絶対おさえる！ 平氏の台頭と平氏政権

☑ 12世紀半ば、天皇と上皇との対立や貴族の対立が激しくなり、保元の乱と平治の乱が起こる。
☑ 平治の乱に勝利した平清盛《たいらのきよもり》は、武士として初めて**太政大臣**《だいじょうだいじん》となり、政治の実権をにぎった。

❶ 平氏の台頭…鳥羽《とば》上皇の死後、天皇と上皇との対立や貴族の対立が激しくなり、2つの内乱が起こる➡武士どうしの戦いによって解決➡武士が大きな力を持つ。

①保元の乱（1156年）…院政の実権をめぐって争いが起こり、後《ご》白河《しらかわ》天皇に味方した平清盛と源義朝《よしとも》が勝利。

②平治の乱（1159年）…後白河天皇の政権内で勢力争いが起こり、平清盛が源義朝を破って勢力を広げた。義朝の子である源頼朝は伊豆《いず》（静岡県）に流される。

▶ 保元の乱と平治の乱の対立関係

	保元の乱（1156年）				平治の乱（1159年）	
	天皇家	貴族	平氏	源氏	貴族	平氏　源氏
勝者	後白河天皇	藤原忠通《ただみち》	平清盛	源義朝	藤原通憲《みちのり》	平清盛　平重盛《しげもり》
敗者	崇徳《すとく》上皇	藤原頼長《よりなが》	平忠正《ただまさ》	源為義《ためよし》　源為朝《ためとも》	藤原信頼《のぶより》	源義朝　源義平《よしひら》　源頼朝

❷ 平清盛の政権

①**地位の確立**…平清盛は、武士として初めて**太政大臣**となり、政治の実権をにぎる➡娘《むすめ》を天皇のきさきにし、その子を天皇にして朝廷との関係を深めた。
↱後白河上皇の院政を助ける

②**平氏一族の繁栄**《はんえい》…平氏一族は高い官職《かんしょく》や位に就《つ》き、西日本を中心に広大な荘園と公領を支配する。

③**中国との貿易**…兵庫の港（大輪田泊《おおわだのとまり》）を整備し、日《にっ》宋《そう》貿易を行う。（重要な経済的基盤に！）

▶ 源氏と平氏の戦い

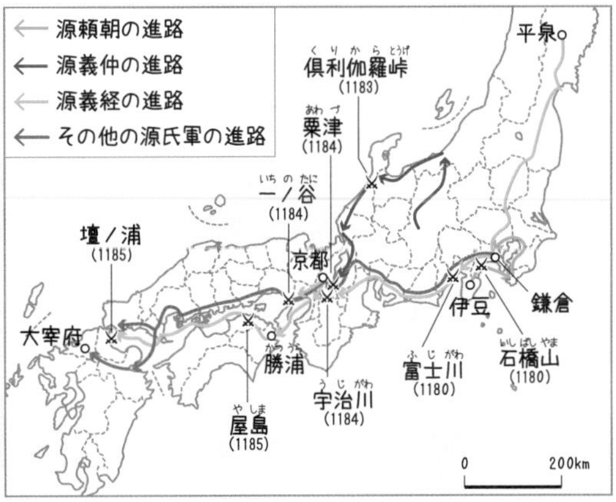

4《 源平の争乱と平氏の滅亡《めつぼう》

❶ 平氏への反感…平氏に対し、天皇家や貴族、地方の武士らの反感が高まる。
↳政治や富を独占

↱東日本の武士の支持を得る
❷ 源氏の挙兵《きょへい》…伊豆の源頼朝ら各地の源氏が、平氏をたおすために兵をあげた。

❸ 平氏の滅亡…木曽《きそ》（長野県）の源義仲《よしなか》が京都に入り、平氏を追い出す➡鎌倉《かまくら》（神奈川県）を本拠地《ほんきょち》に関東地方を支配した頼朝は、弟の**源義経**らを京都に派《は》遣《けん》して義仲をほろぼす➡義経は1185年に**壇ノ浦**《だんのうら》（山口県）で平氏をほろぼした。

暗記
瀬戸内海にある厳島《いつくしま》神社（広島県）は、海上交通の安全を願う平清盛によって整備された。

基礎力チェック！

次の問いに答えなさい。

(1) 10世紀半ば、関東で大きな反乱を起こしたのはだれか。
(2) 天皇を退位し上皇となってからも行う政治を何というか。
(3) 1159年に起こった、平清盛が源義朝を破った戦いを何というか。
(4) 1185年、平氏が源義経らにほろぼされたのはどこか。

答え

(1) 平将門 → 1《 参照
(2) 院政 → 2《 参照
(3) 平治の乱 → 3《 参照
(4) 壇ノ浦 → 4《 参照

Social studies

16

歴史

鎌倉幕府の成立と文化

1 鎌倉幕府《かまくらばくふ》の成立

❶ 源 頼朝《みなもとのよりとも》

①鎌倉（神奈川県）を本拠地《ほんきょち》とした源頼朝は、朝廷《ちょうてい》にせまり、1185年に地方の国ごとに守護《しゅご》、荘園《しょうえん》や公領《こうりょう》ごとに地頭《じとう》を置くことを認《みと》めさせる➡本格的な武士の政権である鎌倉幕府が成立。

②対立した源義経《よしつね》をかくまったことを理由に、奥州藤原《おうしゅうふじわら》氏をほろぼし、東日本を支配下におさめた。

③ 1192 年に征夷大将軍《せいいたいしょうぐん》に任命されると、政治のしくみを整備。

▶ 鎌倉幕府のしくみ

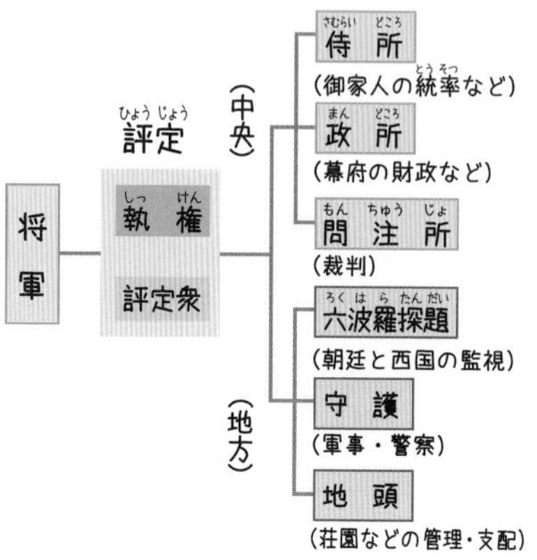

❷ 将軍と御家人《ごけにん》の関係…将軍に忠誠《ちゅうせい》をちかった武士を御家人といい、将軍と御家人は御恩《ごおん》と奉公《ほうこう》の関係で結ばれていた。御恩とは、御家人の土地を保護したり、新しい領地をあたえたりすることである。奉公とは、京都や鎌倉の警備を担当したり、戦いのときは幕府のために命をかけて戦うことである。

2 執権政治の展開

絶対おさえる！ 承久の乱と御成敗式目

☑ 1221 年、**後鳥羽《ごとば》上皇**が幕府から政治の実権を取りもどそうとして承久《じょうきゅう》の乱が起こった。
☑ 1232 年、執権の**北条泰時《ほうじょうやすとき》**は、裁判の基準などを示す御成敗式目《ごせいばいしきもく》（貞永《じょうえい》式目）を定めた。

❶ 北条氏の台頭…源頼朝の死後、その妻・**北条政子《まさこ》**とその父・**北条時政《ときまさ》**が実権をにぎり、時政は将軍を補佐する執権という地位に就《つ》く。その後、北条氏が他の御家人をおさえ、代々執権を独占《どくせん》した。

「尼将軍」と呼ばれる↲

❷ 執権政治の始まり…源氏の将軍が3代で絶える➡京都から貴族や皇族を将軍としてむかえ、執権が御家人をまとめて幕府の政治を動かす執権政治が始まる。

❸ 承久の乱…3代将軍源実朝《さねとも》が暗殺される➡1221 年、**後鳥羽上皇**が幕府をたおそうと兵をあげる➡幕府の大軍に敗れる。

↳乱の後、隠岐(島根県)に流される

▶ 承久の乱とその後の動き

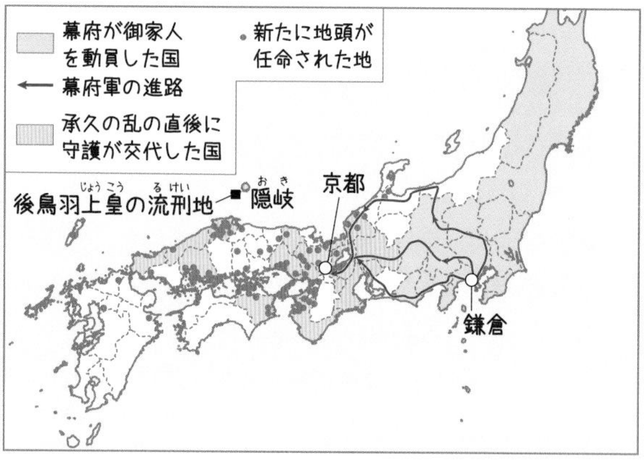

❹ 承久の乱後…幕府は京都に六波羅探題を設置し、朝廷の監視《かんし》や西日本の武士の支配にあたる➡幕府の支配力が全国におよぶ。

❺ 執権政治の確立…1232 年、御家人の権利・義務や裁判《さいばん》の基準を示すため、執権の**北条泰時**が御成敗式目（貞永式目）を制定。

武士の法律の手本！

▶ 御成敗式目

一　諸国の守護の職務は、頼朝公の時代に定められたように、京都の御所《ごしょ》の警備と、謀反《むほん》や殺人などの犯罪人の取りしまりに限る。
一　武士が20年の間、実際に土地を支配しているならば、その権利を認める。(部分要約)

暗記

幕府は、承久の乱で上皇方についた貴族や西日本の武士の領地を取り上げ、地頭に東日本の御家人を任命した。これにより幕府の支配力は全国的に広がり、さらに強まった。

学びのポイント
● 鎌倉仏教は定期試験や入試でよく問われる。このページの表のオレンジ部分を一瞬で思い出せるよう、赤シートでテストを繰り返そう。

3 鎌倉時代のくらしと文化

絶対おさえる！ 鎌倉文化と鎌倉仏教

☑ 再建された**東大寺南大門**《とうだいじなんだいもん》には、**運慶**《うんけい》らがつくった**金剛力士像**《こんごうりきしぞう》が収められた。
☑ 鎌倉時代には新しい仏教が広まり、**法然**《ほうねん》は**浄土宗**《じょうどしゅう》、**親鸞**《しんらん》は**浄土真宗**《じょうどしんしゅう》、**一遍**《いっぺん》は**時宗**《じしゅう》を開く。

❶ 鎌倉時代の社会…農業や手工業、商業が発達。

①農業生産の高まり…牛馬を使った耕作や鉄製の農具の普及《ふきゅう》。草木を焼いた灰を肥料《ひりょう》として使用。同じ田畑で米を収穫《しゅうかく》した後に麦を栽培《さいばい》する二毛作《にもうさく》も。

②農村工業の始まり…鍛冶屋《かじや》や紺屋《こんや》などの手工業者が現れる➡商業が盛《さか》んになり、寺社の門前や交通の便利な場所で定期市《いち》が開かれる。

❷ 鎌倉文化…素朴《そぼく》で武士の気風を反映した力強い文化。

①文学…「徒然草《つれづれぐさ》」（**兼好法師**《けんこうほうし》）、「方丈記《ほうじょうき》」（**鴨長明**《かものちょうめい》）、「新古今和歌集」（**藤原**《ふじわらの》**定家**《さだいえ》《ていか》ら。後鳥羽上皇の命）、「平家物語《へいけものがたり》」（琵琶《びわ》法師が語り伝える）。
↳随筆（徒然草）　↳随筆（方丈記）
↳武士の活躍をえがいた軍記物（平家物語）

②建物…**東大寺南大門**。
↳宋の建築様式

③美術…金剛力士像（運慶らがつくる）。

❸ 鎌倉仏教…民衆や武士の心のよりどころとして新しい仏教がおこった。わかりやすく、実行しやすい教えであったため、人々の間に広まった。

▶ 東大寺南大門

▶ 金剛力士像

系統	宗派	開祖	教え・特色
念仏宗《ねんぶつ》	浄土宗	法然	一心に念仏を唱えれば、だれでも極楽浄土《ごくらくじょうど》に生まれ変われる。
	浄土真宗	親鸞	阿弥陀仏《あみだぶつ》（阿弥陀如来《にょらい》）の救いを信じて自らの罪を自覚した者が救われる。
	時宗	一遍	踊《おどり》念仏を行う。
日蓮宗《にちれんしゅう》（法華宗《ほっけ》）		日蓮	題目《だいもく》を唱えれば、人も国家も救われる。
禅宗《ぜんしゅう》	臨済宗《りんざい》	栄西《ようさい》《えいさい》	座禅《ざぜん》によって自分でさとりを開く。
	曹洞宗《そうとう》	道元《どうげん》	

発展
手工業では、農具などの鉄製品をつくる鍛冶屋や、衣服の染物を行う紺屋などが現れた。

発展
軍記物の「平家物語」は盲目《もうもく》の琵琶法師によって語り伝えられたため、文字を知らない人々にも親しまれた。

参考
幕府は中国から僧《そう》を招くなどして禅宗を保護したため、禅宗は武士を中心に広まった。

基礎力チェック！

次の問いに答えなさい。

(1) 国ごとに置かれ、国内の軍事・警察を担当した役職を何というか。

(2) 1221年、後鳥羽上皇が幕府をたおそうと起こした乱を何というか。

(3) 1232年、裁判の基準などを示すために制定されたきまりを何というか。

(4) 一心に念仏を唱えれば、だれでも極楽浄土に生まれ変われるという浄土宗を開いたのはだれか。

答え

(1) 守護 → 1《 参照
(2) 承久の乱 → 2《 参照
(3) 御成敗式目（貞永式目） → 2《 参照
(4) 法然 → 3《 参照

Social studies

17

歴史

元寇と鎌倉幕府のおとろえ

1 モンゴル帝国《ていこく》とユーラシア世界

❶ モンゴル帝国の拡大…13 世紀初め、分裂《ぶんれつ》していたモンゴル民族をチンギス・ハンが統一し、モンゴル帝国を築く➡その子孫は、中国北部から西アジア・南ロシアにいたる広大な地域を支配。
↳遊牧生活を送る

❷ 元《げん》の中国支配…13 世紀後半、チンギス・ハンの孫で皇帝《こうてい》となったフビライ・ハンは、都を**大都《だいと》**（現在の北京《ペキン》）に移し、国号を元と定めた。次いで、宋《そう》を降伏《こうふく》させて中国全土も支配する。
↳5代皇帝
↳漢民族(中国人)をきびしく差別

❸ ユーラシア世界の形成…モンゴル帝国や元の時代には、陸・海の交通路が整えられ、ユーラシア大陸の東西の貿易や文化交流が活発化➡ユーラシア世界の一体化が進んだ。

・イタリアの商人マルコ・ポーロ…元を訪《おとず》れてフビライ・ハンに仕え、帰国後、旅行の体験談が「**世界の記述(東方見聞録)**」として出版される。日本は「**黄金の国ジパング**」としてヨーロッパに紹介《しょうかい》された。

▶ モンゴル帝国の拡大

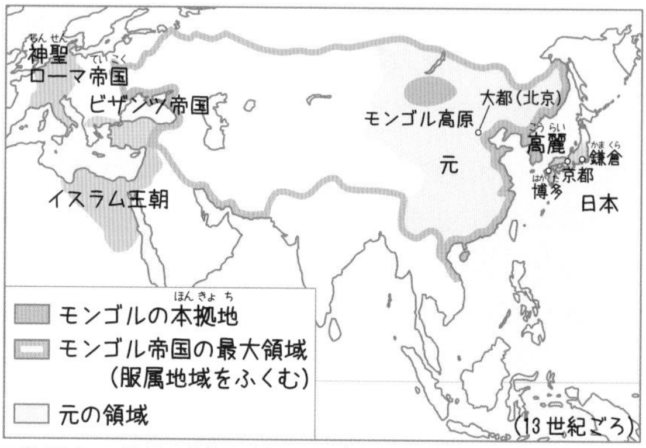

発展

交通路の整備により、イスラム世界で発達した数学や医学、天文学が元に伝えられ、西方へは、火薬や羅針盤《らしんばん》など中国で発達した技術が伝えられた。

2 元寇《げんこう》

絶対おさえる！ 元軍の2度の襲来

☑ 元の皇帝フビライ・ハンが日本に対してたびたび服従を要求したが、執権《しっけん》北条時宗《ほうじょうときむね》は拒否《きょひ》した。
☑ 元軍は 1274 年（文永《ぶんえい》の役《えき》）、1281 年（弘安《こうあん》の役）と 2 度にわたり攻《せ》めてきたが、いずれも撤退《てったい》。

❶ フビライ・ハンの日本への要求…13 世紀中ごろ、高麗《こうらい》を服従させたフビライ・ハンは、続いて日本を従えようとしてたびたび使者を送り、服属を求めた。執権北条時宗は要求を拒否し、九州の御家人《ごけにん》に九州北部の防備をかためさせ、元との戦いに備えた。

❷ 元寇…2 度にわたる元軍の襲来《しゅうらい》のこと。

①文永の役（1274 年）…元軍は高麗の兵士とあわせた大軍で九州北部におし寄せ、博多湾《はかたわん》岸に上陸する➡幕府軍は、**集団戦法**と火薬を使った武器に苦しめられたが、元軍は引きあげた。
↳「てうはう」と呼ばれた

②**防塁《ぼうるい》（石塁《せきるい》）**…文永の役後、幕府が九州の御家人に命じて、博多湾沿岸に築かせた石の防壁《ぼうへき》。長さは 20km におよんだ。

③弘安の役（1281 年）…元軍は、降伏させた宋や高麗の軍を加えた大軍で九州北部に攻《せ》めてくる➡幕府軍は防塁や御家人の活躍《かつやく》で、元軍の上陸をはばむ➡元軍は、暴風雨《ぼうふうう》におそわれて大きな打撃《だげき》を受けて撤退。

④ 3 度目の遠征《えんせい》…フビライ・ハンは 3 度目の遠征を計画していたが、高麗やベトナム、中国南部の抵抗《ていこう》が強まり延期《えんき》され、やがてフビライが死に、実行されなかった。

▶ 元軍の進路

参考

弘安の役での暴風雨は、日本の神々が国を守るために起こしたものと考えられ、日本を「神国」とする思想が強まった。

学びのポイント

● 元寇～鎌倉幕府滅亡までの流れ（元寇→御家人の不満蓄積→後醍醐天皇の倒幕運動）を説明できるようにしておこう！

3《 鎌倉幕府のおとろえ

❶ 御家人たちの不満

①元軍を退けたものの領地の獲得《かくとく》がない➡幕府は戦いに参加した御家人に十分な恩賞《おんしょう》をあたえることができない➡御家人の生活が苦しくなる。

②御家人の領地は兄弟が分割《ぶんかつ》して相続➡相続のくりかえしによって領地がしだいに小さくなる➡生活が苦しくなった御家人の中には、領地を売ったり質《しち》に入れたりして失う者も。

発展

元軍の襲来に備えて海岸警備が続けられた。このことも御家人にとって大きな負担となった。

❷ 幕府のおとろえ

①幕府は御家人を救うため、1297 年に永仁《えいにん》の徳政令《とくせいれい》を出し、御家人に領地をただで取りもどさせようとする➡一時的な効果しかなく、かえって社会の混乱《こんらん》をまねく。

↳借金を帳消しにすることを命じる法令

②北条氏の一族が幕府の政治を独占《どくせん》➡幕府に対する御家人たちの不安はますます高まり、幕府の力はしだいにおとろえていった。

▶ 永仁の徳政令

一　領地を質に入れて流したり売買したりすることは、御家人の生活が苦しくなるもとだから、今後は禁止する。

一　以前に手ばなした御家人の領地は、元の持ち主へただで返すこと。ただし、鎌倉幕府が売買を認めた領地や、買主が御家人で買ってから20年以上経っている領地は、返さなくてもよい。

（部分要約）

4《 鎌倉幕府の滅亡《めつぼう》

絶対おさえる！　倒幕計画と幕府の滅亡

☑ 政治の実権を朝廷《ちょうてい》に取りもどそうとした後醍醐《ごだいご》天皇は倒幕《とうばく》を計画するが、一度は失敗に終わる。

☑ 後醍醐天皇は、**楠木正成**《くすのきまさしげ》、**足利尊氏**《あしかがたかうじ》、**新田義貞**《にったよしさだ》らを味方につけ、1333 年に幕府をほろぼす。

❶ **悪党**《あくとう》**の登場**…幕府に従わない悪党と呼ばれる武士が近畿《きんき》地方を中心に現れ、集団で荘園《しょうえん》や寺社におし入ったり、市や港町をおそったり、年貢《ねんぐ》をうばったりした。

経済が発展↲

❷ **後醍醐天皇の倒幕計画**…後醍醐天皇は、政治の実権を朝廷に取りもどそうと考え、幕府をたおす計画を進めた➡計画は事前にもれて失敗に終わり、天皇は隠岐《おき》（島根県）に流された。

❸ **鎌倉幕府の滅亡**…隠岐を脱出《だっしゅつ》した後醍醐天皇は、**楠木正成**らの悪党勢力や、有力な御家人であった足利尊氏・**新田義貞**らを味方につけ、1333 年に幕府をほろぼした。

基礎力チェック！

次の問いに答えなさい。

(1)　国号を元と定めたモンゴル帝国の皇帝はだれか。

(2)　鎌倉時代に元が２度襲来したできごとを何というか。

(3)　生活が苦しくなった御家人を救うため、幕府が出した法令を何というか。

(4)　足利尊氏らの協力のもと、鎌倉幕府をたおした天皇はだれか。

答え

(1)　フビライ・ハン

→ 1《 参照

(2)　元寇

→ 2《 参照

(3)　(永仁の)徳政令

→ 3《 参照

(4)　後醍醐天皇

→ 4《 参照

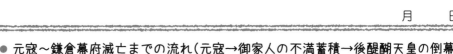

18 歴史 室町幕府の成立

1 南北朝《なんぼくちょう》の動乱と室町幕府《むろまちばくふ》

絶対おさえる！ 南北朝の動乱

- ☑ 後醍醐《ごだいご》天皇が天皇中心の**建武《けんむ》の新政《しんせい》**を行うが、武士の不満が高まり2年ほどで終わる。
- ☑ 京都の室町に幕府を移した3代将軍**足利義満《あしかがよしみつ》**が、1392年に南北朝を合一した。

❶ **建武の新政**…後醍醐天皇が行った天皇中心の新しい政治➡貴族を重視する政策を実施《じっし》➡武士の不満が高まり、2年ほどで失敗に終わる。

❷ **南北朝の動乱**…挙兵した**足利尊氏《たかうじ》**が**京都**に新しい天皇をたて（北朝）、後醍醐天皇は**吉野《よしの》**（奈良県）にのがれ（南朝）、正統性を主張して対立➡全国の武士をそれぞれ味方につけて約60年間争う（**南北朝時代**）。
↳2つの朝廷が争う
↳武士の政治の復活を目指す

❸ **室町幕府**

①**足利尊氏**…北朝から1338年に征夷大将軍《せいいたいしょうぐん》に任命され、京都に幕府を開く➡守護の権限を強め、全国の武士をまとめる。

②**足利義満**…3代将軍。1392年に南北朝を合一。京都の室町に御所《ごしょ》をかまえ、室町幕府の全盛期《ぜんせいき》を築く。
↳「花の御所」と呼ばれる

③**幕府のしくみ**…将軍の補佐役として**管領《かんれい》**が置かれ、細川《ほそかわ》氏など有力な守護《しゅご》大名が任命される。関東に鎌倉府《かまくらふ》が設置され、足利氏の一族が支配。

▶ 室町幕府のしくみ

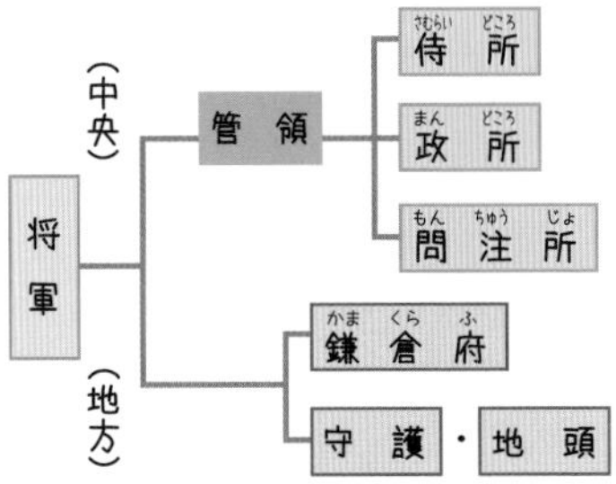

発展

室町時代、権限を強めた守護は成長して一国全体を支配する守護大名となった。

2 東アジアとの交流

❶ **明《みん》**…14世紀半ばに漢《かん》民族が建国し、モンゴル民族を追い出す。日本に対して、倭寇《わこう》の取りしまりを求める。

①**倭寇**…朝鮮《ちょうせん》半島や中国の沿岸で、集団で船をおそった海賊《かいぞく》。

②**勘合《かんごう》（日明《にちみん》）貿易**…勘合とよばれる証明書を用い、明との間で行われた貿易。足利義満が明の求めに応じ、倭寇を禁止するとともに、朝貢《ちょうこう》形式の貿易を開始。
↳使者を送り、皇帝にみつぎ物を差し出す

- 日本の**輸出品**…刀、銅、硫黄《いおう》など。
- 日本の**輸入品**…銅銭、生糸《きいと》、絹織物、陶磁器《とうじき》など。

▶ 勘合

❷ **朝鮮半島**…14世紀末、**李成桂《りせいけい》《イソンゲ》**が高麗《こうらい》をたおし、**朝鮮国**を建てた。**ハングル**という文字をつくるなど、独自の文化が発展。

❸ **琉球《りゅうきゅう》**…15世紀初めに**尚《しょう》氏**が沖縄島《じま》を統一し、**琉球王国**を建てた。日本や明、朝鮮、東南アジアの国々と交易を行う**中継貿易《なかつぎぼうえき》**で栄える。

❹ **蝦夷地《えぞち》（北海道）**…**アイヌ民族**が生活。15世紀半ば、首長《しゅちょう》のコシャマインが中心となり、和人《わじん》に対して蜂起《ほうき》する。
↳本州の人々

▶ 室町時代の主な交易路

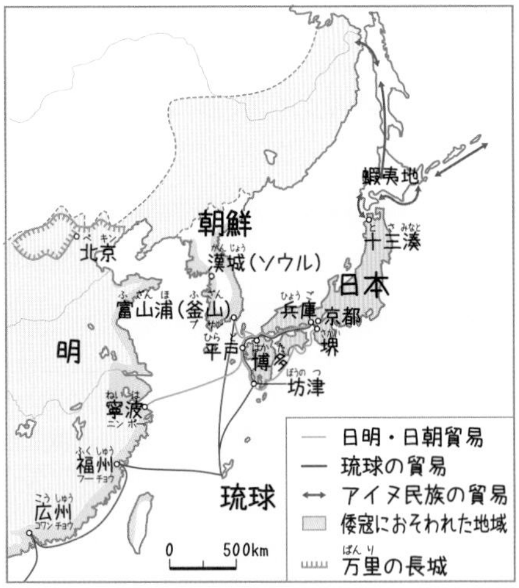

重要

中継貿易とは、輸入した品物を他の国へ輸出する貿易の形態。琉球王国はこの貿易を行い、多くの利益を得た。

学びのポイント

● 「南朝」「北朝」がそれぞれ何を指しているかを確認しておこう。
南北朝を統一した義満の時代は文化史も含め試験で頻出！

3 産業の発達

絶対おさえる！ 馬借・問(問丸)、座

☑ 室町時代、馬借《ばしゃく》・問《とい》（問丸《といまる》）は運送業・倉庫業者、土倉《どそう》・酒屋《さかや》は金融《きんゆう》業者として活躍《かつやく》した。
☑ 室町時代、商工業者は座《ざ》とよばれる団体を作り、武士や貴族、寺社の保護を受けて営業を独占《どくせん》した。

❶ **農業の発達**…二毛作《にもうさく》が各地に広まり、かんがい用の水車や堆肥《たいひ》（↳牛馬のふん）の利用などで収穫量《しゅうかく》が増加。麻《あさ》、藍《あい》、桑《くわ》、茶の栽培《さいばい》が広がる。

❷ **手工業の発達**…絹織物、陶器《とうき》、酒、紙などの特産物の生産や、鍛冶《かじ》・鋳物《いもの》業（刀・農具などを生産）が各地で盛《さか》んになった。

❸ **商業の発達**…月６回の**定期市《いち》**が開かれるようになった。
↳取り引きには銅銭(宋銭や明銭)が使用された

①馬借・問（問丸）…交通の要地で、運送業・倉庫業を営む。

②**土倉・酒屋**…京都・奈良などの都市で、金融業（↳高利貸し）を営む。

❹ 座…商工業者の同業者組合。武士や貴族、寺社に税を納め、その保護を受けて営業を独占した。

発展
特産物の絹織物は西陣《にしじん》(京都市)や博多(福岡市)、紙は越前《えちぜん》(福井県)、播磨《はりま》(兵庫県)、美濃《みの》(岐阜県)などで生産された。

注意
馬借は物資の陸上輸送をあつかう業者、問は運送業も行う倉庫業者。

4 民衆の成長

京都では、応仁の乱でとだえていた祇園祭を復活させた！

❶ **民衆の自治**

①**都市の自治**…京都では**町衆《ちょうしゅう》《まち》**とよばれる富裕《ふゆう》な商工業者が自治を行い、堺《さかい》（港町↲）、博多《はかた》などの都市でも自治が行われた。

②**村の自治**…惣《そう》（惣村《そうそん》）（↳有力な農民が中心）とよばれる自治的な組織がつくられ、**寄合《よりあい》**を開いて、村のおきて（↳用水路や森林の管理など）を定めたりした。

❷ **民衆たちの一揆《いっき》**…人々は、共通の目的をもった者どうしで団結し、支配者に抵抗《ていこう》。さまざまな一揆を起こした。

①正長《しょうちょう》の土一揆《つちいっき》（↳借金の帳消しを求める）（1428年）…馬借が中心となり、土倉・酒屋をおそって借金の証文をうばい、幕府に徳政令《とくせいれい》を要求した。

②山城国《やましろのくに》一揆（1485年）…武士と農民が協力して守護大名を追いはらい、約８年間自治を行った。

③加賀《かが》の一向《いっこう》一揆（1488年）…浄土真宗《じょうどしんしゅう》（一向宗）の信仰《しんこう》で結びついた武士と農民が守護大名をたおし、約100年間にわたり自治を行った。

▶ 主な一揆

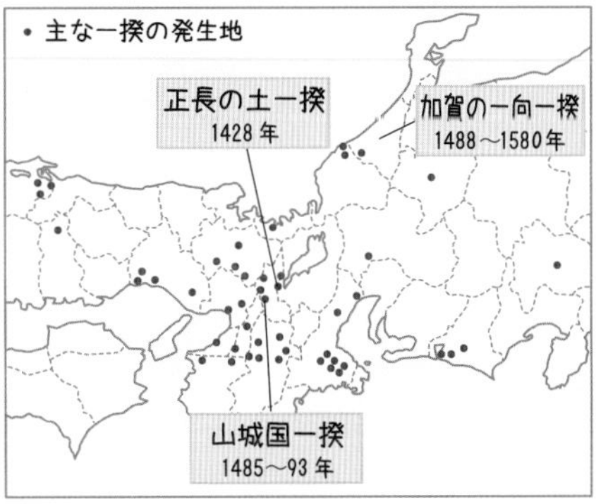

基礎力チェック！

次の問いに答えなさい。

(1) 後醍醐天皇が行った天皇中心の新しい政治を何というか。
(2) 足利義満が明との間で始めた貿易で使われた証明書を何というか。
(3) 交通の要地で陸上輸送をあつかっていた運送業者を何というか。
(4) 村でつくられ、おきてなどを定めた自治的な組織を何というか。

答え

(1) 建武の新政 → 1《 参照
(2) 勘合 → 2《 参照
(3) 馬借 → 3《 参照
(4) 惣(惣村) → 4《 参照

Social studies

19 歴史 応仁の乱と戦国大名

1 応仁《おうにん》の乱

絶対おさえる！ 応仁の乱、下剋上

☑ 1467年、8代将軍**足利義政**《あしかがよしまさ》のあとつぎ争いなどをめぐり、**応仁の乱**が起こった。
☑ 応仁の乱のころから広まった、地位の低い者が高い者に実力で打ち勝つ風潮《ふうちょう》を**下剋上**《げこくじょう》という。

❶ 応仁の乱

①**守護大名**《しゅごだいみょう》**の争い**…室町幕府《むろまちばくふ》8代将軍**足利義政**のとき、守護大名の細川《ほそかわ》氏と、守護大名の山名《やまな》氏が、幕府の実権をにぎろうとして対立。

②**応仁の乱**…将軍のあとつぎ問題に、有力な守護大名である細川氏と山名氏の対立が結びつき、1467年に起こる。

③**戦乱の状況**《じょうきょう》**と結果**…守護大名を東西に二分して、京都から全国に拡大し、11年間続く➡将軍は京都を中心とする地域のみを支配し、幕府や将軍の権威《けんい》は失われた。

▶ 応仁の乱開始時の対立関係

	西軍（山名方）	東軍（細川方）
将軍のあとつぎ問題	日野富子《ひのとみこ》＝足利義政 義尚《よしひさ》	（養子） 義視《よしみ》
守護大名の対立	山名持豊《もちとよ》（宗全《そうぜん》） （元 侍所《さむらいどころ》長官）	細川勝元《かつもと》 （管領《かんれい》）

❷ 下剋上…応仁の乱のころから広まった、地位の低い者が高い者に実力で打ち勝つ風潮。

2 戦国大名《せんごくだいみょう》

❶ 戦国大名…下剋上の風潮の中、守護大名の家来が大名の地位をうばったり、守護大名が幕府から独立したりして、実力で一国の新たな指導者となった大名。領国内の武士を家臣《かしん》として強力な軍隊を組織し、領国を統一して支配。

❷ 戦国時代…室町時代後半、戦国大名が領国支配の拡大を目指し、100年あまり続いた戦乱の時代。

❸ 城下町《じょうかまち》…交通の便のよい平地に城を築き、城周辺に家来を住まわせ、商工業者をよび集めてつくられた町。
↳守りの固い城

▶ 主な戦国大名とその領地

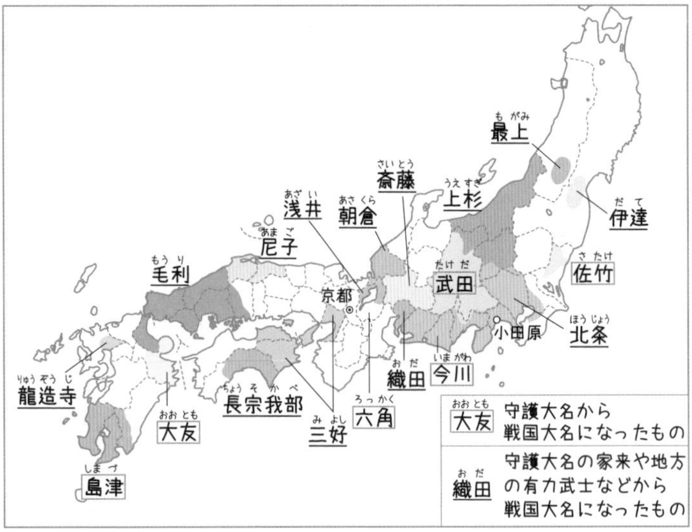

❹ 分国法《ぶんこくほう》…戦国大名が領国を支配するために独自に定めたきまり。領国内の家臣や農民の動きを取りしまった。

▶ 武田氏の「甲州法度之次第《こうしゅうはっとのしだい》」

一 けんかをした者は、いかなる理由によるものでも処罰《しょばつ》する。
一 許可を得ずに他国へおくり物や手紙を送ることは一切《いっさい》禁止する。

▶ 朝倉氏の「朝倉孝景条々《たかかげじょうじょう》」

一 本拠地《ほんきょち》である朝倉館《あさくらやかた》のほか、国内に城をかまえてはならない。

発展

戦国大名は、産業や経済の発展にも力を入れた。大規模な治水・かんがい工事により農業を盛《さか》んにし、鉱山の開発や交通路の整備にもつとめた。

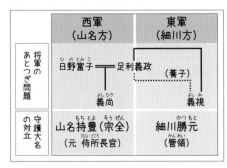

学びのポイント

●「義満＝北山文化」「義政＝東山文化」を混同しないよう注意。
金閣と銀閣の場所を地図で確認してみると、より覚えやすくなるよ！

3 室町文化

絶対おさえる！　金閣・銀閣、能（能楽）

☑ 3代将軍**足利義満《よしみつ》**は京都の北山《きたやま》に金閣《きんかく》、8代将軍**足利義政**は東山《ひがしやま》に銀閣《ぎんかく》を建てた。
☑ **観阿弥《かんあみ》・世阿弥《ぜあみ》**親子は、猿楽《さるがく》・田楽《でんがく》などの芸能から能《のう》（能楽《のうがく》）を大成した。

❶ 北山文化…足利義満のころ栄えた、貴族の文化と、禅宗《ぜんしゅう》の影響《えいきょう》を受けた武士の文化が入り混じった文化。

①金閣…京都の北山に足利義満が建てた寺。貴族の寝殿造《しんでんづくり》と武家と禅宗の寺の建築様式が組み合わされている。

②能（能楽）…**観阿弥・世阿弥**親子が、猿楽・田楽などの芸能から大成。幕府の保護を受ける。
↳田植えや神社の祭りで演じられた

③連歌《れんが》…和歌の上の句と下の句を、複数の人が次々とよみつないでいく。

❷ 東山文化…足利義政のころ栄えた、質素で落ち着いた文化。

①銀閣…京都の東山に足利義政が建てた寺。禅宗の寺の建築様式が取り入れられている。同じ敷地《しきち》にある東求堂同仁斎《とうぐどうどうじんさい》は代表的な書院造《しょいんづくり》。

・書院造…禅宗の僧《そう》の住まいをまねた造り。たたみや床《とこ》の間《ま》、ちがい棚《だな》、ふすまや障子《しょうじ》などが設けられている。

現在の和風建築のもととなった様式！

②水墨画《すいぼくが》…墨《すみ》一色で自然をえがく絵画。明《みん》に渡った**雪舟《せっしゅう》**が、帰国後、日本各地の風景をえがいて大成した。
↳禅宗の僧

③庭園…石や木をたくみに配置。京都の龍安寺《りょうあんじ》の石庭《せきてい》（枯山水《かれさんすい》）など。
↳砂や石などで自然を表現

❸ 民衆の文化

①狂言《きょうげん》…能と能の合い間に演じられた喜劇。当時の話し言葉を用い、民衆の生活や感情をあらわした。

②御伽草子《おとぎぞうし》…絵入りの物語。「一寸法師《いっすんぼうし》」「浦島太郎《うらしまたろう》」「ものぐさ太郎」など。

▶ 金閣の建築様式

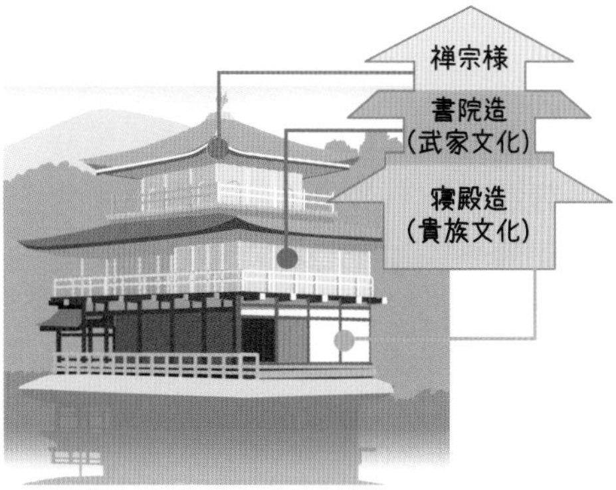

▶ 書院造

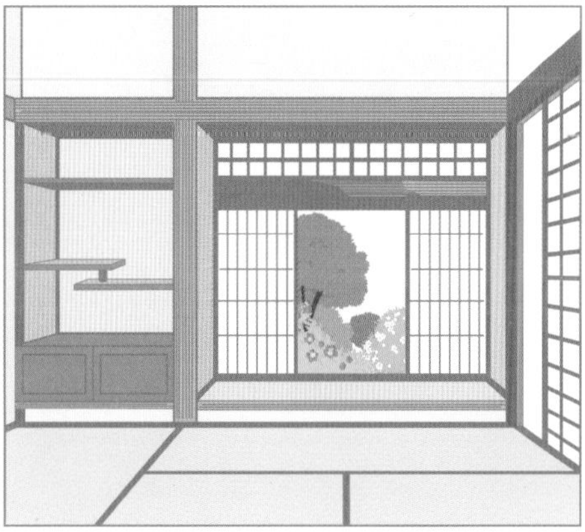

基礎力チェック！

次の問いに答えなさい。

(1)　1467年、将軍のあとつぎ問題などから起こった乱を何というか。
(2)　地位の低い者が高い者に実力で打ち勝つ風潮を何というか。
(3)　戦国大名が領国を支配するために独自に定めたきまりを何というか。
(4)　観阿弥・世阿弥親子が大成した芸能を何というか。

答え

(1)　応仁の乱　→ 1 参照
(2)　下剋上　→ 1 参照
(3)　分国法　→ 2 参照
(4)　能（能楽）　→ 3 参照

理科のおすすめ勉強法❶

重要語句を正確に覚えよう!

消える化ノート術

理科の勉強で一番大事なのが、重要語句を正確に覚えること。ノートをまとめるときのちょっとした工夫で、重要語句を覚えられるノートをつくりましょう。

「消える化ノート術」のやり方

1. 授業で先生が黒板に書いた重要なポイントや演習時に間違えた問題を、オレンジ色のペンでノートにまとめる。
2. オレンジの部分に赤いチェックシートをかざし、テストをする。
3. 答えられなかった問題には印をつけたあと、教科書や参考書を見ながら覚え直す。その後、再度テストを実施する。

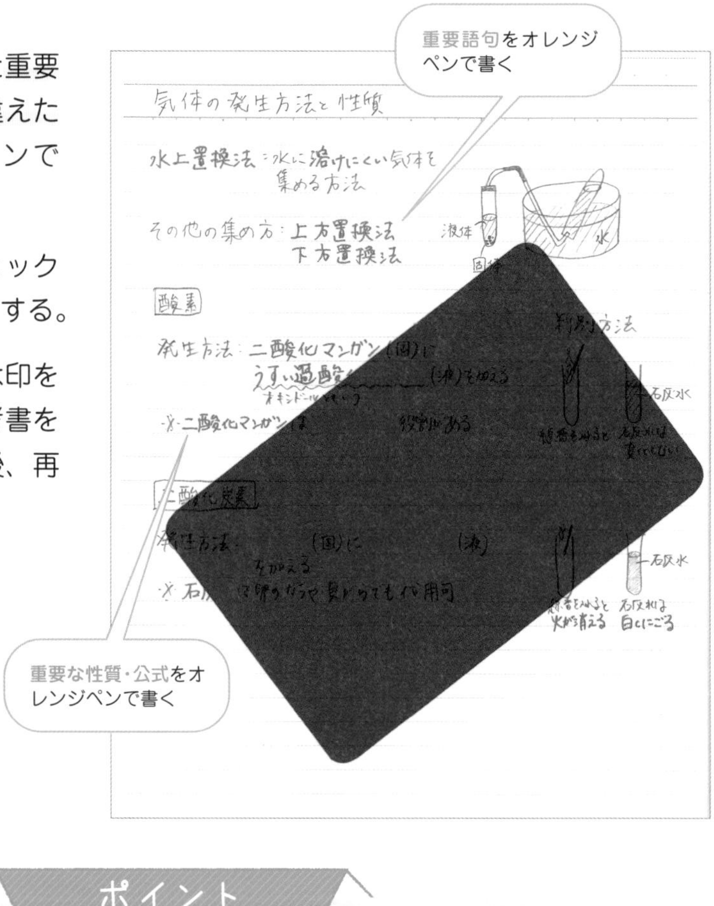

ポイント

☑ 大切なのはテストをすること！　ノートをつくって終わりにせず、必ずテストを実施しよう。

☑ 重要語句がすでに印刷されている教科書や参考書では、暗記用の緑マーカーと赤いチェックシートを組み合わせて暗記を進めよう！

理科のおすすめ勉強法❷

復習の習慣をつくって、問題への接触頻度を上げよう!

復習予約ふせん

「あとから復習しようと思って、忘れていた」ということがないように、いつ復習するのかをふせんで予約します。間違えた問題は、計画的に復習していきましょう。

「復習予約ふせん」のやり方

復習すべき問題がすぐわかる！

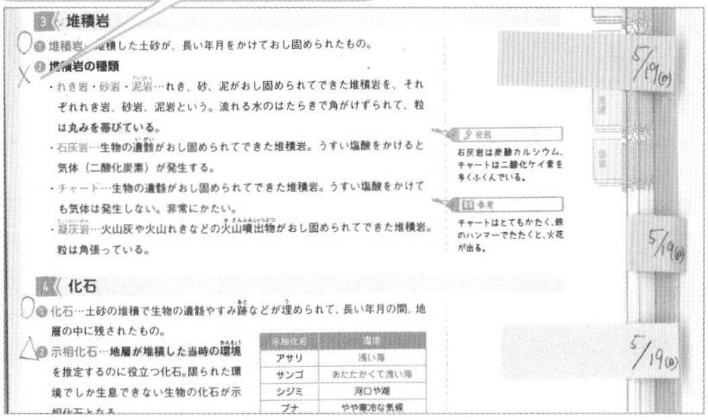
3 堆積岩

○ ❶ 堆積岩…堆積した土砂が、長い年月をかけておし固められたもの。

× ❷ 堆積岩の種類

・れき岩・砂岩・泥岩《でいがん》…れき、砂、泥がおし固められてできた堆積岩を、それぞれれき岩、砂岩、泥岩という。流れる水のはたらきで角がけずられて、粒は丸みを帯びている。

・石灰岩…生物の遺骸《いがい》がおし固められてできた堆積岩。うすい塩酸をかけると気体（二酸化炭素）が発生する。

・チャート…生物の遺骸がおし固められてできた堆積岩。うすい塩酸をかけても気体は発生しない。非常にかたい。

・凝灰岩…火山灰や火山れきなどの火山噴出物がおし固められてできた堆積岩。粒は角張っている。

発展

石灰岩は炭酸カルシウム、チャートは二酸化ケイ素を多くふくんでいる。

参考

チャートはとてもかたく、鉄のハンマーでたたくと、火花が出る。

4 化石

○ ❶ 化石…土砂の堆積で生物の遺骸やすみ跡《あと》などが埋《う》められて、長い年月の間、地層の中に残されたもの。

△ ❷ 示相化石…地層が堆積した当時の環境《かんきょう》を推定するのに役立つ化石。限られた環境でしか生息できない生物の化石が示相化石となる。

示相化石	環境
アサリ	浅い海
サンゴ	あたたかくて浅い海
シジミ	河口や湖
ブナ	やや寒冷な気候

❶ 本書の赤シートで消える部分をテストする。解けたかどうか､「○」「△」「×」をつけて、自分の理解度を分ける。

○…自分で正解できた。

△…間違えたけど、解答を読んで理解できた。次は解ける！

×…間違えたので解答を読んだが、理解できない。

❷「△」「×」の問題の横に、「復習する日付」を書いたふせんを貼って、復習日を“予約”する。

❸ 復習日が来たら、予定通り復習を実行する。正確に答えることができたら、ふせんをはがす。答えられなかったら、復習する日を再設定する。

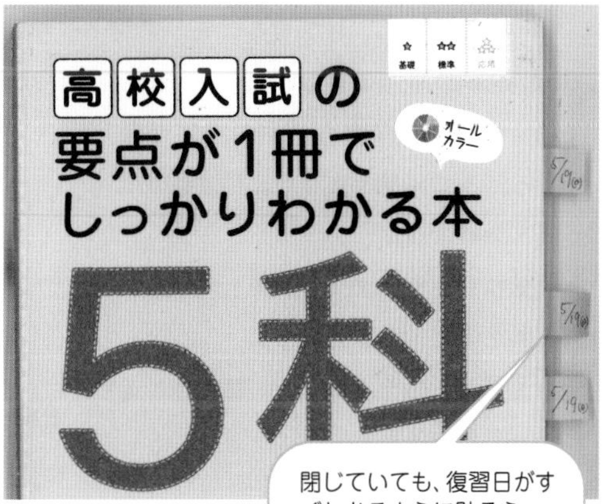

閉じていても、復習日がすぐわかるように貼ろう。

ポイント

☑ 復習日は、「翌日」や「週末」を設定するのがおすすめ！

☑ 慣れてきたら、ふせんの色を変えて、復習の優先順位を明確にするなどのアレンジしてみよう。

☑ ふせんをはがすときは、自身の成長を実感しながら気持ちよくはがそう！

Science

1 生物 生物の観察

1 ルーペの使い方

❶ ルーペ…小型で持ち運びがしやすく、野外での観察に適した観察器具。倍率は5～10倍程度。

▶ ルーペ

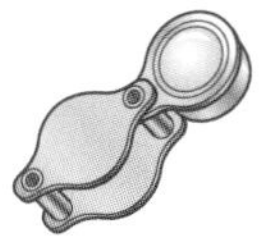

❷ ルーペの使い方

・目に近づけて持つ。

・観察するものが動かせるとき
…観察するものを前後に動かしてピントを合わせる。

・観察するものが動かせないとき
…顔を前後に動かしてピントを合わせる。

▶ 観察するものが動かせるとき　▶ 観察するものが動かせないとき

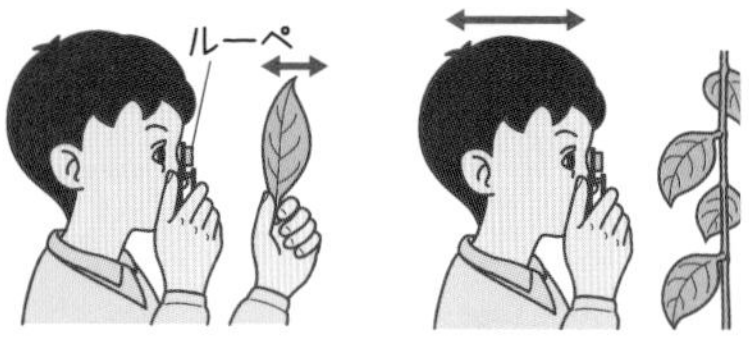

絶対おさえる！ ルーペの使い方

☑ ルーペは必ず目に近づけて持ち、**観察するものまたは顔を動かす。**

⚠注意
目をいためるので、ルーペで太陽を見てはいけない。

2 双眼実体顕微鏡《そうがんじったいけんびきょう》の使い方

❶ 双眼実体顕微鏡…プレパラートをつくらずに観察したいものを**立体的**に拡大して見ることができる。倍率は20～40倍程度。

❷ 双眼実体顕微鏡の使い方

①両目でのぞきながら左右の視野が重なって1つに見えるように、鏡筒《きょうとう》の間隔《かんかく》を調節する。

②粗動《そどう》ねじをゆるめて鏡筒を上下させ、およそのピントを合わせる。

③右目だけでのぞきながら、微動《びどう》ねじを回してピントを合わせる。

④左目でのぞきながら、視度調節リングを回して、ピントを合わせる。

▶ 双眼実体顕微鏡

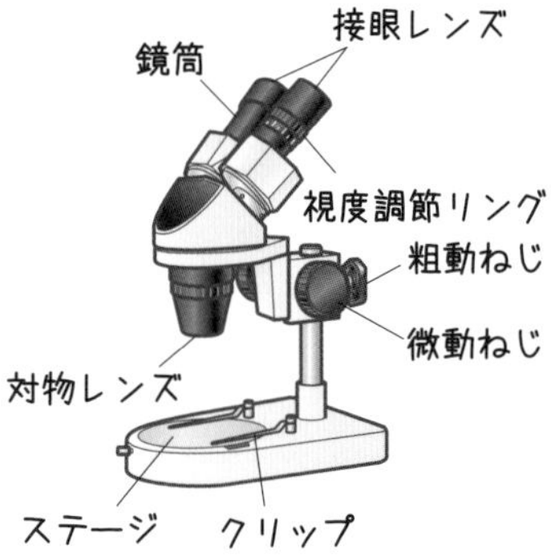

📖参考
プレパラートは、観察するものをスライドガラスの上にのせて水をたらし、カバーガラスをかけたもの。

📖参考
観察するものをプレパラートにし、接眼レンズと対物レンズを使って拡大された像を観察する器具は顕微鏡(光学顕微鏡)という。

⚠注意
ステージには黒い面と白い面があるので、観察しやすい面を使う。

3 スケッチのしかた

❶ スケッチのしかた

・目的とする対象のものだけをかき、観察した日時や観察場所のようす、気づいたことを記録する。

・よくけずった鉛筆《えんぴつ》を使って、細い線と小さな点ではっきりとかく。

・重ねがきしたり、影《かげ》をつけたりしない。

▶ よい例　▶ 悪い例

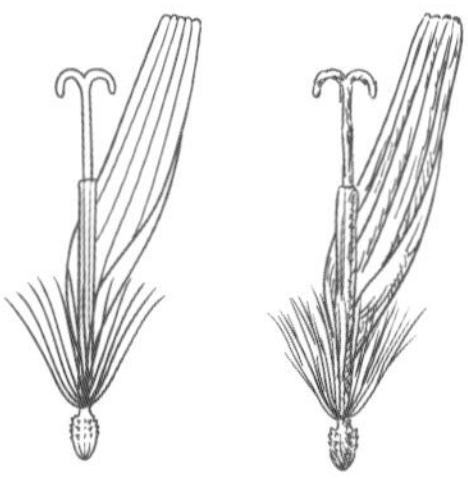

⚠注意
ルーペや双眼実体顕微鏡で見たときの、視野の丸い線はかかない。

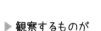

社会
理科
数学
英語
国語

学びのポイント

● ルーペを使用するとき、観察するものが動かせる場合は「観察するもの」を動かすことに注意しよう！

4 身のまわりの生物の観察

❶ 環境《かんきょう》のちがいと生物…日当たりや湿《しめ》り気などの環境が異なると、見られる生物も変わる。

▶ 学校周辺の生物の観察

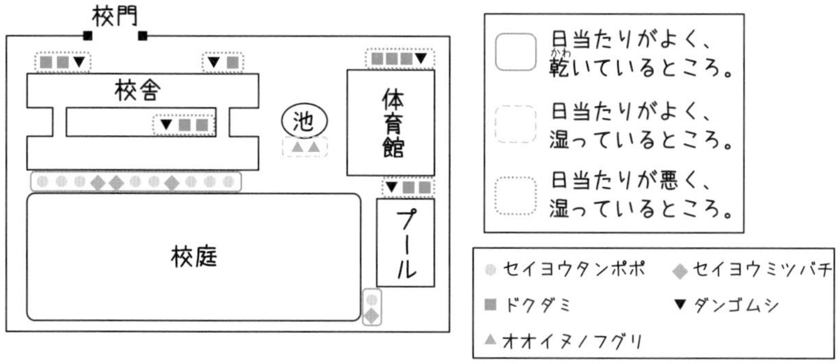

環境	よく見られる生物
日当たりがよく乾いているところ	セイヨウタンポポ、セイヨウミツバチ
日当たりがよく湿っているところ	オオイヌノフグリ
日当たりが悪く湿っているところ	ドクダミ、ダンゴムシ

参考

日当たりが悪い場所は土が湿っていることが多い。

5 生物の分類

❶ 分類…共通の特徴《とくちょう》や相違点《そういてん》などをもとになかま分けし、整理すること。

❷ 分類の方法

・生活場所や動き方、体の形や大きさなど、分類するときの観点を決める。

・共通点をもつ生物を、同じグループにまとめる。

例

陸上で生活する	水中で生活する
アサガオ サル スズメ	ワカメ イルカ フナ

移動する	移動しない
サル スズメ イルカ フナ	アサガオ ワカメ

基礎力チェック！

次の問いに答えなさい。

(1) ルーペを使って、タンポポの花を手に持って観察するとき、タンポポの花、顔のどちらを動かしてピントを合わせるか。

(2) 生物などを共通の特徴や相違点などをもとになかま分けし、整理することを何というか。

答え

(1) タンポポの花
→ 1 参照

(2) 分類
→ 5 参照

Science

2 生物 植物の分類①

1 被《ひ》子《し》植物《しょくぶつ》の花のつくり

❶ **種子植物**…花を咲《さ》かせ、種子をつくってなかまをふやす植物。
被子植物と**裸《ら》子《し》植物《しょくぶつ》**に分けられる。

❷ **被子植物**…種子植物のうち、胚珠《はいしゅ》が子房《しぼう》の中にある植物。
例 アブラナ、アサガオ、サクラ。

❸ **被子植物の花のつくり**…外側から、がく、花弁、おしべ、めしべの順についている。

- やく…おしべの先端《せんたん》にある小さな袋《ふくろ》。中には花粉が入っている。
- 柱頭…めしべの先端の部分。ねばりけがあり、花粉がつきやすくなっている。
- 子房…めしべのもとのふくらんだ部分。中には胚珠が入っている。受粉後、**果実**になる部分。
- 胚珠…子房の中にある小さな粒《つぶ》。受粉後、**種子**になる部分。

> 参考
> 被子植物には、ヘチマのように、雌花《めばな》と雄花《おばな》があるものや、イネのように、花弁やがくがなく、おしべとめしべが殻《から》のようなものでおおわれた花もある。

▶ アブラナの花のつくり

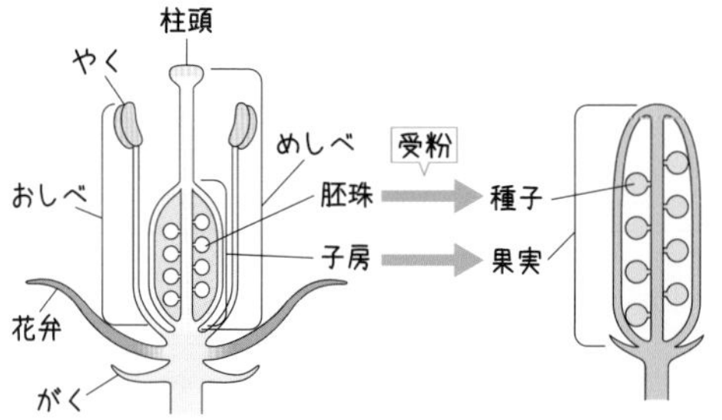

❹ **合弁花と離《り》弁《べん》花《か》**

- **合弁花**…花弁がたがいにくっついている花。
例 アサガオ、ツツジ、タンポポ。
- **離弁花**…花弁が１枚１枚離《はな》れている花。
例 アブラナ、エンドウ、サクラ。

▶ タンポポの１つの花

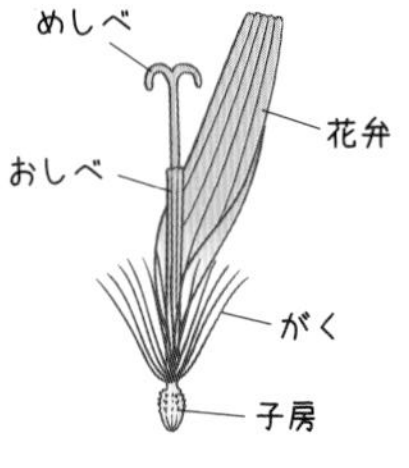

> 参考
> タンポポは多くの花の集まりで、1つひとつの花は、5枚の花弁がくっついている合弁花である。

❺ **受粉**…花粉がめしべの**柱頭**につくこと。

- 虫媒《ちゅうばい》花《か》…花粉が昆虫《こんちゅう》によって運ばれる花。
- 風媒花…花粉が風によって運ばれる花。

> 参考
> 虫媒花には、アブラナやユリ、ヘチマなどがある。昆虫を引きつけるために目立つ花をつけたり、よいかおりを出したりするものもある。また、花粉が昆虫の体につきやすいようにとげがついていたり、べたべたしていたりする。
> 風媒花には、マツやトウモロコシ、イネなどがある。花粉は風で飛びやすいように軽く、空気袋をもつものもある。

❻ **果実や種子のでき方**

絶対おさえる！ 受粉後の花の変化

☑ 受粉後、**子房**は成長して**果実**になり、子房の中の**胚珠**は**種子**になる。

❼ **種子の運ばれ方**…種子は動物や水、風によって運ばれるなど、いろいろな方法で散布され、発芽の条件がそろうと発芽し、成長する。

学びのポイント

●「被子植物」と「裸子植物」のつくりのちがい、
「双子葉類」と「単子葉類」のつくりのちがいを正確に覚えておこう！

2 裸子植物《らししょくぶつ》の花のつくり

❶ **裸子植物**…子房がなく、**胚珠がむき出し**になっている植物。

例 マツ、イチョウ、ソテツ。

❷ **マツの花のつくり**

…**雌花**と**雄花**がある。

・**雌花のりん片《へん》**…胚珠がむき出しになっている。

・**雄花のりん片**…花粉のうがあり、中に花粉が入っている。

❸ **マツの受粉**…花粉が胚珠に直接ついて受粉する。

▶ マツの花のつくり

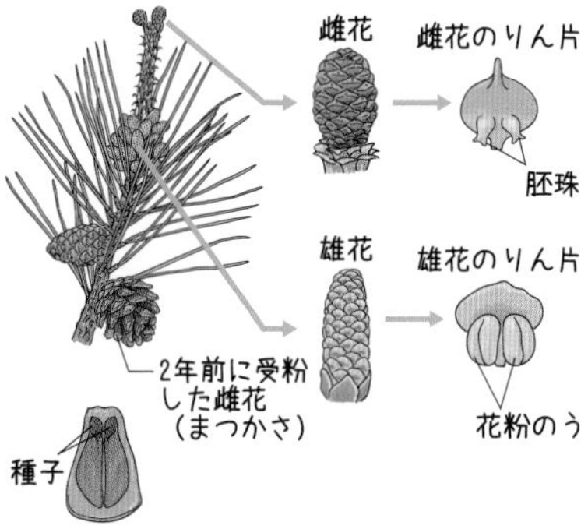

参考

マツの雌花と雄花には花弁やがくがなく、りん片が多数集まったつくりになっている。子房がないため、果実はできない。

3 被子植物の子葉、葉脈、根のつくり

❶ **双子葉類《そうしようるい》と単子葉類**…被子植物は、双子葉類と単子葉類に分類できる。

❷ **双子葉類**

…子葉は２枚、葉脈は網状脈《もうじょうみゃく》、根は主根と側根からなる。

例 アブラナ、アサガオ、タンポポ、サクラ。

❸ **単子葉類**

…子葉は１枚、葉脈は平行脈、根はひげ根からなる。

例 トウモロコシ、ユリ、イネ、ツユクサ。

	子葉	葉脈	根
双子葉類	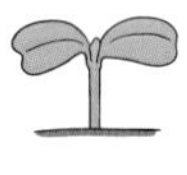 子葉が2枚	 網状脈	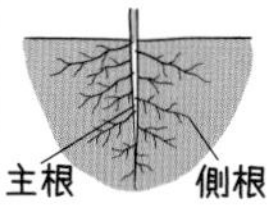 主根・側根がある。
単子葉類	 子葉が1枚	 平行脈	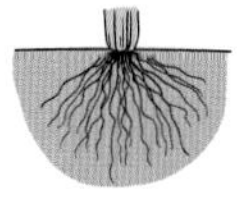 ひげ根

参考

どの根にも、先端近くに根毛とよばれる小さな毛のようなものがある。根毛によって、根と土のふれ合う面積が大きくなり、水や水にとけた養分を吸収しやすくなっている。

基礎力チェック！

次の問いに答えなさい。

(1) 種子植物のうち、胚珠が子房の中にある植物を何というか。

(2) (1)の植物で、受粉して成長すると果実になる、めしべのもとのふくらんだ部分を何というか。

(3) 種子植物のうち、子房がなく、胚珠がむき出しになっている植物を何というか。

(4) 被子植物のうち、子葉が１枚の植物を何というか。

(5) (4)の植物の葉脈は、平行脈と網状脈のどちらか。

答え

(1) 被子植物
→ 1 参照

(2) 子房
→ 1 参照

(3) 裸子植物
→ 2 参照

(4) 単子葉類
→ 3 参照

(5) 平行脈
→ 3 参照

Science

3

生物

植物の分類②

1 種子をつくらない植物

❶ **種子をつくらない植物**…植物には、シダ植物やコケ植物のように、花を咲《さ》かせず、種子をつくらないものもある。

・シダ植物やコケ植物は、胞子《ほうし》をつくり、胞子でなかまをふやす。胞子は胞子のうでつくられる。

・胞子のうがはじけて胞子が周囲にまかれ、湿《しめ》り気のあるところに落ちると発芽して成長する。

❷ **シダ植物**

・根・茎《くき》・葉の区別がある。

・イヌワラビの胞子のうは葉の裏側にできる。

例 イヌワラビ、ゼンマイ、スギナ、ヘゴ。

▶ イヌワラビ

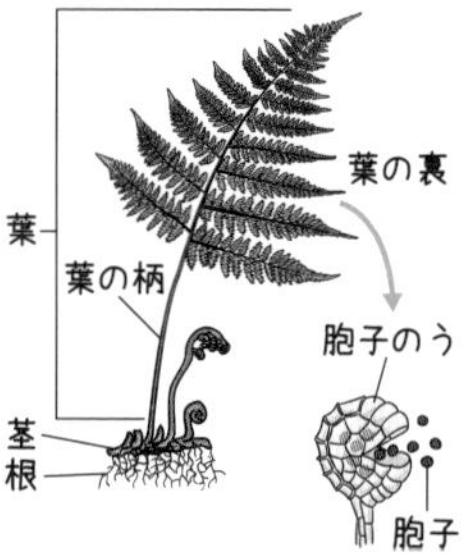

⚠ 注意

イヌワラビのようにシダ植物では茎は地中にあるものが多い。このような土の中にある茎を地下茎という。

参考

スギナの胞子のうはつくしの先にある。

❸ **コケ植物**

・根・茎・葉の区別がない。

・仮根がある。仮根は体を地面などに固定するはたらきをしている。

・ゼニゴケやスギゴケの胞子のうは雌株《めかぶ》の先にできる。

例 ゼニゴケ、スギゴケ、エゾスナゴケ。

参考

仮根には、体に必要な水を吸収するはたらきはなく、水は体の表面全体で吸収する。

▶ ゼニゴケ

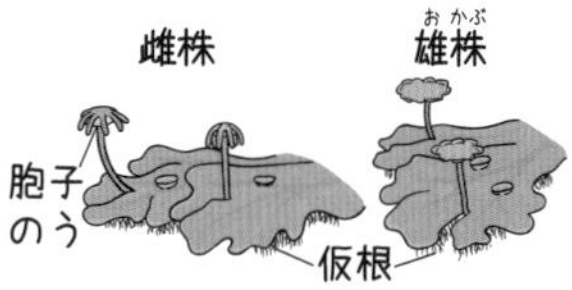

▶ スギゴケ

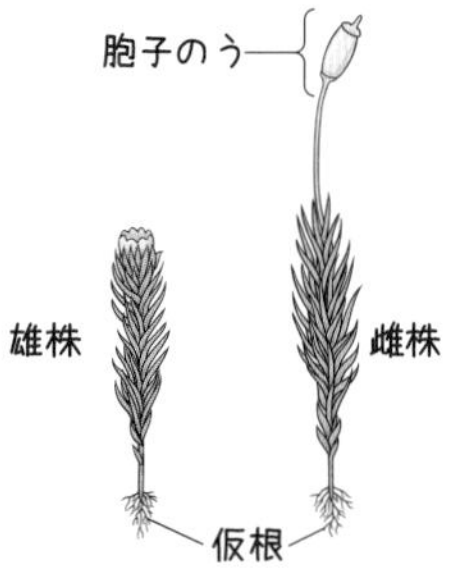

絶対おさえる！ 種子をつくらない植物のふえ方

☑ **シダ植物やコケ植物は、胞子でふえる。**

2 植物の分類

❶ **植物の分類の観点**…まず、多くの植物に共通する特徴《とくちょう》に注目して分類する。その後、細かいちがいを比べていくと分類しやすい。

・植物は、**ふえ方**に注目すると、種子植物と種子をつくらない植物に分類できる。

・種子植物は、**子房《しぼう》の有無**に注目すると、被子植物《ひししょくぶつ》と裸子植物《らししょくぶつ》に分類できる。

・被子植物は、**子葉の枚数**に注目すると、双子葉類《そうしようるい》と単子葉類に分類できる。

・双子葉類は、**花弁のちがい**に注目すると、合弁花類と離弁花類《りべんかるい》に分類できる。

参考

双子葉類と単子葉類は、葉脈や根にもちがいがある。（→P51）

学びのポイント

● 植物の分類の図は、何も見ずに自力でかけるように練習をしておこう！
植物の具体例までセットで覚えられると完璧！

❷ 植物の分類

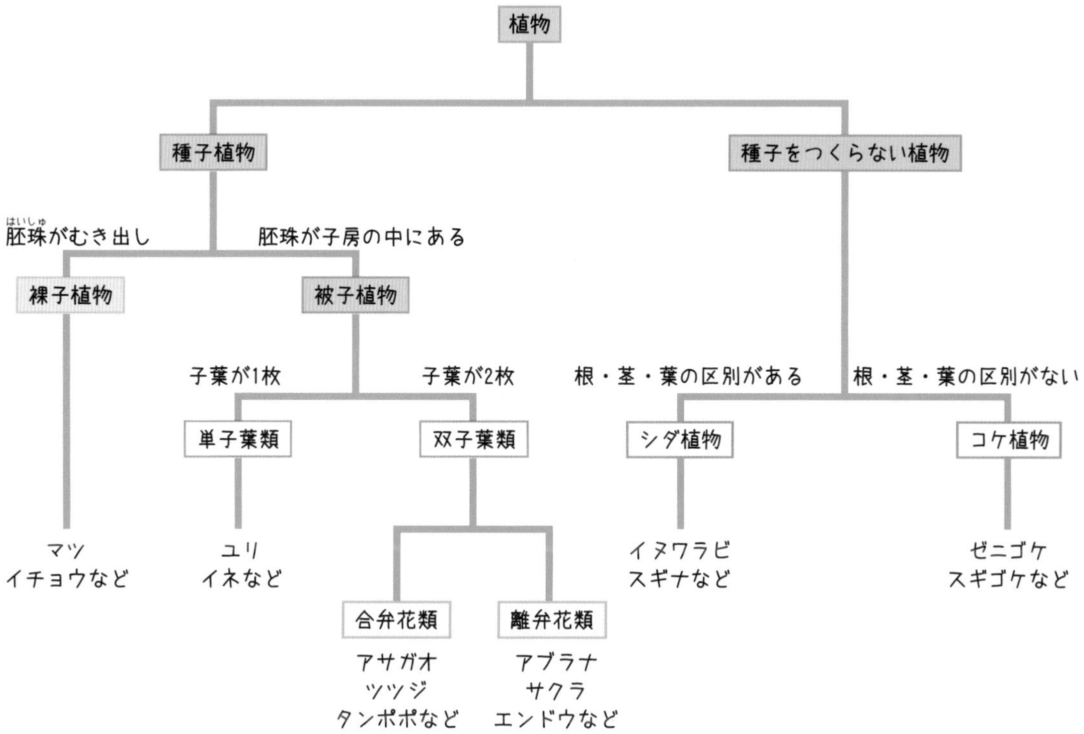

基礎力チェック！

次の問いに答えなさい。

(1) シダ植物やコケ植物は、何をつくってなかまをふやすか。

(2) ゼニゴケの胞子のうは、雌株、雄株のどちらにできるか。

(3) シダ植物とコケ植物のうち、根・茎・葉の区別があるのはどちらか。

(4) コケ植物で、根のように見え、体を地面などに固定するはたらきをする部分を何というか。

(5) 植物を分類したとき、種子をつくる植物のなかまを何というか。

(6) 被子植物のうち、子葉が２枚の植物を何というか。

(7) イチョウは、裸子植物、被子植物のどちらのなかまに分類されるか。

(8) スギナは、シダ植物、コケ植物のどちらのなかまに分類されるか。

答え

(1) 胞子
→ 1 参照

(2) 雌株
→ 1 参照

(3) シダ植物
→ 1 2 参照

(4) 仮根
→ 1 参照

(5) 種子植物
→ 2 参照

(6) 双子葉類
→ 2 参照

(7) 裸子植物
→ 2 参照

(8) シダ植物
→ 1 2 参照

Science 4

生物

動物の分類①

1 食べ物による体のつくりのちがい

❶ **肉食動物**…ライオンのように、ほかの動物を食べて生きる動物。

❷ **草食動物**…シマウマのように、植物を食べて生きる動物。

❸ **歯のちがい**

・肉食動物…獲物《えもの》を捕《と》らえるための**犬歯**、骨や肉をかみ砕《くだ》くための**臼歯**《きゅうし》が発達している。

・草食動物…草をかみ切るための**門歯**、草をすりつぶすための**臼歯**が発達している。

▶ 歯のつくり

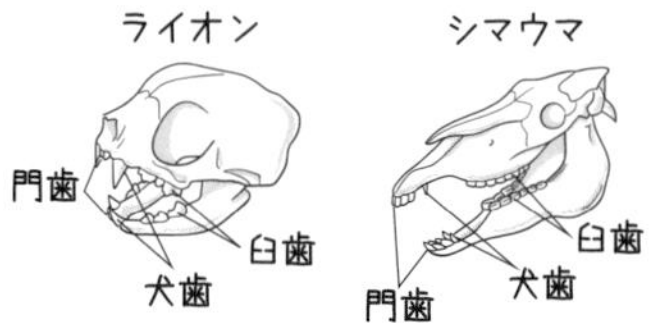

参考

臼歯は犬歯よりも奥のほうにある歯である。草食動物の臼歯は平らになっていて、草をすりつぶすのに適したつくりになっている。肉食動物の臼歯は大きくとがっていて、肉を引きさいたりかみ砕いたりするのに適したつくりになっている。

❹ **目のつき方のちがい**

・肉食動物…前向きについている。立体的に見える範囲《はんい》が広く、獲物との距離《きょり》をつかみやすい。

・草食動物…横向きについている。広範囲を見渡すことができ、敵を早く見つけやすい。

▶ 目のつき方

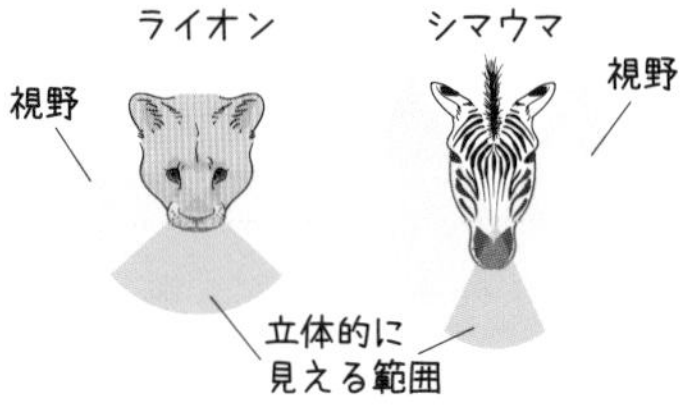

❺ **あしのつくりのちがい**

・肉食動物…鋭《するど》いつめをもち、獲物を捕らえるのに適している。

・草食動物…ひづめをもつ動物がおり、長い距離を走るのに適している。

2 背骨のある動物

❶ **脊椎動物**《せきついどうぶつ》…背骨をもつ動物。

絶対おさえる！　脊椎動物の分類

☑ **脊椎動物は、魚類、両生類、は虫類、鳥類、哺乳類《ほにゅうるい》の５つに分けられる。**

参考

両生類の子のように、親とは形が大きく異なる時期がある動物もいる。これを幼生という。これに対して親を成体という。

❷ **生活場所**

・水中…魚類、両生類の子。

・陸上…両生類の親、は虫類、鳥類、哺乳類。

❸ **体の表面のようす**

・うろこ…体を乾燥《かんそう》から守る。魚類、は虫類。

・うすく湿《しめ》った皮膚《ひふ》…両生類。

・羽毛、毛…体温が下がりにくくなっている。鳥類は羽毛、哺乳類は毛でおおわれている。

参考

両生類の皮膚は、乾燥を防ぎ、皮膚を保護するため、粘液《ねんえき》でおおわれている。

❹ **呼吸のしかた**

・えらで呼吸…魚類。両生類の子はえらと皮膚で呼吸する。

・肺で呼吸…は虫類、鳥類、哺乳類。両生類の親は肺と皮膚で呼吸する。

月　　日

学びのポイント

● 脊椎動物の５種類の名称と「生活場所」「体の表面」「呼吸のしかた」「子のうまれ方」のちがいを正確に覚えておこう！

⑤ 子のうまれ方

・卵生《らんせい》…親が卵をうみ、卵から子がかえるうまれ方。**魚類**、**両生類**は水中に殻《から》のない卵をうみ、**は虫類**、**鳥類**は陸上に殻のある卵をうむ。

・胎生《たいせい》…母親の体内である程度育った子がうまれるうまれ方。**哺乳類**。

発展

まわりの温度が変わると体温も変わる動物を変温動物、まわりの温度が変わっても体温がほぼ一定の動物を恒《こう》温動物《おんどうぶつ》という。

3 脊椎動物の分類

	生活場所	体の表面	呼吸のしかた	子のうまれ方	例
魚類	水中	うろこ	えら	卵生	フナ、コイ、メダカ
両生類	子：水中 親：陸上	うすく湿った皮膚	子:えらと皮膚 親:肺と皮膚		カエル、イモリ、サンショウウオ
は虫類	陸上	うろこ	肺		ヤモリ、トカゲ、カメ
鳥類		羽毛			ハト、スズメ、ペンギン
哺乳類		毛		胎生	イヌ、イルカ、ライオン

基礎力チェック！

次の問いに答えなさい。

(1) 犬歯が発達しているのは、草食動物と肉食動物のどちらか。

(2) 目が横向きについているのは、草食動物と肉食動物のどちらか。

(3) 背骨をもつ動物のなかまを何というか。

(4) (3)のうち、陸上で生活し、体がうろこでおおわれているのは何類か。

(5) (3)のうち、子と親で呼吸のしかたが異なるのは何類か。

(6) (5)の動物の子は皮膚と何で呼吸するか。

(7) 親が卵をうみ、卵から子がかえるうまれ方を何というか。

(8) 母親の体内である程度育った子がうまれるうまれ方を何というか。

(9) (3)のうち、(8)のような子のうまれ方をするのは何類か。

(10) (3)のうち、トカゲは何類のなかまか。

(11) (3)のうち、イルカは何類のなかまか。

答え

(1) 肉食動物
→ 1 参照
(2) 草食動物
→ 1 参照
(3) 脊椎動物
→ 2 3 参照
(4) は虫類
→ 2 3 参照
(5) 両生類
→ 2 3 参照
(6) えら
→ 2 3 参照
(7) 卵生
→ 2 3 参照
(8) 胎生
→ 2 3 参照
(9) 哺乳類
→ 2 3 参照
(10) は虫類
→ 3 参照
(11) 哺乳類
→ 3 参照

Science 5

生物

動物の分類②

1 背骨のない動物

❶ **無脊椎動物《むせきついどうぶつ》**…背骨をもたない動物。

❷ **節足動物《せっそくどうぶつ》**…体やあしが多くの**節**に分かれている動物。体は**外骨格**というかたい殻《から》のようなものでおおわれている。外骨格の内側についている筋肉によって体やあしを動かしている。

> 📖 参考
> 節足動物が成長するとき、脱《だっ》皮《ぴ》して古い外骨格を脱《ぬ》ぎ捨てる。

・昆虫類《こんちゅうるい》…体は頭部・胸部・腹部の３つに分かれている。胸部に３対のあしがある。胸部や腹部にある**気門**から空気をとり入れ、呼吸している。

例 バッタ、カブトムシ、チョウ。

▶ バッタの体のつくり

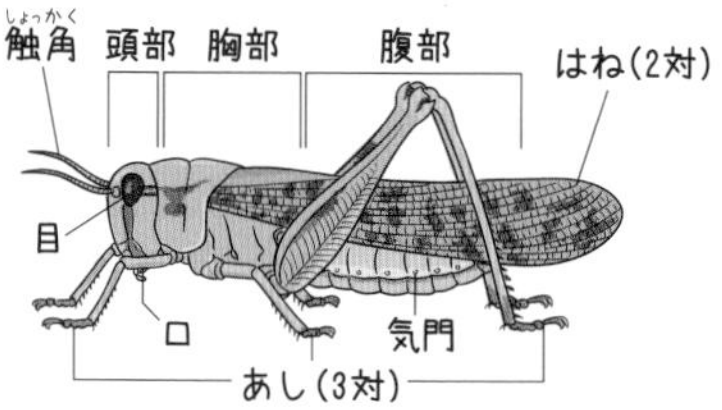

> 📖 参考
> 昆虫類の胸部にはあしのほか、ふつう２対のはねもついている。頭部の触角はにおいを感じたり、物体に触《さわ》ったことを感じたりするはたらきをしている。

・甲殻類《こうかくるい》…体は頭胸部・腹部の２つ、または頭部・胸部・腹部の３つに分かれている。多くは水中で生活し、えらで呼吸する。

例 エビ、ザリガニ、ミジンコ。

・その他の節足動物　例 クモ、ムカデ、ヤスデ。

❸ **軟体動物《なんたいどうぶつ》**…内臓が**外《がい》とう膜《まく》**という膜でおおわれており、あしは筋肉でできている。軟体動物の多くは、水中で生活している。水中で生活するものはえらで呼吸する。

例 イカ、マイマイ、アサリ。

▶ アサリの体のつくり

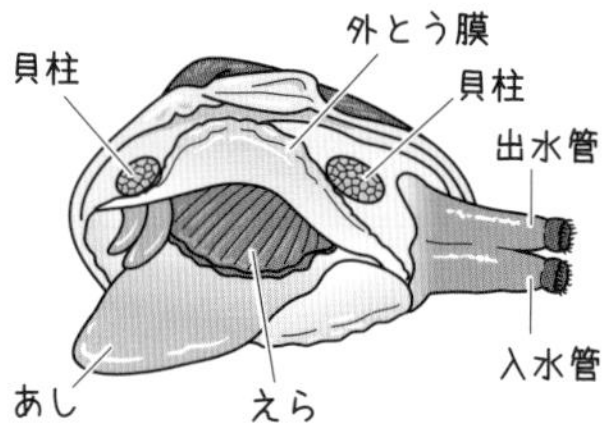

> ⚠ 注意
> マイマイは陸上で生活するので、肺で呼吸する。

❹ **その他の無脊椎動物**

例 ヒトデ、クラゲ、ウニ、ミミズ。

> **絶対おさえる！ 無脊椎動物**
> ☑ 無脊椎動物には、**節足動物**や**軟体動物**などがいる。

2 無脊椎動物の分類

		体の表面	呼吸のしかた	子のうまれ方	例
節足動物	昆虫類	外骨格	気門	卵生	バッタ、チョウ
	甲殻類		えらなど		エビ、ミジンコ
	その他		気門		クモ、ムカデ、ヤスデ
軟体動物		内臓は外とう膜でおおわれている	えら（一部肺）	卵生	イカ、マイマイ、アサリ
その他		―	―	卵生	ヒトデ、ウニ、ミミズ

学びのポイント

● 動物の分類の図は、何も見ずに自力でかけるように練習をしておこう！
動物の具体例までセットで覚えられると完璧！

3 動物の分類

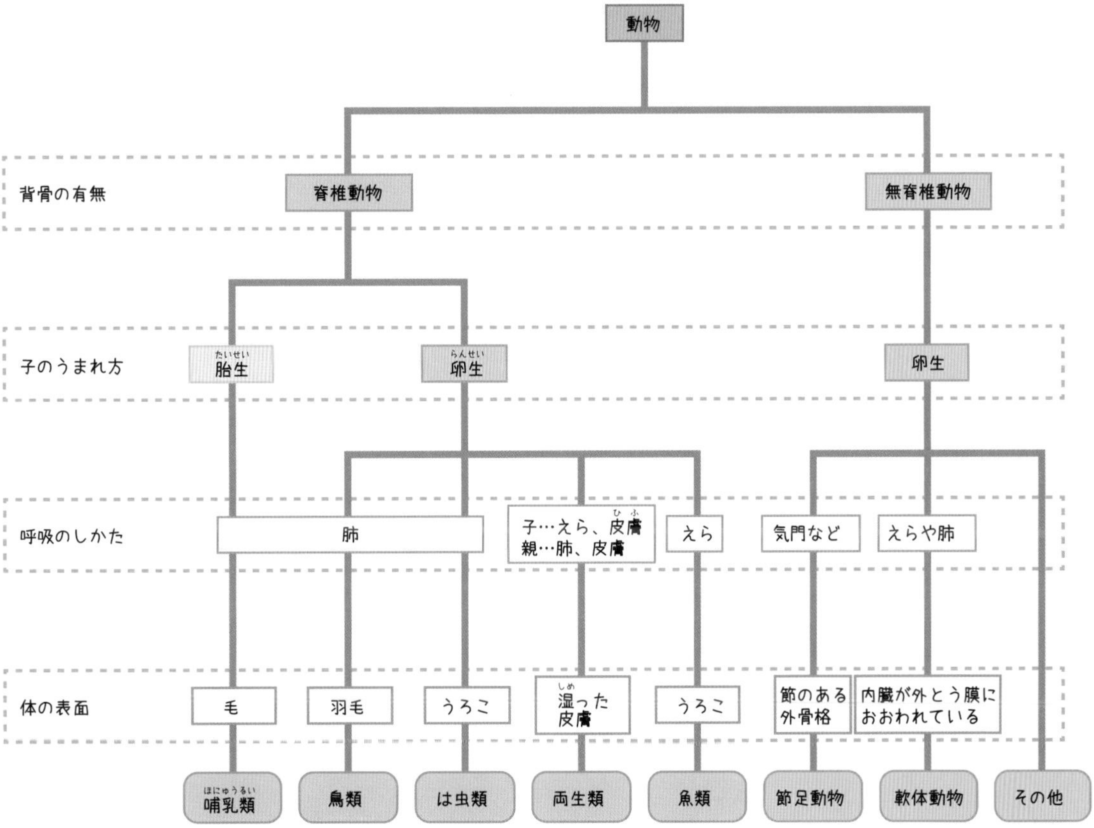

基礎力チェック！

次の問いに答えなさい。

(1) 背骨をもたない動物をまとめて何というか。

(2) (1)のうち、体やあしに多くの節がある動物のなかまを何というか。

(3) (2)の動物の体の外側をおおうかたい殻のようなものを何というか。

(4) (2)のうち、バッタやチョウなどのなかまを何類というか。

(5) (2)のうち、カニやエビのなかまを何というか。

(6) (1)のうち、内臓が外とう膜でおおわれている動物のなかまを何というか。

(7) コイ、イカ、クラゲ、ヒトデのうち、(6)のなかまはどれか。

答え

(1) 無脊椎動物
→ 1 2 参照
(2) 節足動物
→ 1 2 参照
(3) 外骨格
→ 1 2 参照
(4) 昆虫類
→ 1 2 参照
(5) 甲殻類
→ 1 2 参照
(6) 軟体動物
→ 1 2 3 参照
(7) イカ
→ 1 2 3 参照

Science

6 化学 物質の性質

1 物体と物質

❶ **物体**…ものを外観や使う目的で区別するときの名称《めいしょう》。

例 コップ、皿、箱。

❷ **物質**…ものを形づくる材料で区別するときの名称。

例 ガラス、プラスチック、鉄。

2 いろいろな物質

❶ 有機物と無機物

・有機物…炭素をふくみ、熱すると黒くこげて、二酸化炭素や水を発生させる物質。

例 砂糖、デンプン、ろう、エタノール、プラスチック。

・無機物…有機物以外の物質。　例 食塩、水、ガラス、鉄。

> **参考**
> 有機物の多くは水素をふくんでいるため、燃やすと水ができる。

> **注意**
> 二酸化炭素は炭素をふくんでいるが無機物である。また、炭素も無機物である。

❷ 金属と非金属

・金属…無機物に属する物質。共通の性質をもつ。

例 鉄、銀、銅、アルミニウム。

絶対おさえる！ 金属の性質

☑ みがくと特有の光沢《こうたく》が出る（金属光沢）。
☑ 電気をよく通す（電気伝導性）。
☑ 熱をよく伝える（熱伝導性）。
☑ たたくとうすく広がる（展性）。
☑ ひっぱると細くのびる（延性）。

> **注意**
> 磁石につくのは鉄などの一部の金属の性質で、金属に共通する性質ではない。

・非金属…金属以外の物質。　例 ガラス、プラスチック、ゴム、木。

❸ 質量と密度

・質量…物質そのものの量。上皿てんびんや電子てんびんではかることができる。単位はグラム（記号：g）やキログラム（記号：kg）。

・密度…物質1 cm^3 あたりの質量。単位はグラム毎立方センチメートル（記号：g /cm^3）。密度は物質の種類によって決まっている。

絶対おさえる！ 密度の求め方

☑ $\text{密度〔g/cm}^3\text{〕} = \dfrac{\text{物質の質量〔g〕}}{\text{物質の体積〔cm}^3\text{〕}}$

例 質量54 g、体積20cm^3の物質の密度は、

$$\frac{54\text{〔g〕}}{20\text{〔cm}^3\text{〕}} = 2.7\text{〔g /cm}^3\text{〕}$$

> **参考**
> いろいろな物質の密度

物質	密度〔g /cm^3〕
銅	8.96
鉄	7.87
アルミニウム	2.70
水（4℃）	1.00
氷（0℃）	0.917
二酸化炭素	0.00184
酸素	0.00133
水素	0.00008

> **参考**
> 質量を求めるときは、次の式で求める。
> 物質の質量〔g〕
> ＝密度〔g /cm^3〕×
> 　物質の体積〔cm^3〕

学びのポイント

- 密度の求め方は、単位に注目しながら覚えよう！
- ガスバーナーやメスシリンダーの使い方を正確に覚えよう！

❹ 密度と浮《う》き沈《しず》み…液体中の物体の浮き沈みは、液体と物体をつくる物質の密度で決まる。

・物質の密度＜液体の密度➡物質は液体に浮く。

・物質の密度＞液体の密度➡物質は液体に沈む。

3《 ガスバーナーの使い方

❶ 火をつけるとき

①ガス調節ねじと空気調節ねじが閉まっていることを確認する。

②元栓《もとせん》を開く（コックがあるときはコックも開く）。

③マッチに火をつけ、ガス調節ねじを開いて点火する。

④ガス調節ねじを回して、炎《ほのお》の大きさを調節する。

⑤空気調節ねじだけを開いて、青色の炎に調節する。

▶ ガスバーナー

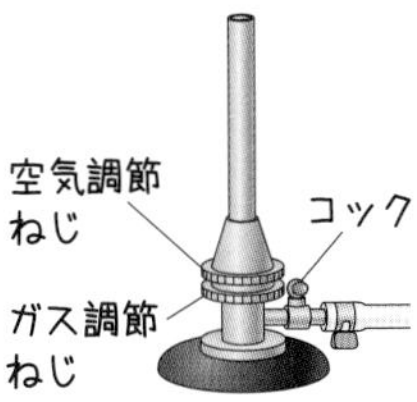

⚠注意
ガスバーナーのねじは、右に回すと閉まり、左に回すと開く。

📖参考
空気が不足しているときには、オレンジ色の炎になる。

❷ 火を消すとき

①空気調節ねじを閉める。

②ガス調節ねじを閉める。

③（コックがあるときはコックを閉じて）元栓を閉じる。

4《 メスシリンダーの使い方

❶ メスシリンダーの使い方

①水平なところに置き、目の位置を液面と同じ高さにする。

②液面の最も低いところを1目盛りの$\frac{1}{10}$まで目分量で読みとる。

❷ 物体の体積の調べ方

①メスシリンダーに入っている液体の体積を読みとる。

②物体をメスシリンダーの中に沈め、目盛りを読む。

③①と②の目盛りの差が、物体の体積となる。

▶ メスシリンダーの目盛りの読み方

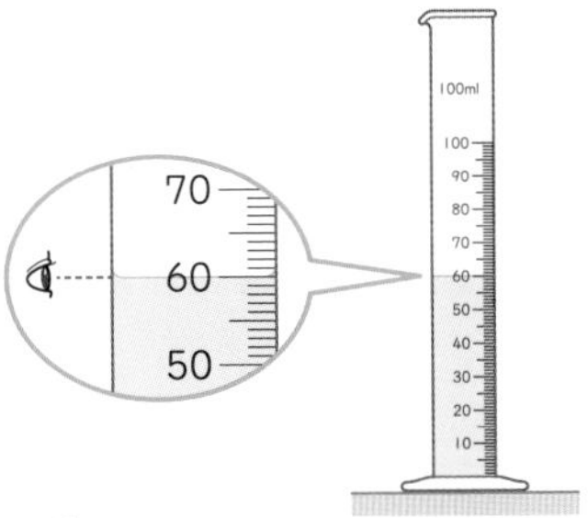

⚠注意
メスシリンダーにはいろいろな容量のものがあるので、目的に合ったものを選ぶ。

⚠注意
液体の中に物体を入れるときは、糸でつるすなどして静かに入れる。物体が浮く場合は、細い針金で押《お》して沈める。

基礎力チェック！

次の問いに答えなさい。

(1) 炭素をふくみ、熱すると二酸化炭素や水を発生させる物質を何というか。

(2) 金属以外の物質を何というか。

(3) 物質1 cm^{3}あたりの質量を何というか。

答え

(1) 有機物
→ 2《 参照

(2) 非金属
→ 2《 参照

(3) 密度
→ 2《 参照

Science

7 化学 気体の性質

1 気体の集め方

❶ **水上置換法《すいじょうちかんほう》**…水にとけにくい気体の集め方。

例 水素、酸素、二酸化炭素。

❷ **上方置換法**…水にとけやすく、空気より密度が小さい気体の集め方。

例 アンモニア。

❸ **下方置換法**…水にとけやすく、空気より密度が大きい気体の集め方。

例 二酸化炭素。

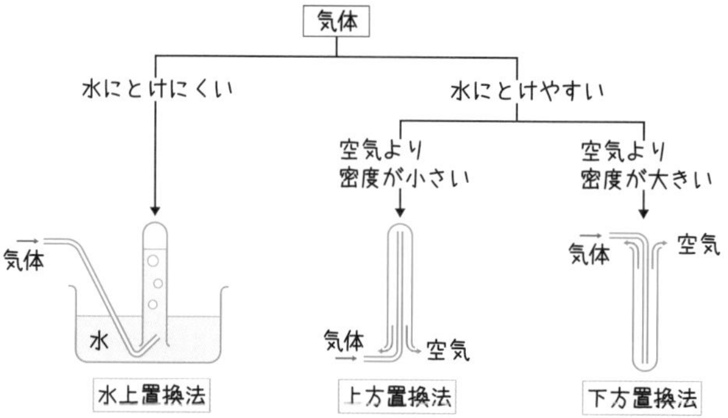

注意

気体を集めるとき、はじめに出てきた気体には空気がふくまれているので集めない。

参考

二酸化炭素は水に少ししかとけないので、水上置換法でも集めることができる。

絶対おさえる！ 気体の集め方

- ☑ **水にとけにくい気体は水上置換法で集める。**
- ☑ **水にとけやすく、空気より密度が小さい気体は上方置換法で、密度が大きい気体は下方置換法で集める。**

2 気体の発生方法

❶ **酸素**…二酸化マンガンにうすい過酸化水素水（オキシドール）を加える。

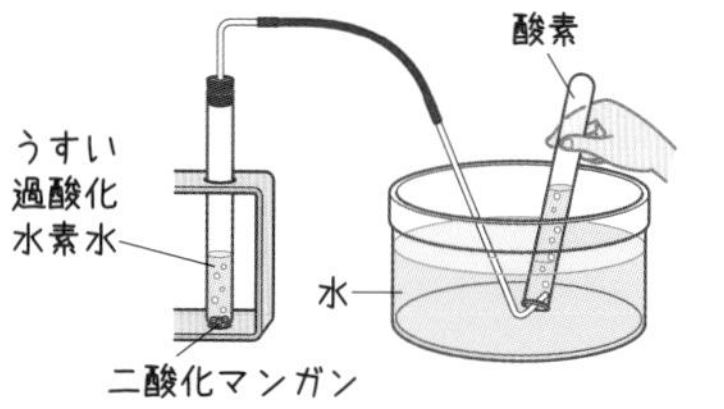

❷ **二酸化炭素**…石灰石《せっかいせき》にうすい塩酸を加える。

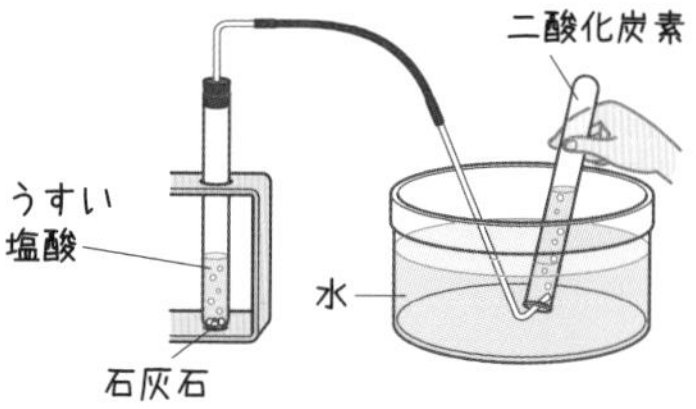

❸ **水素**…亜鉛《あえん》や鉄などの金属にうすい塩酸を加える。

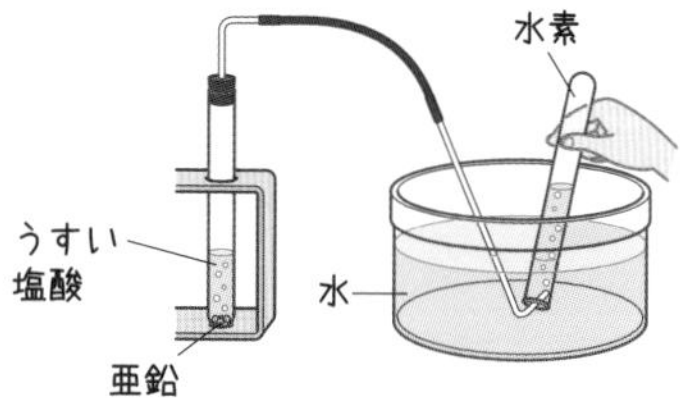

❹ **アンモニア**…塩化アンモニウムと水酸化カルシウムの混合物を加熱する。

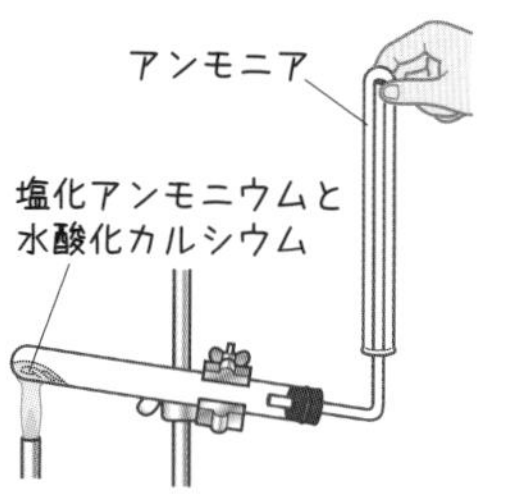

参考

身のまわりのものから発生する気体

酸素…ダイコンおろしとオキシドールを混ぜたり、レバーとオキシドールを混ぜたりすると発生する。また、湯の中に酸素系漂白剤《さんそけいひょうはくざい》を入れても発生する。

二酸化炭素…卵の殻《から》と食酢《しょくす》を混ぜたり、ベーキングパウダーと食酢を混ぜたりすると発生する。また、湯の中に発泡入浴剤《はっぽうにゅうよくざい》を入れても発生する。

学びのポイント

● 気体は、「発生方法」「水へのとけやすさ」「密度」「集め方」「性質」に注意！
気体の集め方の使い分け方も覚えておこう！

社会
理科
数学
英語
国語

3《 気体の性質

❶ 酸素

- 無色・無臭《むしゅう》である。
- 水にとけにくく、空気より少し密度が大きい。
- **ものを燃やすはたらき（助燃性）**がある。

❷ 二酸化炭素

- 無色・無臭である。
- 水に少しとけ、空気より密度が大きい。
- 石灰水を**白くにごらせる**。
- 水溶液《すいようえき》は酸性を示す。

❸ 水素

- 無色・無臭である。
- 水にとけにくく、物質の中で最も密度が小さい。
- 空気中で火をつけると**音を立てて燃え**、水ができる。

❹ アンモニア

- 無色で**刺激臭《しげきしゅう》**があり、有毒である。
- 水によくとけ、空気より密度が小さい。
- 水溶液はアルカリ性を示す。

絶対おさえる！　気体の性質

☑ 酸素**にはものを燃やすはたらきがある。**
☑ 二酸化炭素**は石灰水を白くにごらせる。**
☑ 水素**は空気中で燃えて水ができる。**

参考

空気中にふくまれる気体は、窒素が約78%、酸素が約21%である。

注意

酸素そのものは燃えない。

参考

アンモニアの噴水《ふんすい》実験

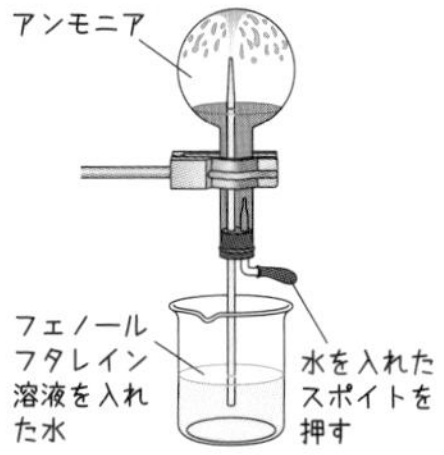

水を入れたスポイトを押《お》してアンモニアで満たしたフラスコに水を入れると、アンモニアが水にとけて、フェノールフタレイン溶液を入れたビーカーの水がフラスコの中に吸い上げられ、赤色の水が噴《ふ》き出す。

基礎力チェック！

次の問いに答えなさい。

(1)　水にとけやすく、空気より密度が小さい気体を集める方法を何というか。

(2)　二酸化マンガンにうすい過酸化水素水（オキシドール）を加えると発生する気体は何か。

(3)　石灰石にうすい塩酸を加えると発生する気体は何か。

(4)　空気中で火をつけると音を立てて燃え、水ができる気体は何か。

(5)　ものを燃やすはたらきがある気体は何か。

(6)　アンモニアは水にとけると何性を示すか。

答え

(1) 上方置換法
→ 1《 参照
(2) 酸素
→ 2《 参照
(3) 二酸化炭素
→ 2《 参照
(4) 水素
→ 3《 参照
(5) 酸素
→ 3《 参照
(6) アルカリ性
→ 3《 参照

8 化学 水溶液の性質

1 物質のとけ方と濃《こ》さ

❶ **物質が水にとけるようす**…物質が水にとけると透明《とうめい》になり、液の濃さはどの部分も均一になる。また、時間がたっても下のほうが濃くなることはない。

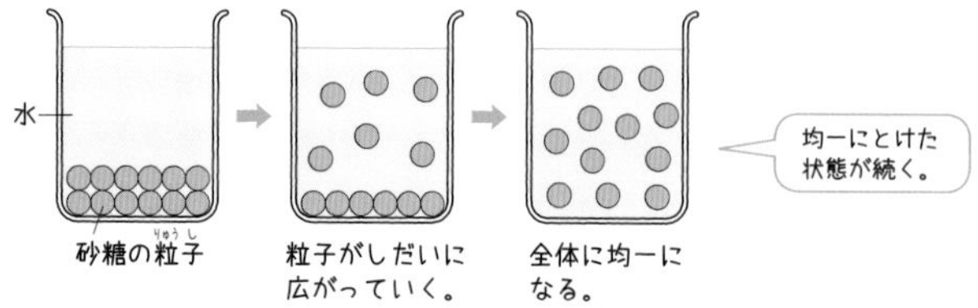

❷ **水溶液《すいようえき》**

・溶質…液体にとけている物質。

・溶媒《ようばい》…溶質をとかしている液体。

・溶液…溶質が溶媒にとけた液。溶媒が水のとき、水溶液という。

❸ **純粋《じゅんすい》な物質（純物質）と混合物**

・純粋な物質（純物質）…1種類の物質でできているもの。 例 酸素、水。

・混合物…いくつかの物質が混じり合ったもの。 例 食塩水、空気、ろう。

❹ **質量パーセント濃度《のうど》**…溶質の質量が溶液の質量の何%にあたるか表したもの。

絶対おさえる！ 質量パーセント濃度の求め方

☑ 質量パーセント濃度〔%〕$=\dfrac{\text{溶質の質量〔g〕}}{\text{溶液の質量〔g〕}}\times 100$

$$=\frac{\text{溶質の質量〔g〕}}{\text{溶質の質量〔g〕}+\text{溶媒の質量〔g〕}}\times 100$$

例 水80gに砂糖20gをとかした砂糖水の質量パーセント濃度は、

$\dfrac{20〔g〕}{20〔g〕+80〔g〕}\times 100=20$ より、20%

2 溶解度《ようかいど》と再結晶《さいけっしょう》

❶ **飽和水溶液《ほうわすいようえき》**…溶質がそれ以上とけることのできなくなった水溶液。このときの状態を**飽和**という。

❷ **溶解度**…水100gに物質をとかして**飽和水溶液**にしたときの、とけた物質の質量。物質によって決まっていて、水の温度によって変化する。溶解度と水の温度との関係を表したグラフを**溶解度曲線**という。

▶ 溶解度曲線

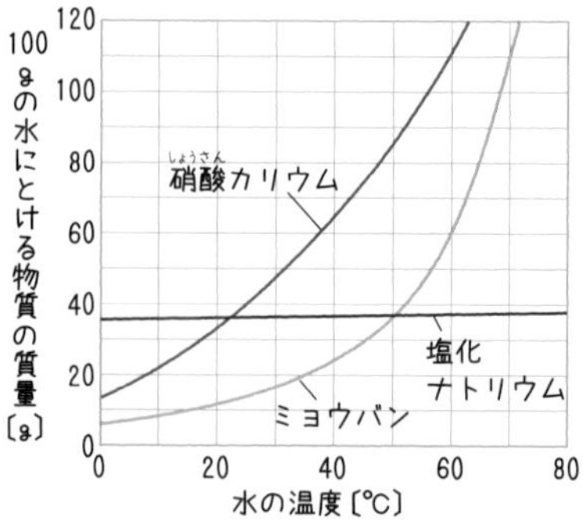

📖 参考

透明な水溶液には、無色だけでなく、硫酸銅《りゅうさんどう》水溶液のように色（この場合は青色）がついているものもある。

発展

自然に粒子が広がり散らばっていく現象を拡散という。

⚠ 注意

物質がとけて見えなくなっても存在しているので、全体の質量は変化しない。

📖 参考

溶質には、固体だけでなく、気体や液体の場合もある。
・溶質が気体の水溶液
塩酸（溶質…塩化水素）
炭酸水（溶質…二酸化炭素）
・溶質が液体の水溶液
エタノール水溶液
（溶質…エタノール）

📖 参考

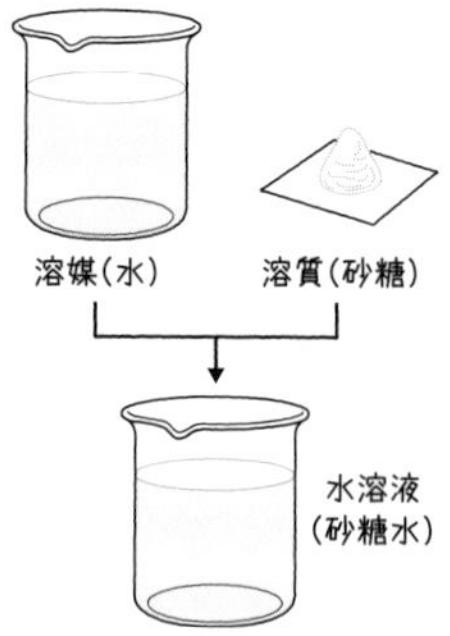

📖 参考

溶解度は、固体では、ふつう、水の温度が高くなるほど大きくなる。気体では、ふつう、水の温度が低くなるほど大きくなる。

学びのポイント

- 「質量パーセント濃度」は分母が溶媒ではなく「溶液」であることに注意！
- 再結晶の計算は、グラフの問題がテストによく出る！

③ 再結晶…固体の物質をいったん水にとかし、温度を下げたり、水を蒸発させたりして、再び結晶としてとり出すこと。

・水の温度による**溶解度の差が大きい物質**…水溶液の温度を下げる。

・水の温度による**溶解度の差が小さい物質**…水溶液の水を蒸発させる。

▶ 食塩と硝酸カリウムの溶解度

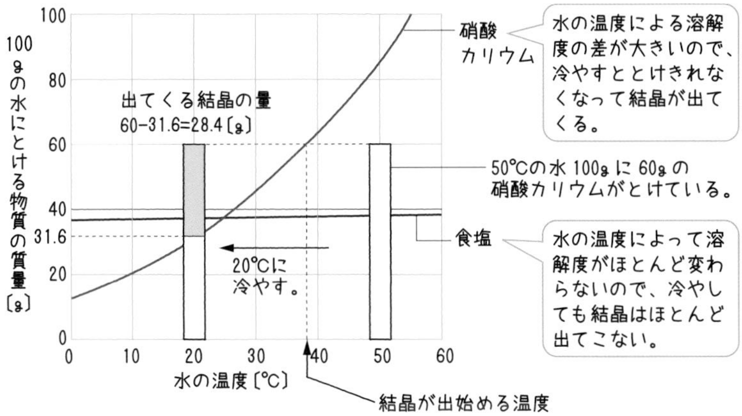
100
80
60
40
31.6
20
0
100gの水にとける物質の質量〔g〕
0
10
20
30
40
50
60
水の温度〔℃〕
出てくる結晶の量
60−31.6=28.4〔g〕
20℃に冷やす。
硝酸カリウム
水の温度による溶解度の差が大きいので、冷やすととけきれなくなって結晶が出てくる。
50℃の水100gに60gの硝酸カリウムがとけている。
食塩
水の温度によって溶解度がほとんど変わらないので、冷やしても結晶はほとんど出てこない。
結晶が出始める温度

参考

物質によって、結晶の形はさまざまである。

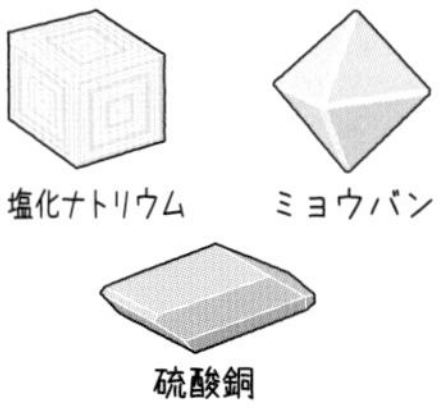
塩化ナトリウム
ミョウバン
硫酸銅

④ ろ過…ろ紙などを使って、液体と固体を分ける操作。ろ紙の穴より小さい粒子だけがろ紙を通りぬける。

▶ ろ過

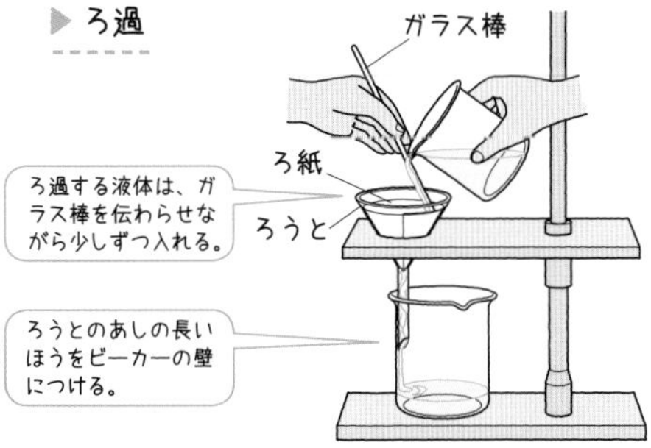
ガラス棒
ろ紙
ろうと
ろ過する液体は、ガラス棒を伝わらせながら少しずつ入れる。
ろうとのあしの長いほうをビーカーの壁につける。

▶ ろ過のしくみ

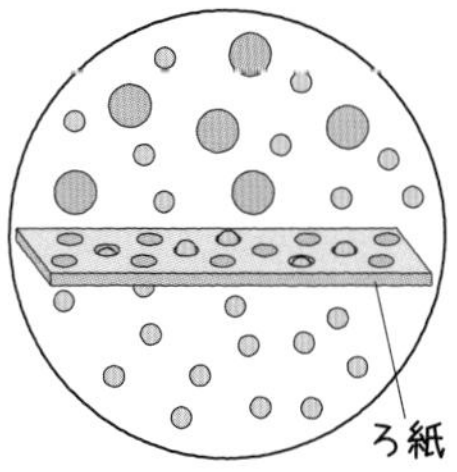
ろ紙

基礎力チェック！

次の問いに答えなさい。

(1) 水溶液における水のように、物質をとかしている液体を何というか。

(2) 水85gに食塩15gをとかした水溶液の質量パーセント濃度は何%か。

(3) 溶質がそれ以上とけることのできなくなった水溶液を何というか。

(4) 固体の物質をいったん水にとかし、温度を下げたり、水を蒸発させたりして、再び固体としてとり出すことを何というか。

答え

(1) 溶媒　→ 1《 参照

(2) 15%　→ 1《 参照

(3) 飽和水溶液
→ 2《 参照

(4) 再結晶　→ 2《 参照

Science

9 化学 物質のすがたと変化

1 物質のすがたの変化

❶ 状態変化…温度によって、物質の状態が変わること。温度を上げると、**固体→液体→気体**と変化し、温度を下げると**気体→液体→固体**と変化する。

▶ 物質の状態変化

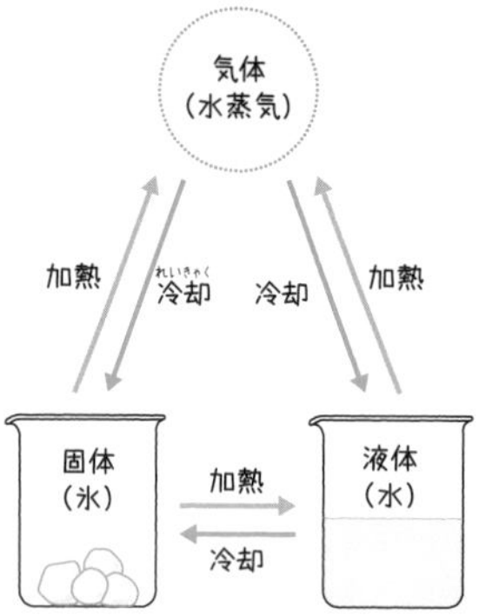

⚠注意
物質の状態が変化しても、別の物質になるわけではない。

参考
ドライアイスのように、固体→気体、気体→固体へ状態が変化する物質もある。

❷ 状態変化と体積・質量の変化

・**状態変化と体積・質量**…物質の状態が変わると体積は変化するが、質量は変化しない。

絶対おさえる！ 状態変化と体積の関係

☑ **物質が固体→液体→気体と変化したとき、体積は大きくなる。（水は例外）**
☑ **水は、固体→液体と変化したとき、体積は小さくなる。**

参考
少量のエタノールを入れたポリエチレンの袋《ふくろ》に熱湯をかけると、エタノールが液体から気体に変化して、袋が大きくふくらむ。

・**状態変化と密度**…物質が固体→液体→気体と変化するとき、体積は大きくなるが、質量は変化しないので、密度は小さくなる。（水は例外）

❸ 状態変化と粒子《りゅうし》の運動

・**固体**…粒子は規則正しく並び、おだやかに運動していて、決まった形になっている。

・**液体**…固体のときよりも粒子の運動が激しくなり、比較的《ひかくてき》自由に動いている。容器によって形が変わる。

・**気体**…液体のときよりも粒子の運動がさらに激しくなり、空間を自由に飛び回っている。粒子どうしの間隔《かんかく》が非常に大きい。

▶ 状態変化と粒子の運動のようす

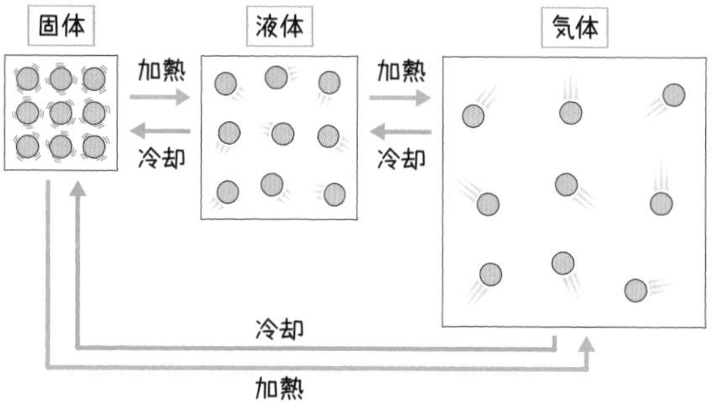

状態変化によって、体積は変化するが、粒子の数は変わらないので、質量は変化しない。

学びのポイント
- 水(液体)が氷(固体)に変化するときの体積の変化に注意！
- 混合物の蒸留では、沸点の低い物質が先に出てくることをおさえておこう！

2 状態変化と温度の関係

❶ **融点《ゆうてん》と沸点《ふってん》**…純粋《じゅんすい》な物質では、物質によって決まっている。

・融点…**固体がとけて液体に変化する**ときの温度。

・沸点…**液体が沸騰《ふっとう》して気体に変化する**ときの温度。

▶ 氷を加熱したときの状態変化と温度

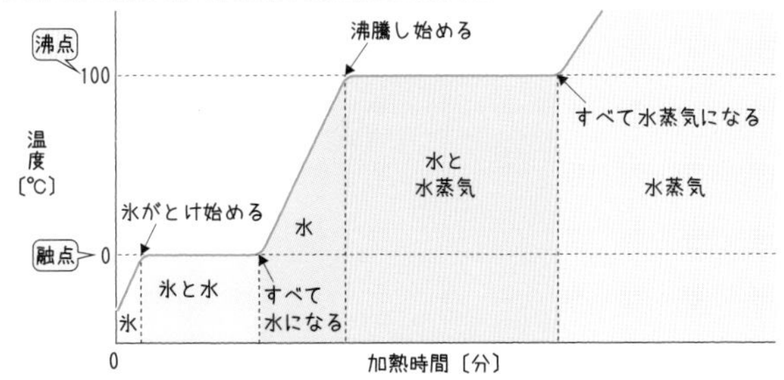

📖 参考
純粋な物質は、状態が変化している間、加熱しても温度は上がらない。

📖 参考
純粋な物質の融点や沸点は、物質の量が変化しても変化しない。

❷ **蒸留**…液体を沸騰させて、出てくる気体を冷やして再び液体としてとり出すこと。混合物を沸点のちがいにより分離《ぶんり》することができる。

・**水とエタノールの混合物の分離**…エタノールは水より**沸点が低い**ため、混合物を沸騰させると、はじめに出てくる気体は**エタノール**を多くふくんでいる。

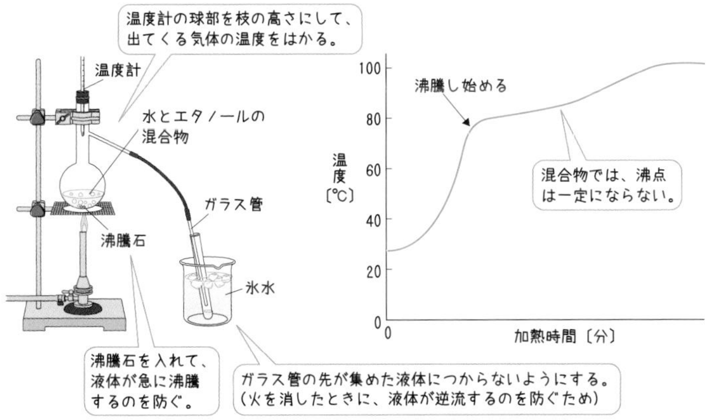

📖 参考
エタノールの沸点…78℃
水の沸点…100℃

⚠ 注意
はじめに出てくる気体には、エタノールだけでなく、少量の水蒸気もふくまれている。

📖 参考
エタノールの性質
・無色透明である。
・においがある。
・引火しやすい。

📖 参考
石油(原油)を蒸留することによって、沸点の異なるガソリンや灯油、軽油、重油などを分けてとり出している。

基礎力チェック！

次の問いに答えなさい。

(1) 温度によって、物質の状態が変わることを何というか。

(2) 固体のろうがとけて液体に変化したとき、体積はどうなるか。

(3) 固体がとけて液体に変化するときの温度を何というか。

(4) 液体を沸騰させて、出てくる気体を冷やして再び液体としてとり出すことを何というか。

答え

(1) 状態変化
→ 1 参照

(2) 大きくなる。
→ 1 参照

(3) 融点 → 2 参照

(4) 蒸留 → 2 参照

Science

10 物理 光の性質①

1 光の性質

❶ **光源**…みずから光を出す物体。

❷ **光の直進**…光源から出た光があらゆる方向にまっすぐ進むこと。

❸ **光の色**…太陽の光にはいろいろな色の光が混ざっている。**プリズム**を使うと、光の色が分かれたようすを見ることができる。

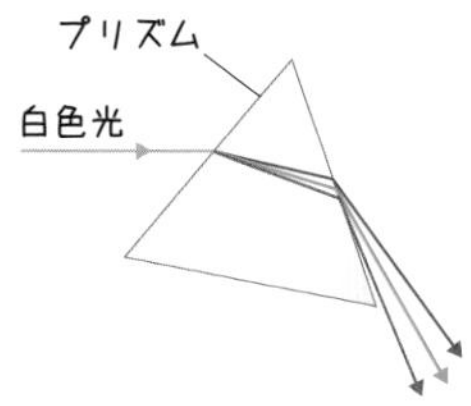

❹ **ものが見えるわけ**…光源から出た光や、光源から出て物体の表面ではね返った光が目に届くことでものが見える。

📖 参考

虹《にじ》は太陽の光が空気中の水《すい》滴《てき》の中を進むときに、光が分かれて色が見える自然現象である。

2 光の反射

❶ **光の反射**…光が鏡などの物体の表面に当たってはね返ること。

・入射角…**入射光**（鏡などに入ってくる光）と鏡などの面に垂直な直線の間の角。

・反射角…**反射光**（反射して出ていく光）と鏡などの面に垂直な直線の間の角。

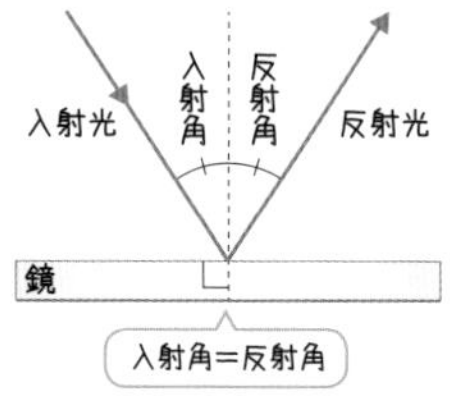

📖 参考

水やガラスのように光を通す物体でも、当たった光の一部は反射する。

絶対おさえる！　光の反射の法則

☑ **光が反射するとき、入射角と反射角はつねに等しい。**
これを光の反射の法則という。

❷ **鏡にうつる物体の見かけの位置**

…鏡にうつる物体を見るとき、鏡に対して物体と対称《たいしょう》な位置から光が届くように見える。鏡にうつって見えるものを、物体の像という。

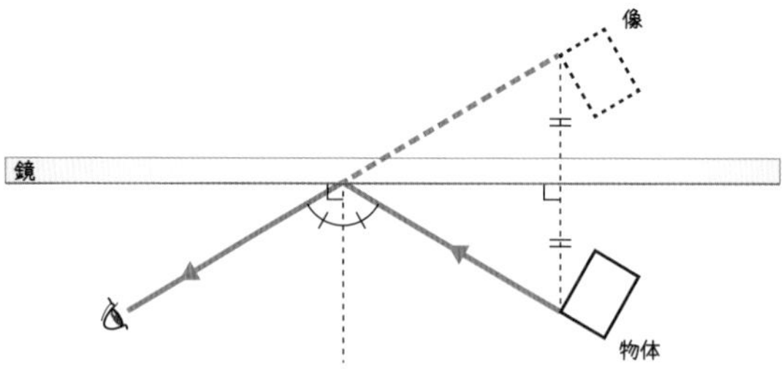

⚠ 注意

物体と像の位置は、鏡に対して線対称の関係にある。

❸ **乱反射**…凹凸《おうとつ》のある物体に当たった光が、さまざまな方向に反射すること。いろいろな方向から物体を見ることができるのは、凹凸のある表面で光源からの光を乱反射しているためである。

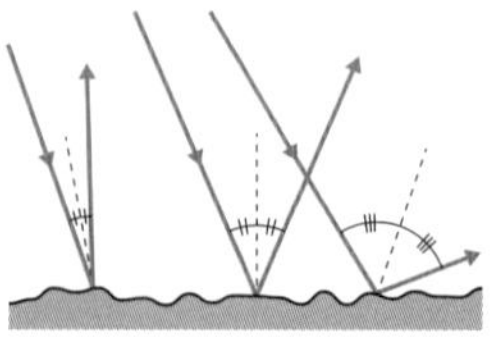

📖 参考

乱反射では、1つひとつの反射はすべて反射の法則が成り立っている。

学びのポイント

● 光が、空気中から水中に進むとき、水中から空気中に進むときのそれぞれの屈折のしかたをよく覚えておこう！

3 光の屈折《くっせつ》

❶ **光の屈折**…光が異なった物質の境界をななめに進むときに、境界面で折れ曲がること。

・屈折角…**屈折光**（屈折して進む光）と境界面に垂直な直線の間の角。

⚠注意
境界面に垂直に進む光は、屈折せずに直進する。

絶対おさえる！ 入射角と屈折角の関係

☑ **光が空気中から水中やガラス中に進むとき、屈折角は入射角より小さくなる。**

☑ **光が水中やガラス中から空気中に進むとき、屈折角は入射角より大きくなる。**

⚠注意
光が屈折するとき、一部の光は反射する。

参考
コインが入っているカップに水を入れると、見えなかったコインが見えるようになる。これは、コインで反射した光が水面で屈折するために起こる現象である。

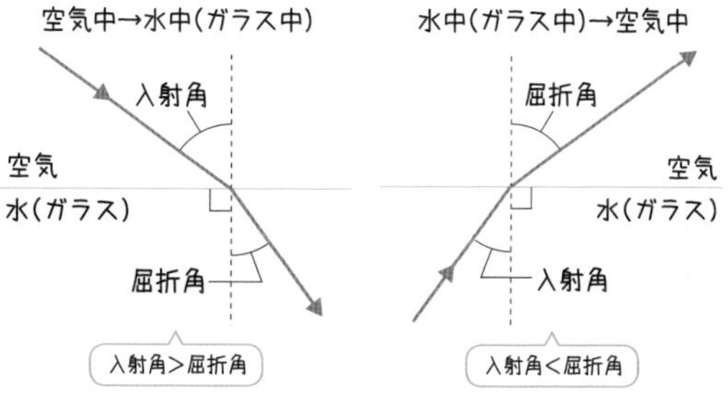

❷ **全反射**…光が水中やガラス中から空気中に進むときに、境界面ですべての光が反射すること。入射角がある大きさ以上になると起こる。

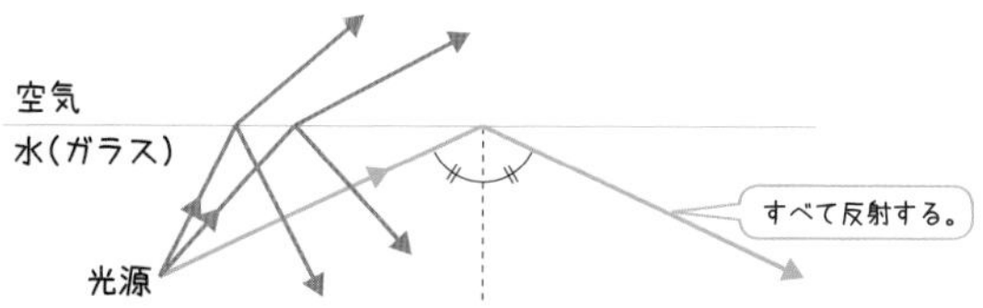

参考
通信ケーブルなどで使われている光ファイバーは、全反射を利用している。

基礎力チェック！

次の問いに答えなさい。

(1) みずから光を出す物体を何というか。

(2) 光が反射するとき、入射角と反射角の大きさは等しい。これを何の法則というか。

(3) 光が異なる物質の境界をななめに進むとき、その境界面で光の進む向きが変わる現象を何というか。

(4) 水中から空気中に進む光が境界面で屈折せずにすべて反射する現象を何というか。

答え

(1) 光源
→ 1 参照

(2) 光の反射の法則
→ 2 参照

(3) 光の屈折
→ 3 参照

(4) 全反射
→ 3 参照

Science 11

物理

光の性質②

1 凸《とつ》レンズの性質

❶ **光軸《こうじく》**…凸レンズの中心を通り、凸レンズの面に垂直な軸。

❷ **焦点《しょうてん》**…光軸に平行に入った光が、凸レンズで屈折《くっせつ》して１つに集まる点。

❸ **焦点距離《しょうてんきょり》**…凸レンズの中心から焦点までの距離。

▶ 焦点と焦点距離

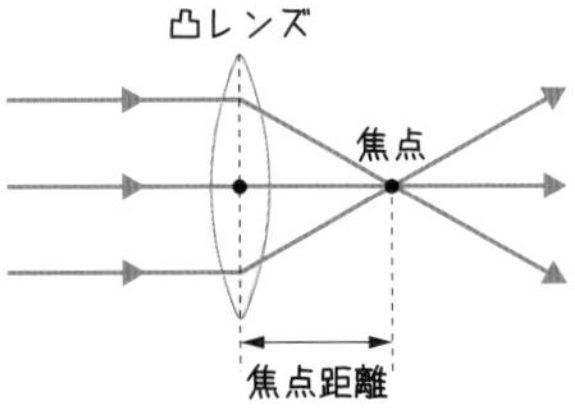

⚠注意

焦点は凸レンズの両側に１つずつある。

⚠注意

光は凸レンズに入るときと出るときに屈折しているが、作図では、中央で１回屈折しているように表す。

❹ **凸レンズを通る光の進み方**

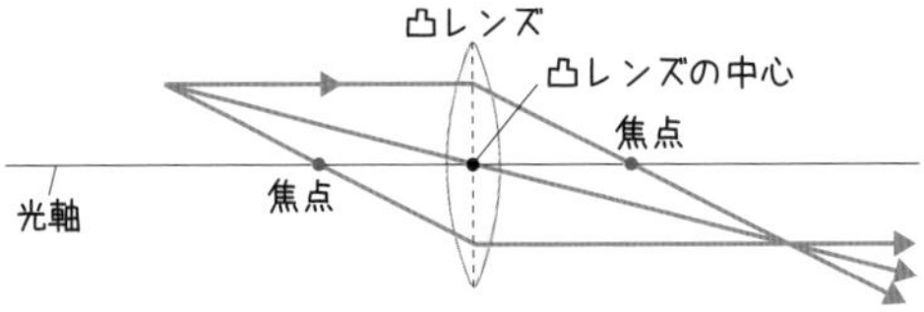

絶対おさえる！ 凸レンズを通る光の進み方

☑ 光軸に平行な光は、凸レンズで屈折して**焦点**を通る。
☑ 凸レンズの中心を通る光は、**直進**する。
☑ 焦点を通る光は、凸レンズを通ったあと**光軸**に平行に進む。

2 凸レンズがつくる像

❶ **実像**…物体が焦点より外側にあるときに、凸レンズで屈折した光が１点に集まってできる像。スクリーンにうつすことができる。像の向きは、実物と上下左右が**逆**向きになる。

▶ 物体が焦点距離の２倍よりも遠い位置にあるとき

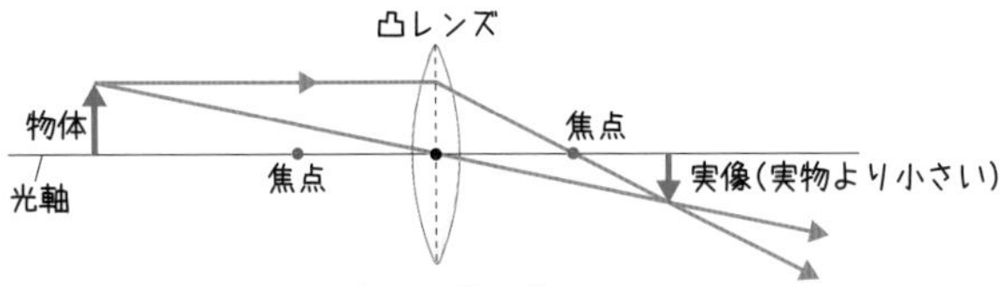

▶ 物体が焦点距離の２倍の位置にあるとき

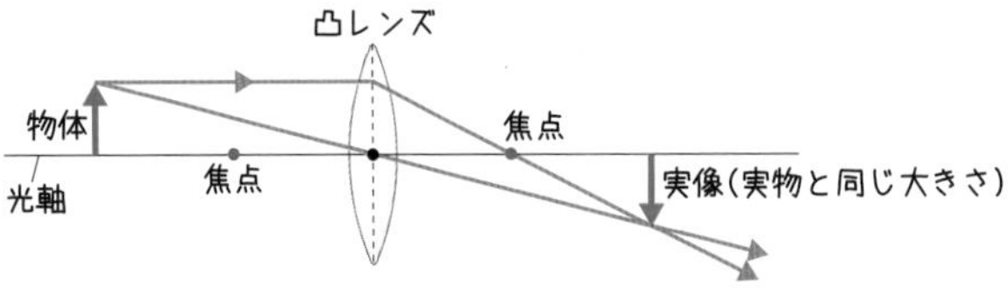

▶ 物体が焦点距離の２倍の位置と焦点の間にあるとき

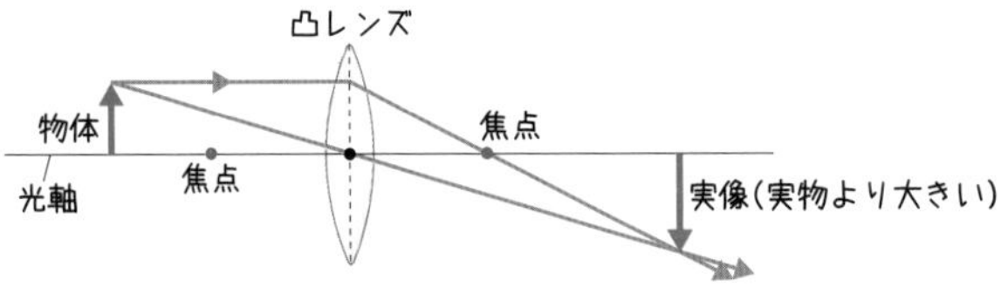

📖参考

カメラは、凸レンズによってフィルム上や撮像素子《さつぞうそし》（デジタルカメラで使われている光を感じとる装置）に実像をつくっている。

📖参考

凸レンズを半分おおっても像はすべてうつる。ただし、レンズを通過する光の量が少なくなるので像が暗くなる。

学びのポイント

● 凸レンズを通過するときの光の進み方は、何も見ずに自力でかけるように練習しておこう！

② **虚像《きょぞう》**…物体が焦点より内側にあるときに、凸レンズを通して見ることができる像。スクリーンにうつすことはできない。像の向きは、実物と**上下左右が同じ向き**で、像の大きさは実物より大きい。

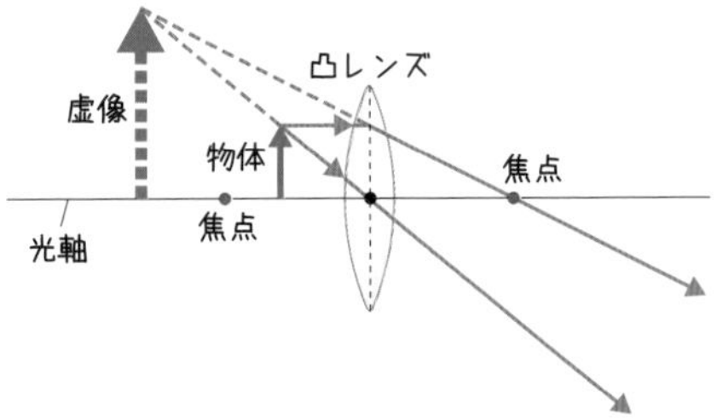

参考
虫めがねで見える像は虚像である。

③ **物体が焦点上にあるとき**…実像も虚像もできない。

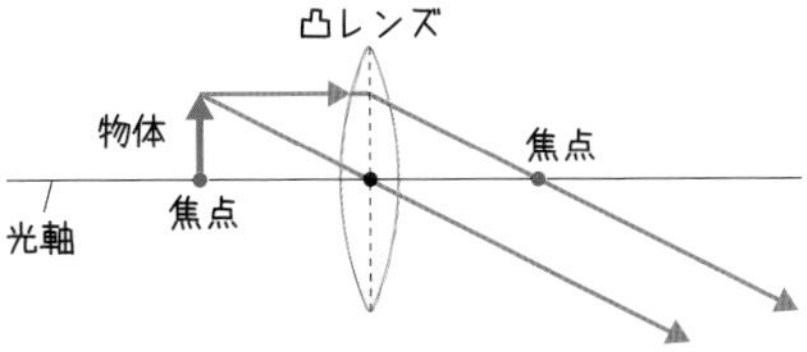

参考
物体から出て凸レンズの中心を通る光と、物体から出て凸レンズで屈折して焦点を通る光が平行になるため、像ができない。

物体の位置	像の位置	実物と比べた像の大きさ
焦点距離の２倍よりも遠い位置	焦点距離の２倍の位置と焦点の間	小さい
焦点距離の２倍の位置	焦点距離の２倍の位置	同じ
焦点距離の２倍の位置と焦点の間	焦点距離の２倍よりも遠い位置	大きい
焦点上	－	－
焦点の内側	（凸レンズをのぞくと見える）	大きい

基礎力チェック！

次の問いに答えなさい。

(1) 凸レンズの光軸に平行に入った光が屈折して１つに集まる点を何というか。

(2) 凸レンズの中心を通る光は、どのように進むか。

(3) 物体が焦点より外側にあるとき、スクリーン上にできる上下左右が逆向きの像を何というか。

(4) 物体を焦点から遠ざけていくと、(3)の大きさはどのようになるか。

(5) 物体が焦点より内側にあるとき、凸レンズを通して見える、物体より大きな像を何というか。

(6) (5)の上下左右の向きは、実物と比べてどのようになっているか。

答え

(1) 焦点
→ 1 参照
(2) 直進する。
→ 1 参照
(3) 実像
→ 2 参照
(4) 小さくなる。
→ 2 参照
(5) 虚像
→ 2 参照
(6) 同じ向き
→ 2 参照

Science

12 物理 音の性質

1 音の伝わり方

❶ **音源（発音体）**…音を出している物体。**振動《しんどう》**することで音を出す。

❷ **音の伝わり方（空気中）**…音源の振動が空気を振動させて、その振動が次々と**波**として伝わり、耳にある**鼓膜《こまく》**を振動させることで音が聞こえる。

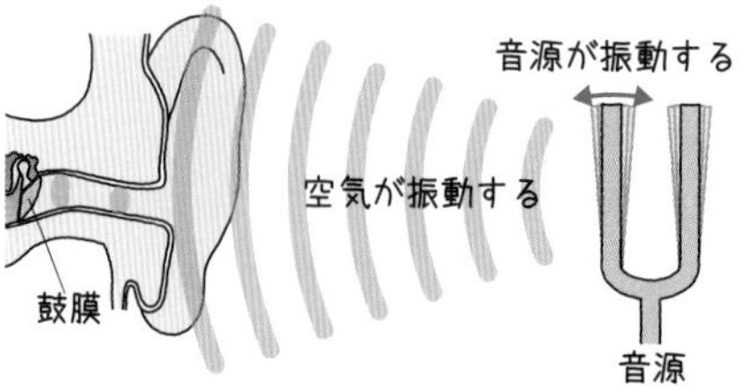

> ⚠注意
> 空気が移動して音を伝えていくわけではない。

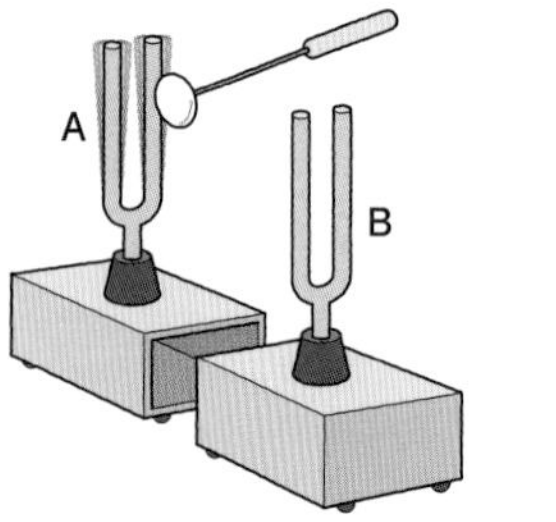

同じ高さの音を出す音さA、Bのうち、音さAをたたいて鳴らすと、音さBも鳴る。
→音さAの音が、音さBに伝わった。
音さAと音さBの間に板を置き、音さAをたたいて鳴らすと、音さBの鳴る音が小さくなる。

❸ **音を伝えるもの**…音は空気のような気体中だけでなく、**液体中や固体中も伝わる**。真空中では音は伝わらない。

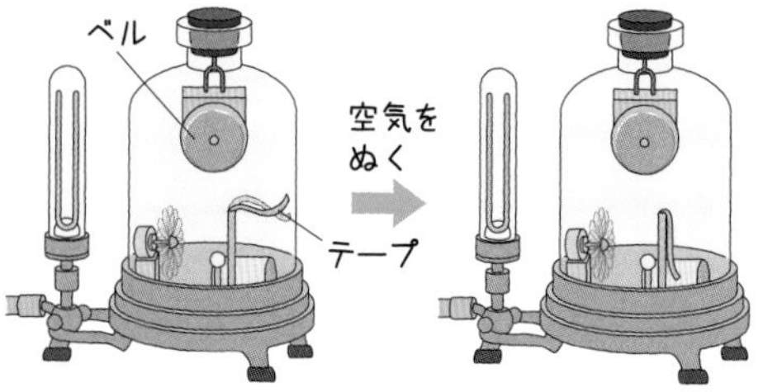

風(空気)があるときだけテープがなびく。

容器内の空気をぬいていくと、ベルの音が聞こえにくくなる。空気を入れると音が聞こえてくる。
→空気が音を伝えている。

❹ **音の伝わる速さ**

絶対おさえる！ 音の伝わる速さ

☑ $$\text{音の速さ〔m/s〕} = \frac{\text{音の伝わる距離《きょり》〔m〕}}{\text{音が伝わるのにかかった時間〔s〕}}$$

> 📖参考
> 速さの単位
> m/s(メートル毎秒)は、1秒間に進む距離を表す。

打ち上げ花火の光が見えてから、音が聞こえるまでに少し時間がかかるのは、空気中で音の伝わる速さが、光の速さと比べてはるかにおそいためである。

> 📖参考
> 光の速さは約30万km/s。

例 音の伝わる速さ

空気中…約 340m/s（気温約 15℃のとき）
水中……約 1500m/s
鉄の中…約 6000m/s
➡一般的に、気体中より固体中や液体中のほうが音は速く伝わる。

学びのポイント

- 音の高さと大きさは、音の波形と合わせて理解しておこう！
- 弦の振動と音の高さや大きさの関係をおさえておこう！

2 音の性質

❶ **振幅《しんぷく》**…音源の振動の振《ふ》れ幅《はば》。

❷ **振動数**…音源が１秒間に振動する回数。単位はヘルツ（記号：Hz）。

絶対おさえる！　音の大きさと高さ

☑ **音の大きさ…振幅が大きいほど大きい。**
☑ **音の高さ…振動数が多いほど高い。**

▶ 音の波形

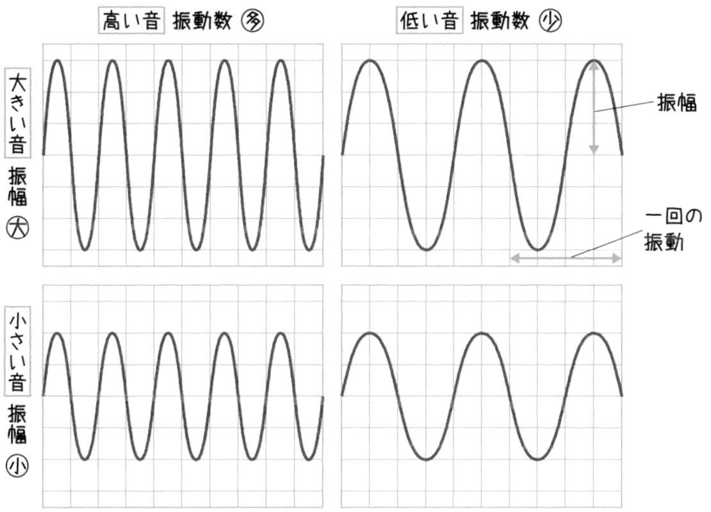

※横軸は時間、縦軸は振幅を表す。

📖 参考
オシロスコープは、音源から出た音を波形で表示する装置である。
コンピュータにマイクロホンをつないで、音の波形を表示させることもできる。

❸ モノコードの弦《げん》の振動と音

・弦の振幅と音の大きさ
…弦を強くはじくほど、振幅が大きくなり、大きい音が出る。

・弦の振動数と音の高さ
①弦の長さを短くすると、振動数が多くなり、高い音が出る。
②弦の張り方を強くすると、振動数が多くなり、高い音が出る。

📖 参考
弦を細くすると、振動数が多くなり、高い音が出る。
弦を太くすると、振動数が少なくなり、低い音が出る。

基礎力チェック！

次の問いに答えなさい。

(1)　音を出している物体を何というか。

(2)　振動数が多いほど、音の高さはどうなるか。

(3)　モノコードの弦の長さを長くすると、振動数はどうなるか。

答え

(1) 音源（発音体）
→ 1 参照

(2) 高くなる。
→ 2 参照

(3) 少なくなる。
→ 2 参照

Science

13 物理 力のはたらき

1 力の性質

❶ 力のはたらき

・物体の形を変える。　・物体を支える。

・物体の運動の状態（速さや向き）を変える。

❷ いろいろな力

・**重力**…地球が物体を、地球の**中心に向かって引く力**。

・**弾性力**《だんせいりょく》**（弾性の力）**…変形した物体がもとにもどろうとして生じる力。

・**垂直抗力**《すいちょくこうりょく》…面が物体に押《お》されたとき、面が物体を垂直に押し返す力。

・**摩**《ま》**擦力**《さつりょく》…物体を動かすときにふれ合う面からはたらく、動こうとしている向きと**反対向き**の力。

・**磁力（磁石の力）**…磁石の極と極の間にはたらく、引き合ったり、しりぞけ合ったりする力。

・**電気力（電気の力）**…こすった下じきなどにはたらく、物体が引き合ったり、しりぞけ合ったりする力。

> **参考**
> 重力は、地球上にあるすべての物体にはたらく。

> **参考**
> 物体がもとにもどろうとする性質を弾性という。

> **注意**
> 重力、磁力、電気力は、物体どうしが離《はな》れていてもはたらく。

2 力のはかり方と力の表し方

❶ 力の大きさ

力の大きさ…ニュートン（記号：N）の単位を使う。1N は、約 100g の物体にはたらく重力の大きさに等しい。

❷ 力の大きさとばねののびの関係

絶対おさえる！　フックの法則

☑ **ばねののびは、ばねを引く力の大きさに比例する。これをフックの法則という。**

1個50gのおもりをばねにつるしたときのばねののびを調べる。おもりの数を2個、3個、4個と増やしていき、同様にばねののびを調べる。ただし、100gの物体にはたらく重力の大きさを1Nとする。

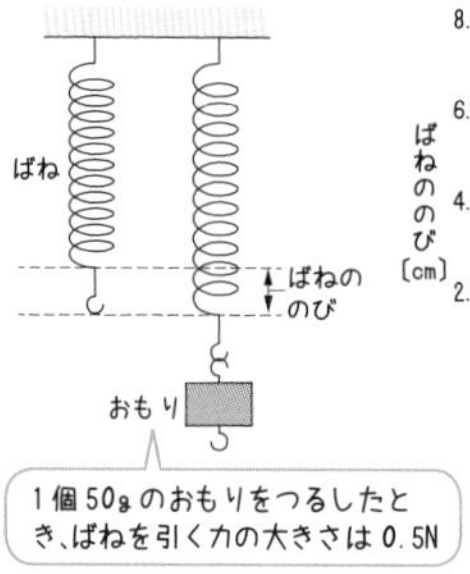

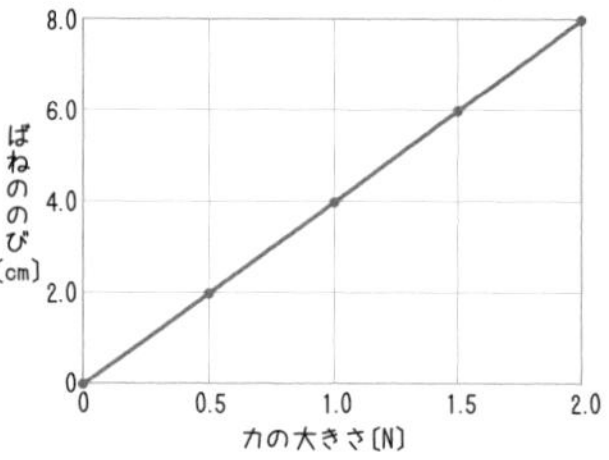

➡グラフは原点を通る直線になる。

> **参考**
> ばねにおもりをつるしたときと、ばねを手で引いたときで、ばねののびが同じであれば、ばねを引く力の大きさは等しい。

❸ 重さと質量

・**重さ**…物体にはたらく重力の大きさ。ばねばかりではかることができる。単位はニュートン（記号：N）。**場所によって変わる。**

・**質量**…物体そのものの量。上皿てんびんではかることができる。単位はグラム（記号：g）やキログラム（記号：kg）。**場所が変わっても変わらない。**

> **参考**
> 月の重力の大きさは地球の重力の大きさの約 $\frac{1}{6}$ である。月面上での質量は、地球上での質量と同じである。

学びのポイント

- 「力の大きさ」と「ばねののび」の関係を表すグラフがテストによく出る！
- 力の三要素を意識しながら矢印をかく練習をしておこう！

❹ **力の三要素**…力のはたらく点（作用点）、力の大きさ、力の向き。

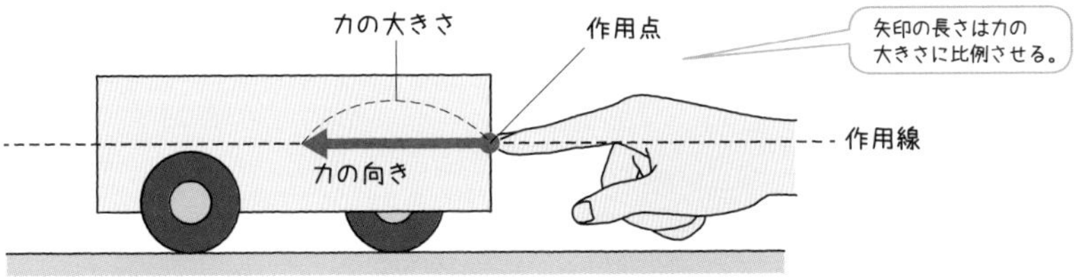

📖 参考
作用線…力を表す矢印をふくむ直線

例 ・面で物体を押す力　　　　・重力

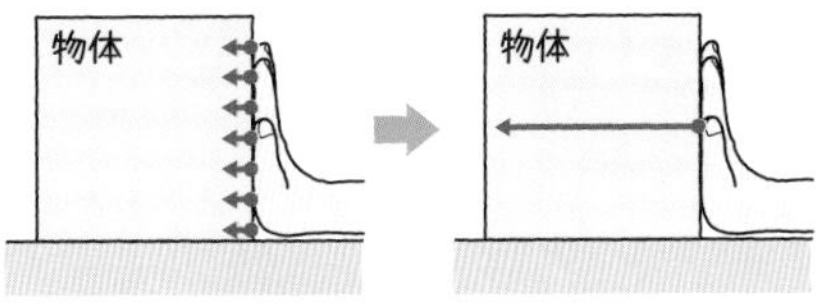

作用点を面の中心にして、1本の力の矢印で表す。

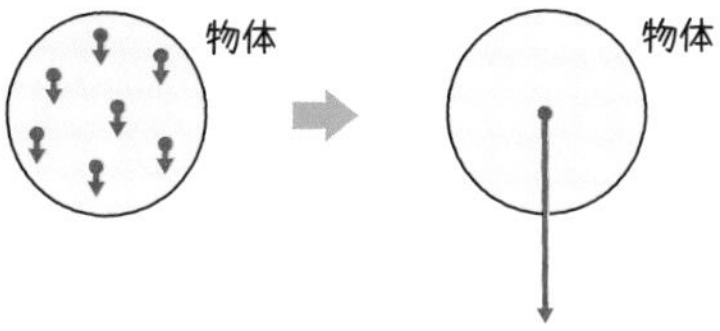

作用点を物体の中心にして、1本の力の矢印で表す。

⚠ 注意
実際には、面で物体を押す力は、手と物体が接する面全体にはたらいている。また、物体にはたらく重力は、物体全体に均一にはたらいている。

3 2力のつり合い

❶ **力のつり合い**…1つの物体に2つ以上の力がはたらいて、物体が静止しているとき、物体にはたらく力は「**つり合っている**」という。

❷ **2力のつり合い**

絶対おさえる！　2力がつり合う条件

- ☑ 2力の大きさが等しい。
- ☑ 2力の向きが反対。
- ☑ 2力が同一直線上にある。

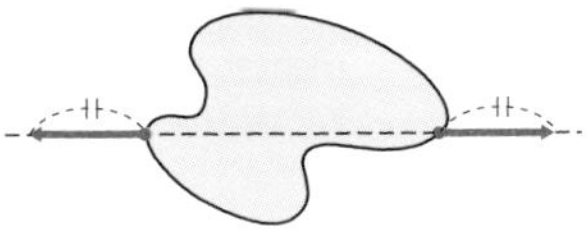

⚠ 注意
3つの条件のどれか1つでも満たされなければ、物体は動いてしまう。

例 ・床に置いた物体にはたらく**重力**と**垂直抗力**はつり合っている。

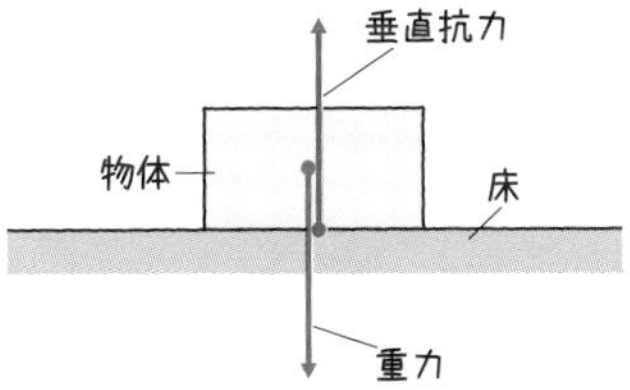

・物体に力を加えて動かないとき、**加えた力**と**摩擦力**はつり合っている。

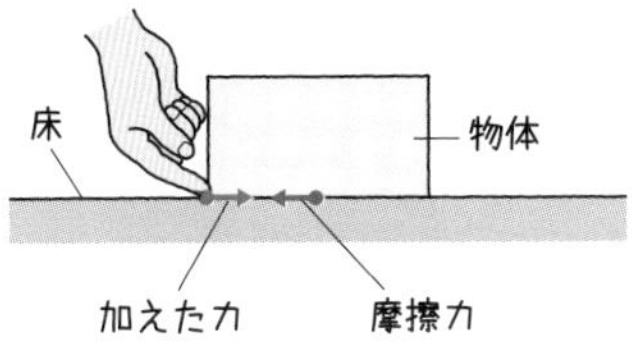

基礎力チェック！

次の問いに答えなさい。

(1)　変形した物体がもとにもどろうとして生じる力を何というか。

(2)　ばねののびは、ばねを引く力の大きさに比例する。これを何の法則というか。

(3)　机に置いた物体にはたらく重力とつり合う力を何というか。

答え

(1) 弾性力（弾性の力）
→ 1 参照

(2) フックの法則
→ 2 参照

(3) 垂直抗力 → 3 参照

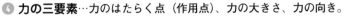

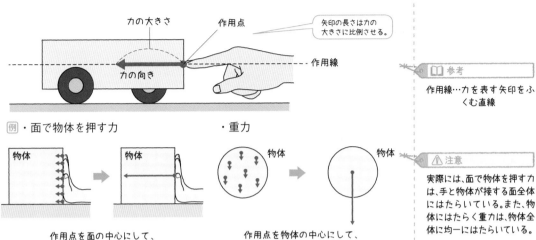

地学

火山と火成岩

1 火山

❶ **マグマ**…地下にある岩石が高温でとけてできたもの。**火山**はマグマが地表に噴き出してできた山である。

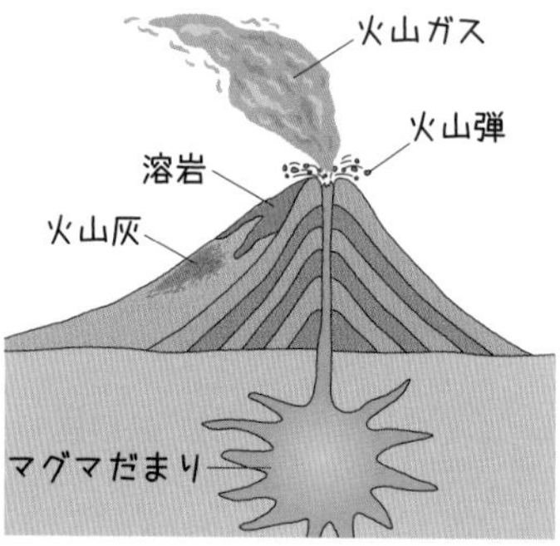

❷ **火山噴出物《かざんふんしゅつぶつ》**…噴火でうみ出されるもの。溶岩《ようがん》、火山弾《かざんだん》、軽石、火山れき、火山灰、火山ガスなどがある。

・**溶岩**…マグマが地表に流れ出したもの。

・**火山灰**…噴火によって噴き出された軽くて小さい粒《つぶ》。

❸ **鉱物**…マグマが冷えて結晶《けっしょう》になったもの。無色鉱物を多くふくむ火山噴出物は白っぽい色、有色鉱物を多くふくむ火山噴出物は黒っぽい色になる。

・**無色鉱物**…**セキエイ**、**チョウ石**。

・**有色鉱物**…**クロウンモ**、**カクセン石**、**キ石**、**カンラン石**など。

▶ 鉱物の種類とおもな特徴《とくちょう》

	無色鉱物		有色鉱物			
	セキエイ	チョウ石	クロウンモ	カクセン石	キ石	カンラン石
鉱物						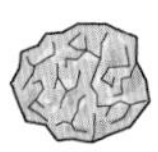
特徴	無色か白色 不規則に割れる	白色、うすい桃色《ももいろ》 決まった方向に割れる	黒色 決まった方向にうすくはがれる	緑黒色か暗褐色《あんかっしょく》 長い柱状	暗緑色 短い柱状	緑褐色から茶褐色 小さく不規則な形の粒

❹ **マグマのねばりけと火山のようす**

・**マグマのねばりけが強い**…ドーム状の形をしており、激しく爆発的《ばくはつてき》な噴火になることが多い。火山灰や溶岩の色は白っぽい。

・**マグマのねばりけが弱い**…傾斜《けいしゃ》がゆるやかな形をしており、比較的《ひかくてき》おだやかな噴火になることが多い。火山灰や溶岩の色は黒っぽい。

火山の形	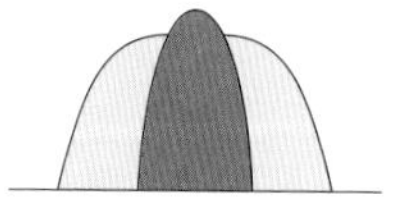 ドーム状の形	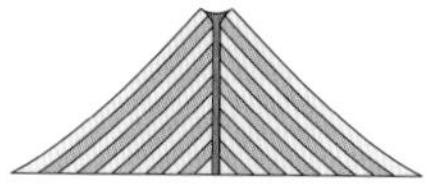 円すいの形	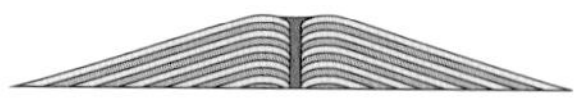 傾斜がゆるやかな形
マグマのねばりけ	強い	←→	弱い
噴火のようす	激しい	←→	おだやか
火山噴出物の色	白っぽい	←→	黒っぽい
例	昭和新山、平成新山	桜島、浅間山	マウナロア、キラウエア

📖 参考

地下深くでできたマグマは、上昇《じょうしょう》して、地下約10km以内のマグマだまりに一時的にたくわえられている。

⚠ 注意

マグマが地表に流れ出した液体状のものだけでなく、冷え固まったものも溶岩という。

📖 参考

・火山れきと火山灰は粒の大きさで区別される。直径が2mm以下の粒は火山灰である。

・火山ガスは、おもに水蒸気で、二酸化炭素や硫化水素《りゅうかすいそ》などもふくまれている。

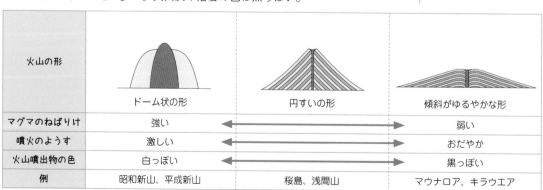

学びのポイント

- マグマのねばりけと、火山の形や噴火のようすの関係をおさえよう！
- 火山岩と深成岩のでき方とつくりを整理しておこう！

2 火成岩

❶ 火成岩…マグマが冷え固まってできた岩石。マグマの冷え方のちがいで、火山岩と深成岩がある。

❷ 火山岩…マグマが地表や地表付近で急に冷え固まってできた火成岩。

・**斑状組織**《はんじょうそしき》…火山岩に見られる、**石基**（形がわからないほど小さな鉱物やガラス質の部分）の中に**斑**《はん》**晶**《しょう》（比較的大きな鉱物）が散らばっているつくり。

例 流紋岩《りゅうもんがん》、安山岩、玄武岩《げんぶがん》。

❸ 深成岩…マグマが地下深くでゆっくり冷え固まってできた火成岩。

・**等粒状組織**《とうりゅうじょうそしき》…深成岩に見られる、ほぼ同じ大きさの鉱物が組み合わさってできているつくり。

例 花こう岩、せん緑岩、斑《はん》れい岩《がん》。

▶ 火山岩のつくり

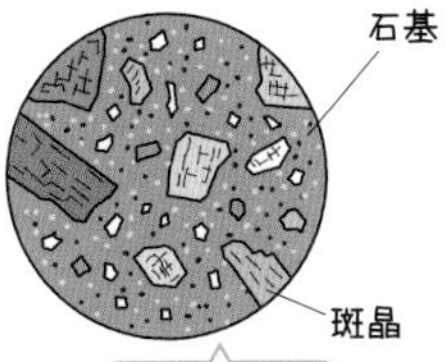

斑状組織

▶ 深成岩のつくり

等粒状組織

参考
石基は、マグマが急に冷えたため、結晶になれなかった部分。

❹ いろいろな火成岩

絶対おさえる！ 火成岩のつくり

☑ **火山岩は、石基の中に斑晶が散らばっている斑状組織。**
☑ **深成岩は、ほぼ同じ大きさの鉱物が集まっている等粒状組織。**

火山岩	流紋岩	安山岩	玄武岩
深成岩	花こう岩	せん緑岩	斑れい岩

ふくまれる鉱物の割合

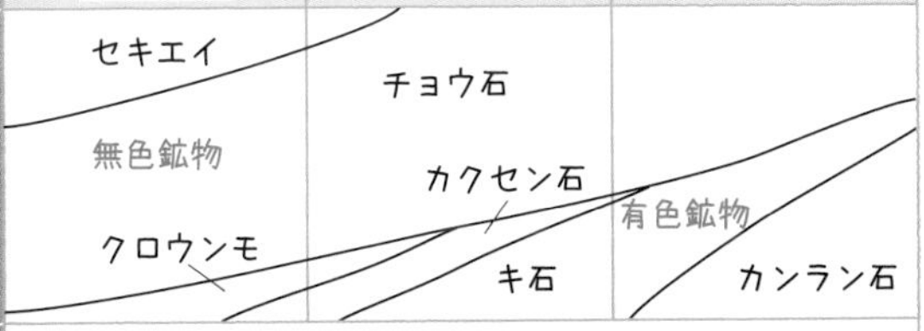

色	白っぽい	←→	黒っぽい
マグマのねばりけ	強い	←→	弱い

参考
チョウ石は、すべての火成岩にふくまれている。

基礎力チェック！

次の問いに答えなさい。

(1) 火山の形や噴火のようすは、マグマの何によって決まるか。

(2) 深成岩のつくりを何というか。

(3) すべての火成岩にふくまれている無色鉱物は何か。

答え

(1) ねばりけ → 1 参照
(2) 等粒状組織 → 2 参照
(3) チョウ石 → 2 参照

Science

15

地学

地震①

1 地震《じしん》

❶ **地震**…地下の岩盤《がんばん》に大きな力がはたらいて破壊《はかい》されたり、ずれて断層ができたりしたときに大地がゆれ動く現象。

❷ **震源**…地震が発生した場所。

❸ **震央**…震源の真上の地表の地点。

❹ **震度**…各観測点における地震によるゆれの大きさ。各観測点に設置した震度計によって測定し、0～7（5と6は強と弱に分けられる）の10階級で表す。ふつう、震央に近いほど大きい。

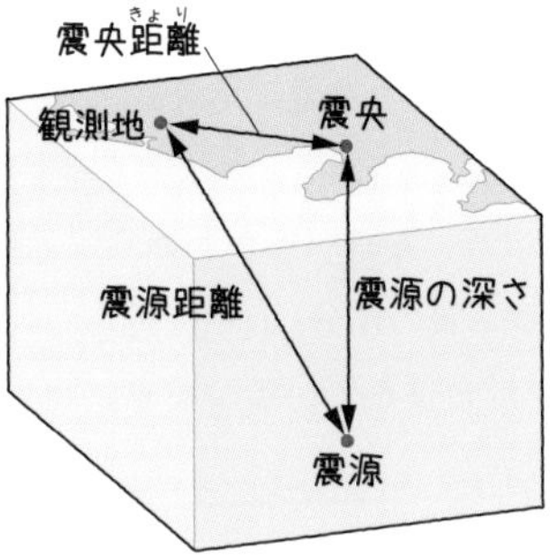

❺ **マグニチュード（記号：M）**…地震そのものの規模を表す値。ふつう、マグニチュードが大きいほど、強いゆれが起こる範囲《はんい》が広くなり、同じ地点でのゆれは大きくなる。

⚠注意
土地のつくりによって、震央からの距離が同じでも、震度が異なることがある。

📖参考
マグニチュードの値が1大きくなると地震のエネルギーの大きさが約32倍、2大きくなると、1000倍になる。

2 地震のゆれ

❶ **地震計**…地震のゆれを記録する装置。

▶ 地震計

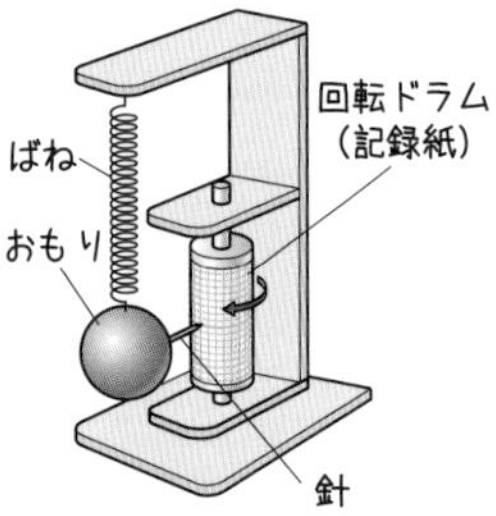

▶ 地震計の記録

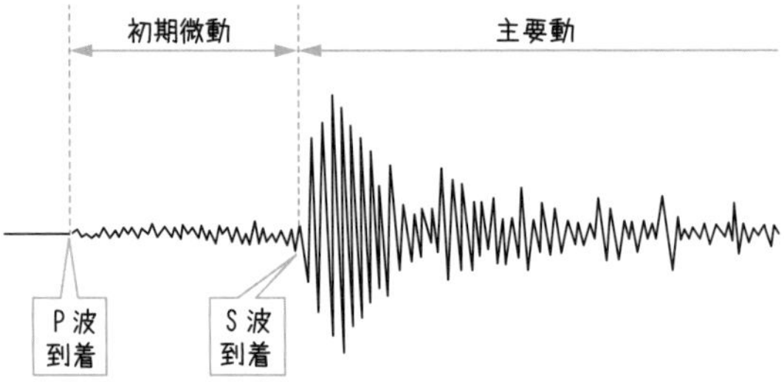

❷ **初期微動《しょきびどう》**…はじめの小さなゆれ。

❸ **主要動**…あとからくる大きなゆれ。

❹ **地震の波**…大地がずれ動いたときに生じる振動《しんどう》は、波として一定の速さであらゆる方向に伝わる。地震のときに発生する波には2種類ある。

・P波…初期微動を伝える波。伝わる速さがはやい。

・S波…主要動を伝える波。伝わる速さがおそい。

絶対おさえる！ 地震の波とゆれ

☑ **P波が到着《とうちゃく》すると初期微動が始まる。**
☑ **S波が到着すると主要動が始まる。**

❺ **初期微動継続《けいぞく》時間**…初期微動が始まってから、主要動が始まるまでの時間。P波とS波の到着時刻の差で求めることができる。

📖参考
地震計は、記録紙のみが動き、おもりと針はほとんど動かないため、ゆれを記録することができる。

📖参考
P波は、Primary Wave（最初にくる波）、S波は、Secondary Wave（2番目にくる波）の略である。

発展
P波は波が伝わる方向に振動する縦波、S波は波が伝わる方向とは直角に振動する横波である。

⚠注意
P波とS波は同時に発生するが、P波のほうがS波よりも伝わる速さがはやいため、先に到着する。

月　日

学びのポイント

● 地震の伝わり方の問題では、P波とS波に関する図表を読みとる練習をしておこう！

3 地震のゆれの伝わり方

❶ 地震のゆれの伝わり方…地震のゆれは、震央を中心に同心円状に伝わる。

❷ 地震の波の伝わる速さ

絶対おさえる！ 波の伝わる速さ

☑ 波の伝わる速さ〔km/s〕＝ $\dfrac{\text{震源からの距離〔km〕}}{\text{伝わるのにかかった時間〔s〕}}$

例 震源からの距離が156kmの地点にP波が伝わるのに24秒かかったときのP波の伝わる速さは、$\dfrac{156\text{〔km〕}}{24\text{〔s〕}}$ ＝6.5〔km/s〕

❸ 初期微動継続時間と震源からの距離との関係

絶対おさえる！ 初期微動継続時間と震源からの距離

☑ 震源からの距離が大きくなると、初期微動継続時間は**長く**なる。

▶ 震源からの距離とP波・S波が到着するまでの時間

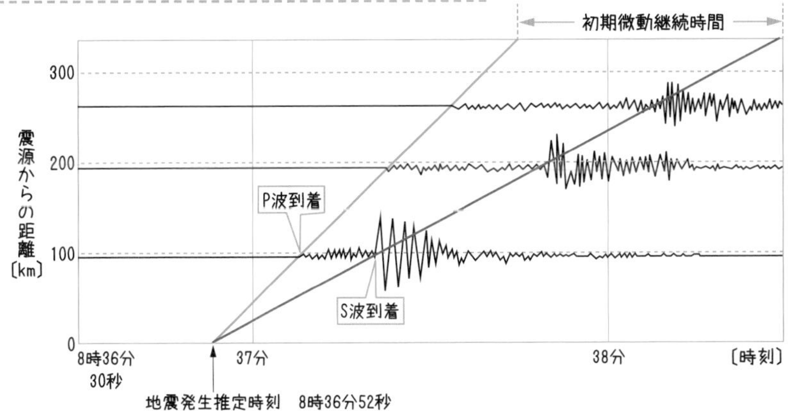

⚠ 注意

P波はS波よりも波の伝わる速さがはやいため、震源からの距離が大きくなるほど、P波とS波の到着時刻の差が大きくなる。

📖 参考

地震の観測地点での初期微動継続時間から、およその震源からの距離を求めることができる。

基礎力チェック！

次の問いに答えなさい。

(1) 地震が発生した場所の真上の地表の地点を何というか。

(2) 地震のそのものの規模を表す値を何というか。

(3) 地震のゆれのうち、あとからくる大きなゆれを何というか。

(4) P波とS波の到着時刻の差で求めることができる時間を何というか。

(5) 震源からの距離が大きくなると、(4)の長さはどうなるか。

答え

(1) 震央
→ 1 参照

(2) マグニチュード
→ 1 参照

(3) 主要動
→ 2 参照

(4) 初期微動継続時間
→ 2 参照

(5) 長くなる。
→ 3 参照

地学

地震②

1 地震《じしん》が起こるしくみ

① **プレート**…地球の表面をおおう厚さ数10～約100kmの岩盤《がんばん》。日本付近では、４つのプレートが接している。プレートは１年に数cm～十数cmの速さで移動している。

② **地震が起こるしくみ**…プレートが少しずつ動き、プレートに力が加わることでひずみが生じる。ひずみにたえきれなくなると岩盤の破壊《はかい》やずれ（**断層**）ができ、同時に地震が起こる。

▶ 日本列島付近のプレート

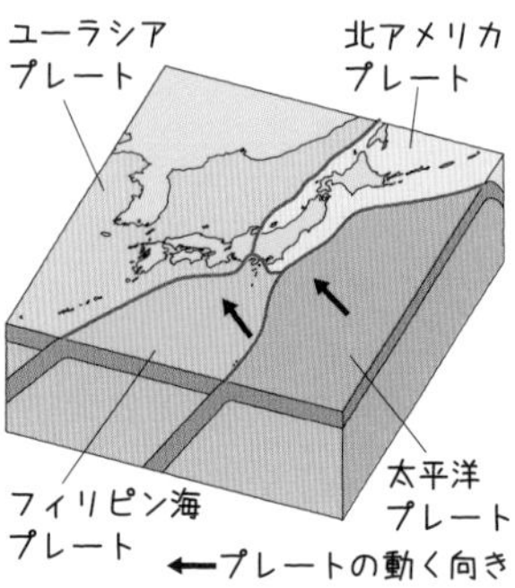

参考

ユーラシアプレートと北アメリカプレートは大陸プレート、フィリピン海プレートと太平洋プレートは海洋プレートである。

③ **内陸型地震**…大陸プレートの内部で起こる地震で、**活断層**（くり返し活動する可能性がある断層）のずれによって起こる。

参考

内陸型地震では、震源は比較《ひかく》的《てき》浅い位置にある。

④ **海溝《かいこう》型地震**…海溝付近で起こる地震で、プレートのずれによって起こる。海底の変形により、津波《つなみ》が発生することがある。

参考

海溝は、海底に見られる細い溝状の地形。この場所で海洋プレートが大陸プレートの下に沈みこむ。

▶ 海溝型地震のしくみ

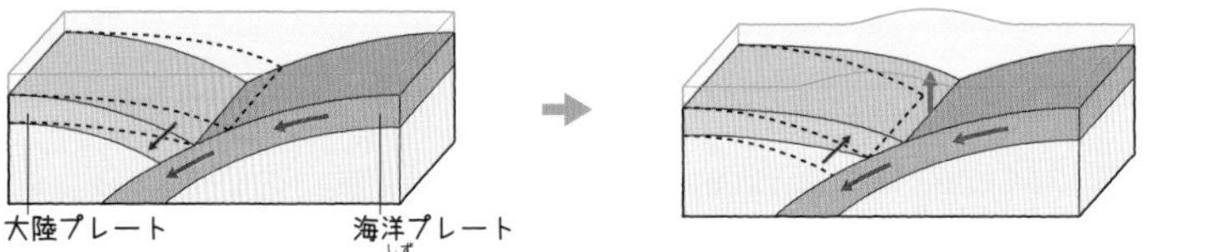

海洋プレートが大陸プレートの下に沈《しず》みこみ、大陸プレートの先端《せんたん》が引きずりこまれる。

大陸プレートがもとにもどろうとして、地震が起こる。

参考

・内陸型地震の例
1995年兵庫県南部地震
2008年岩手・宮城内陸地震
2016年熊本地震
・海溝型地震の例
2011年東北地方太平洋沖地震

絶対おさえる！ 海溝型地震のしくみ

☑ **海溝型地震は、海洋プレートに引きずりこまれた大陸プレートがもとにもどろうとして起こる。**

2 日本列島付近の地震

① **震源（震央）の分布**…太平洋側にある日本海溝から日本列島の間に多く分布している。

注意

震源は、プレートの境界に多く分布している。

② **震源の深さ**…日本海溝（太平洋側）から大陸側（日本海側）に向かって深くなっている。日本列島の地下では浅くなっている。

注意

日本列島の下では内陸型地震が起こるため、震源は浅い位置に分布している。

▶ 震央の分布

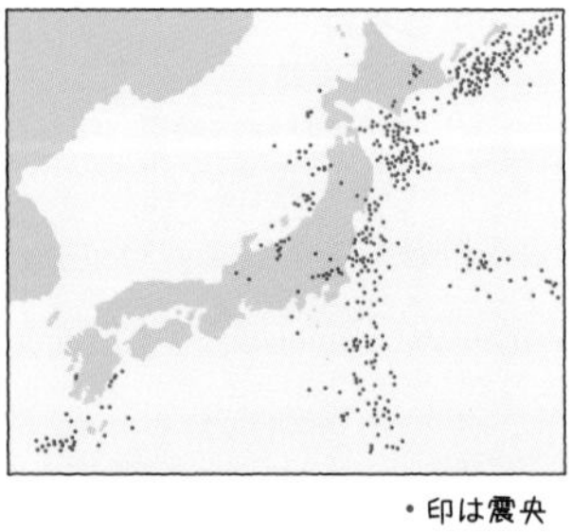

・印は震央

▶ プレートの動きと震源の深さ

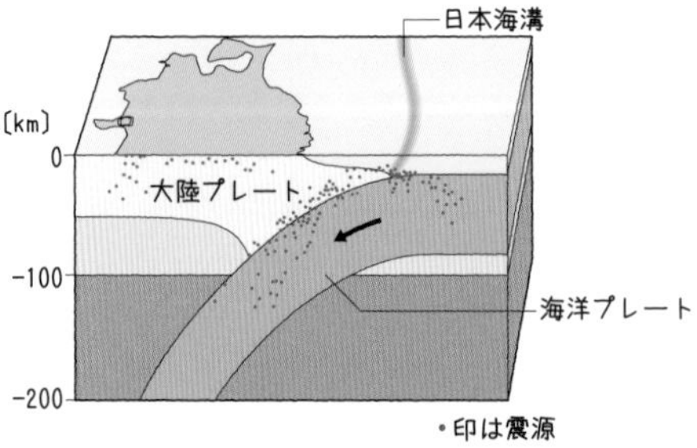

・印は震源

学びのポイント

● 海溝型地震のしくみは、誰かに説明するようなイメージで覚えよう。プレートの動きと震源の分布の関係をおさえておこう！

3 地震による大地の変化と災害

❶ **隆起《りゅうき》と沈降《ちんこう》**…地震などによって、大地がもち上がったり（隆起）、沈んだり（沈降）する。

❷ **断層**…大きな力が加わり、土地がずれたもの。加わった力の向きでずれる向きが変わる。

❸ **海岸段丘**…海岸沿いに見られる階段状の地形。波による侵食《しんしょく》と、地震によって急激に大地が隆起することでできる。

❹ **地震による災害**

・建物の倒壊《とうかい》

・土砂くずれや地すべり

・液状化現象…海岸の埋《う》め立て地などでは、地震によるゆれで地面が急に軟弱《なんじゃく》になることがある。

・津波…震源が海底にある場合、海底の地形が急に変動することによって海水がもち上げられて移動する大きな波。

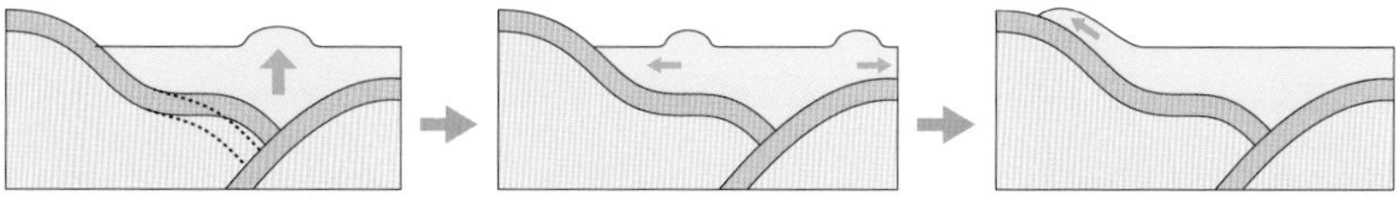

地震により、海水がもち上げられ津波が発生する。 → 津波が周辺に広がる。 → 陸に近いところに津波が到達《とうたつ》すると、さらに高くなり陸に押《お》し寄せる。

❺ **地震の災害から身を守るしくみ**

・緊急地震速報《きんきゅうじしんそくほう》…地震が発生した直後、大きなゆれが起こる前に気象庁から発表される情報。

・津波警報…地震が発生したときに気象庁から発表される警報。予想する津波の高さが１ｍより高く３ｍ以下のときに出される。

・ハザードマップ…地震や津波による被害《ひがい》の範囲《はんい》、避難《ひなん》経路や避難場所を地図上に表したもの。

参考
侵食された起伏《きふく》の多い土地が沈降してできた、複雑に入り組んだ地形がリアス海岸である。

参考
地すべりは、水を通しにくい層を境にして、上側の面が流れ下る現象。

参考
津波は、震央が海底にあり、震源が浅いと発生しやすい。

参考
緊急地震速報は、Ｐ波とＳ波の速さのちがいを利用して、Ｓ波の到着時刻を予想している。

参考
3ｍをこえる津波が予想されるときは大津波警報が出される。

基礎力チェック！

次の問いに答えなさい。

(1) 地球の表面をおおう厚さ100kmほどの岩盤を何というか。

(2) 大陸プレートの内部で、活断層のずれによって起こる地震を何というか。

(3) 海溝付近で、プレートのずれによって起こる地震を何というか。

(4) 震源が海底にあるとき、海底の地形が変動することによって発生する大きな波を何というか。

答え

(1) プレート
→ 1 参照

(2) 内陸型地震
→ 1 参照

(3) 海溝型地震
→ 1 参照

(4) 津波
→ 1 3 参照

Science

17 地学 地層と堆積岩①

1 大地の変動

❶ **隆起《りゅうき》**…大地がもち上がること。

❷ **沈降《ちんこう》**…大地が沈《しず》むこと。

❸ **しゅう曲**…地層を押《お》し縮めるような大きな力が長い期間加わったことによって、地層がゆっくりと波を打つように曲げられたもの。

▶しゅう曲

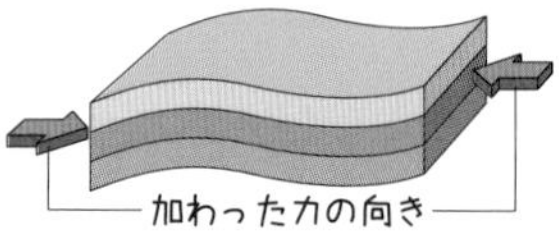

❹ **断層**…大きな力が加わり、土地がずれたもの。加わった力の向きでずれる向きが変わる。

▶断層

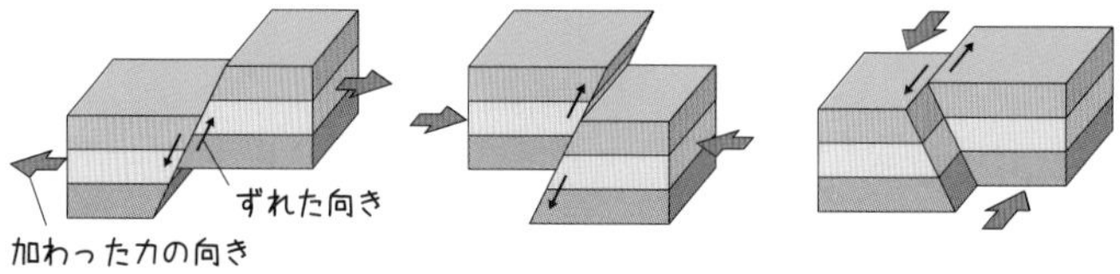

発展

引っ張る力が加わって、断層面の上盤《うわばん》(断層面の上にある層)がずり落ちた断層を正断層といい、押し合う力が加わって、断層面の上盤がせり上がった断層を逆断層という。また、水平にずれている断層を横ずれ断層という。

2 地層をつくるはたらき

❶ **風化**…長い間の気温の変化や水のはたらきなどによって、岩石の表面がぼろぼろにくずれること。

❷ **流れる水のはたらき**

・侵食《しんしょく》…風化によってできた土砂が、雨や流水によってけずられること。

・運搬《うんぱん》…けずられた土砂が、流水などによって運ばれること。

・堆積《たいせき》…水の流れがゆるやかなところで、運ばれてきた土砂が水底などに積もること。

参考

流水のはたらきで、特徴的《とくちょうてき》な地形がつくられる。川が山から平野に出たところにできる扇形《おうぎがた》の地形を扇状地《せんじょうち》、川が平野から海に出たところにできる三角形の地形を三角州という。

3 地層のでき方

❶ **地層をつくるもの**…れき・砂・泥《どろ》などがあり、粒《つぶ》の大きさで区別される。

	れき	砂	泥
粒の大きさ	2mm以上	2mm～$\frac{1}{16}$mm	$\frac{1}{16}$mm以下

❷ **地層のでき方**…土砂が水底などで堆積して地層ができる。

絶対おさえる！ 地層の特徴

☑ 粒の小さいものほど遠くまで運ばれるので、海岸から遠いほど粒は小さくなる。
☑ 粒の大きいものほどはやく沈むので、1つの地層では下の層ほど粒が大きい。
☑ 重なっている地層では、ふつう、下の層ほど古い。

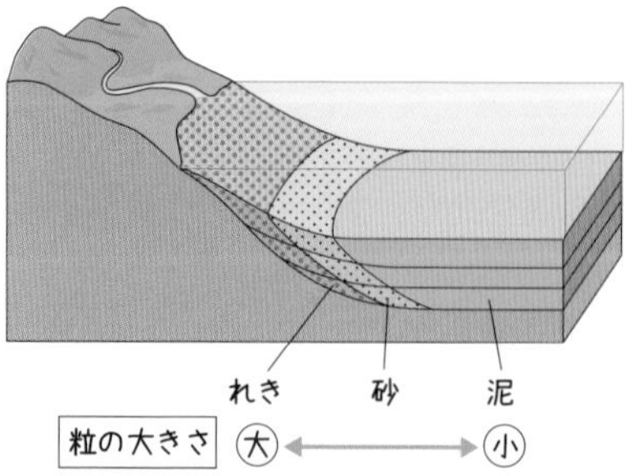

学びのポイント

- 「れき」「砂」「泥」が河口付近でどの順番で堆積するかは要チェック！
- 堆積岩の種類も「共通点」や「ちがい」に注目しながら覚えよう！

4 堆積岩

❶ **堆積岩**…堆積したものが、長い年月をかけて押し固められたもの。

❷ **堆積岩の種類**

・れき岩…れきが押し固められてできた堆積岩。流れる水のはたらきで角がけずられて、粒は**丸みを帯びている**。

・砂岩…砂が押し固められてできた堆積岩。流れる水のはたらきで角がけずられて、粒は**丸みを帯びている**。

・泥岩《でいがん》…泥が押し固められてできた堆積岩。流れる水のはたらきで角がけずられて、粒は**丸みを帯びている**。

・石灰岩《せっかいがん》…生物の遺骸《いがい》が押し固められてできた堆積岩。うすい塩酸をかけると気体（二酸化炭素）が発生する。

・チャート…生物の遺骸が押し固められてできた堆積岩。うすい塩酸をかけても気体は発生しない。非常にかたく、鉄のハンマーでたたくと、火花が出る。また、鉄くぎでひっかいても傷がつかない。

・凝灰岩《ぎょうかいがん》…火山灰や火山れきなどの火山噴出物《かざんふんしゅつぶつ》が押し固められてできた堆積岩。粒は**角ばっている**。

⚠注意
れき岩、砂岩、泥岩は、堆積物の粒の大きさで区別する。

発展
石灰岩は炭酸カルシウム、チャートは二酸化ケイ素を多くふくんでいる。

⚠注意
流れる水のはたらきを受けていないので、凝灰岩の粒は角ばっている。

基礎力チェック！

次の問いに答えなさい。

(1) 大きな力が加わり、地層が曲げられたものを何というか。

(2) 大きな力が加わり、土地がずれたものを何というか。

(3) 長い間の気温の変化や水のはたらきなどによって、岩石の表面がくずれることを何というか。

(4) もろくなった土砂が、雨や流水によってけずられることを何というか。

(5) れき・砂・泥のうち、粒が最も大きいものはどれか。

(6) れき・砂・泥のうち、土砂が海底に堆積するとき、沖合で堆積するものはどれか。

(7) 土砂などの堆積したものが押し固められてできた岩石を何というか。

(8) 生物の遺骸が押し固められてできた岩石のうち、うすい塩酸をかけると二酸化炭素が発生する岩石を何というか。

(9) 火山灰などの火山噴出物が押し固められてできた岩石を何というか。

答え

(1) しゅう曲
→ 1 参照
(2) 断層
→ 1 参照
(3) 風化
→ 2 参照
(4) 侵食
→ 2 参照
(5) れき
→ 3 参照
(6) 泥
→ 3 参照
(7) 堆積岩
→ 4 参照
(8) 石灰岩
→ 4 参照
(9) 凝灰岩
→ 4 参照

Science

18 地学 地層と堆積岩②

1 化石

❶ **化石**…土砂の堆積《たいせき》で生物の遺骸《いがい》やすみ跡《あと》などが埋《う》められて、長い年月の間、地層の中に残されたもの。

❷ **示相化石**…**地層が堆積した当時の環境《かんきょう》**を推定するのに役立つ化石。限られた環境でしか生息できない生物の化石が示相化石となる。

示相化石	環境
アサリ	浅い海
サンゴ	あたたかくて浅い海
シジミ	河口や湖
ブナ	やや寒冷な気候

❸ **示準化石**…**地層が堆積した時代（地質年代）**を推定するのに役立つ化石。広い範囲《はんい》に生息しており、限られた期間にだけ栄えた生物の化石が示準化石となる。

・地質年代は、古いほうから順に古生代、中生代、新生代に分けられている。

地質年代	示準化石
古生代	フズリナ、サンヨウチュウ
中生代	アンモナイト、恐竜《きょうりゅう》
新生代	ビカリア、マンモス、メタセコイア

参考
約5億4100万年前から約2億5200万年前までを古生代、約2億5200万年前から約6600万年前までを中生代、約6600万年前から現代までを新生代という。

絶対おさえる！ 化石からわかること

☑ **示相化石…地層が堆積した当時の環境を推定できる。**
☑ **示準化石…地層が堆積した時代（地質年代）を推定できる。**

2 地層のようす

❶ **露頭《ろとう》**…地層や岩石の一部が地表に現れているところ。

▶ **露頭**

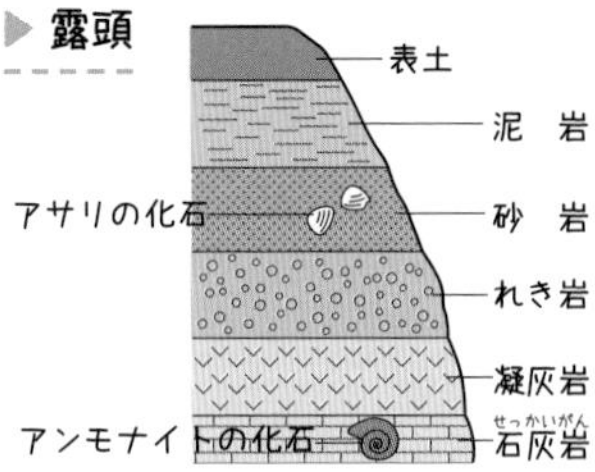

❷ **地層をつくる粒《つぶ》からわかること**

・**凝灰岩《ぎょうかいがん》の層**…その層が堆積したころ、近くで火山の噴火があった。

❸ **地層の重なり方からわかること**

・**下かられき岩・砂岩・泥岩《でいがん》の順で重なっているとき**
…海の深さがだんだん深くなった。

・**下から泥岩・砂岩・れき岩の順で重なっているとき**
…海の深さがだんだん浅くなった。

参考
左図の露頭で見られる地層は、下かられき岩、砂岩、泥岩と重なっていることから、海がだんだん深くなったことがわかる。

❹ **化石からわかること**

例 ・**アサリの化石**…その層ができたのは浅い海であった。
・**アンモナイトの化石**…その層ができたのは中生代であった。

参考
海は、海底が隆起《りゅうき》したり、海水面が低下することで浅くなり、海底が沈降《ちんこう》したり、海水面が上昇《じょうしょう》することで深くなる。

学びのポイント

● 示相化石と示準化石は、混乱しないように正確に定義を覚えよう！
代表的な化石もセットでいえる状態を目指そう！

3 地層の広がり

❶ **柱状図**…地層の重なりを柱状に表したもの。堆積物の種類や厚さ、上下の重なり方を示している。

❷ **鍵層**《かぎそう》…遠く離《はな》れた地層を比較《ひかく》するときの目印となる層。**凝灰岩**の層や、同じ**化石**をふくむ層などが鍵層となる。

❸ **離れた地点の柱状図の比較**…離れた地点の柱状図を比較することで、**地層の広がり**や、**上下関係**を知ることができる。

▶ 柱状図から見る地層の広がり

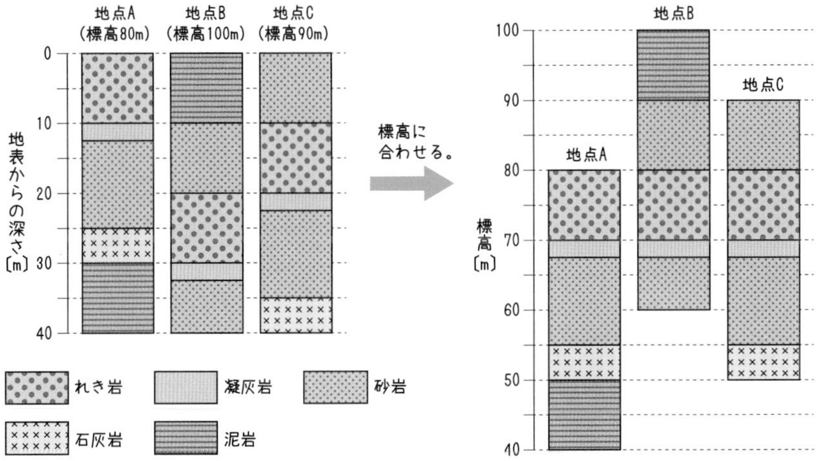

参考

地層を調べるためには、機械で大地に穴を掘《ほ》って地層の試料をとり出して調べるボーリング調査が行われる。とり出された試料をボーリング試料という。

注意

火山灰はほぼ同時に、広範囲に堆積するため、鍵層として使われる。

基礎力チェック！

次の問いに答えなさい。

(1) 地層が堆積した当時の環境を推定するのに役立つ化石を何というか。

(2) 地層が堆積した時代を推定するのに役立つ化石を何というか。

(3) サンゴの化石が見つかった層は、堆積した当時、どのような環境であったと考えられるか。

(4) アンモナイトの化石が見つかった層は、どの地質年代に堆積したと考えられるか。

(5) 凝灰岩の層が見られるとき、凝灰岩の層が堆積した当時、どのようなことが起こったと考えられるか。

(6) 地層の重なりを柱状に表したものを何というか。

(7) 遠く離れた地層を比較する時の目印となる層を何というか。

答え

(1) 示相化石
→ 1 参照
(2) 示準化石
→ 1 参照
(3) あたたかくて浅い海
→ 1 参照
(4) 中生代
→ 1 参照
(5) 火山の噴火
→ 2 参照
(6) 柱状図
→ 3 参照
(7) 鍵層
→ 3 参照

数学のおすすめ勉強法❶

復習すべき問題を見える化して、効率よく勉強しよう!

○△×管理法

勉強とは「できない」を「できる」にすることです。○△×管理法で自分の理解状況を記録して、解けない問題をしっかり復習していきましょう。

「○△×管理法」のやり方

❶ 問題をノートに解く。答え合わせのあと、問題集の番号に「○」「△」「×」をつけて、自分の理解度を分ける。

○…自分で正解できた。

△…間違えたけど、解答を読んで理解できた。次は解ける！

×…間違えたので解答を読んだが、理解できない。

問題集に印をつけると、復習すべき問題がすぐわかる！

❷「△」の問題は解答・解説を閉じて解き直す。解き直して正解できたら「○」をつける。

赤で書き写すだけにならないように注意！

❸「×」の問題は先生や友だちに質問したり自分で調べたりして、理解できたら「△」をつける。

◆次の計算をしなさい。

□(1) $(\sqrt{3}+\sqrt{7})^2$　□(2) $(\sqrt{7}-\sqrt{2})^2$

□(3) $(\sqrt{5}+1)(\sqrt{5}-3)$　□(3) $(2\sqrt{3}+4)(2\sqrt{3}-4)$

□(5) $(4-\sqrt{3})^2$　□(6) $(\sqrt{12}+\sqrt{6})(\sqrt{10}-\sqrt{5})$

解き直して正解できたら、○をつける。

質問して理解できたら、△をつける。

ポイント

☑「△」の問題は日を空けずに復習を！　どこが間違っていたのか分析したうえで、解き直そう。

☑「○」「△」「×」のとなりに日付も書いて、計画的に復習を進めるのもおすすめ。

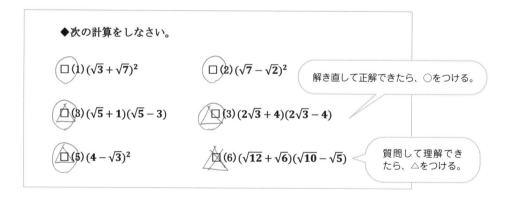

ミスの傾向をつかむことが、ミスを減らす第一歩！

ミスらんノート

計算ミスがなかなか減らない人におすすめなのが、この方法。自分がどういうミスをしやすいのかを把握、対策することで、ミスを減らしていきましょう。

「ミスらんノート」のやり方

❶ 答え合わせのあと、計算ミスなどの間違いを見つけて、「自身の解答」「正しい解答」「注意点」の3点をふせんに書き込む。

❷ ノートの表紙の裏に❶のふせんを貼る。

ここに貼ることで、ミスの内容を確認しやすくなる！

❸ テスト前はもちろん普段から、ふせんを確認してから問題を解くようにする。

※表紙の裏に貼るふせんは4枚までにしぼりましょう。たくさん貼ってあると、気をつけるのが難しくなります。ミスしなくなったふせんは、積極的にはがしましょう。

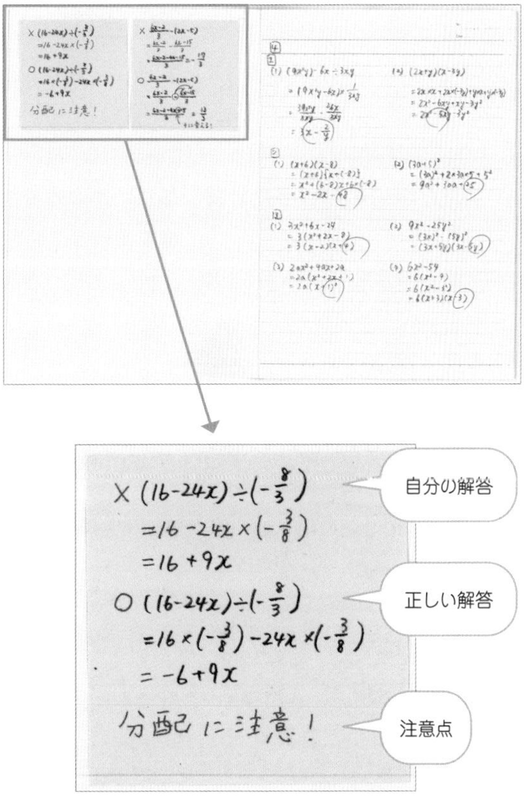

ポイント

☑ 問題を解く直前は毎回ふせんをチェック！　日ごろから常に意識することが大切。

☑ ノートが新しくなったときは、もとのノートから新しいノートにふせんを貼りかえよう。

☑ ミスの種類（符号のミス、約分のミス……など）を分析して、同じミスのふせんは重ねて貼っていくと、自分のミスの傾向がわかりやすくなる。

Mathematics

1 数と式 正負の数

1 正負の数

❶ 加法

①同符号の2数の和…絶対値の和に**共通の符号**をつける。

$(+3)+(+6)=+(3+6)=+9$

$(-4)+(-2)=-(4+2)=-6$

②異符号の2数の和…絶対値の大きいほうから小さいほうをひいて、**絶対値の大きいほうの符号**をつける。

$(+8)+(-3)=+(8-3)=+5$

$(+2)+(-9)=-(9-2)=-7$

> 参考　絶対値
> 数直線上で、原点からある数までの距離。
> 例　+5の絶対値 → 5
> 　　−1の絶対値 → 1

> 参考
> 絶対値が等しい異符号の2数の和は0である。
> 例　$(-8)+(+8)=0$

❷ 減法…ひく数の符号をかえて、加法になおして計算する。

$(+11)-(+5)=(+11)+(-5)=+(11-5)=+6$

$(-15)-(-4)=(-15)+(+4)=-(15-4)=-11$

❸ 加法と減法の混じった計算…加法だけの式になおして、加法の交換法則や加法の結合法則を使って計算する。

加法の交換法則　$a+b=b+a$

加法の結合法則　$(a+b)+c=a+(b+c)$

❹ 乗法・除法

①同符号の2数の積・商…絶対値の積・商に**正の符号**をつける。

$(+5)\times(+7)=+35$

$(-24)\div(-8)=+3$

②異符号の2数の積・商…絶対値の積・商に**負の符号**をつける。

$(-6)\times(+12)=-72$

$(+45)\div(-9)=-5$

乗法の交換法則　$a\times b=b\times a$

乗法の結合法則　$(a\times b)\times c=a\times(b\times c)$

> 重要　積・商の符号
> 負の数が奇数個 → −
> 負の数が偶数個 → +

> 注意　累乗
> $(-3)^2=(-3)\times(-3)=9$
> $-3^2=-(3\times3)=-9$
> $\left(\frac{3}{5}\right)^2=\frac{3}{5}\times\frac{3}{5}=\frac{9}{25}$
> $\frac{3^2}{5}=\frac{3\times3}{5}=\frac{9}{5}$

❺ 四則の混じった計算

絶対おさえる！

☑ **累乗、かっこの中 → 乗除 → 加減の順に計算する。**
☑ **分配法則：$(a+b)\times c=a\times c+b\times c$**

❻ 素因数分解…自然数を素数だけの積で表す。

例　$150=2\times3\times5^2$

（同じ数をかけたときは指数を使って表す）

> 参考　素因数分解
> （素数で順にわっていく）
> 2) 150
> 3) 75
> 5) 25
> 　　5

学びのポイント

- まずは符号のルールを覚えよう。その後は練習あるのみ！計算を重ねて、符号のつけ方に慣れよう。

例題 1

次の計算をしなさい。

(1) $-7+11-6$　　(2) $8+(-3)-(-12)$

(3) $(-4)^2+5\times(-2)$　　(4) $(-3^2)-(2^3-6)$

答え

(1)
$$-7+11-6$$
加法の交換法則を使って、正の項、負の項をまとめる
$$=-7-6+11$$
$$=-13+11$$
異符号の2数の和
$$=-(13-11)$$
$$=-2$$

(2)
$$8+(-3)-(-12)$$
かっこをはずす
$$=8-3+12$$
加法の交換法則を使って、正の項、負の項をまとめる
$$=8+12-3$$
$$=20-3$$
$$=17$$

(3)
$$(-4)^2+5\times(-2)$$
累乗
$$=(-4)\times(-4)+5\times(-2)$$
乗除
$$=16-10$$
加減
$$=6$$

(4)
$$(-3^2)-(2^3-6)$$
累乗
$$=(-3\times3)-(2\times2\times2-6)$$
乗除
$$=(-9)-(8-6)$$
$$=-9-2$$
$$=-11$$

例題 2

次の自然数を、素因数分解しなさい。

(1) 36　　(2) 126

答え

(1)
$$36$$
$$=2\times2\times3\times3$$
$$=2^2\times3^2$$

```
2 )36
2 )18
3 ) 9
    3
```

(2)
$$126$$
$$=2\times3\times3\times7$$
$$=2\times3^2\times7$$

```
2 )126
3 ) 63
3 ) 21
     7
```

例題 3

次の表は、学校近くの河原でペットボトル拾いをしたときの、ある1週間の本数の記録で、月曜日の本数15本を基準にして表している。この1週間の1日あたりの本数の平均を求めなさい。

	月	火	水	木	金	土	日
本数（本）	0	＋3	−4	−7	＋2	−6	＋5

答え

本数の記録で、基準にした「15本」のような値《あたい》を、仮平均という。

表では、仮平均との差を正の数・負の数で表している。

月曜日の0を忘れずに入れる

表をもとに、仮平均との差の平均を求めると、$(0+3-4-7+2-6+5)\div7$
$$=(3+2+5-4-7-6)\div7$$
$$=(10-17)\div7$$
$$=(-7)\div7=-1$$

仮平均は15本だから、$15+(-1)=14$

答え　14本

2 数と式 文字と式

1 文字と式

① 文字式の表し方

絶対おさえる！　文字式の表し方

☑ 文字式の表し方

1. かけ算の記号×は、省いて書く。
2. 文字と数の積では、数を文字の前に書く。
3. 同じ文字の積は、数と同様に指数を使って書く。
   例 $a\times8\times2\times a=16a^2$ ←指数
4. 文字の積は、アルファベット順に書く。
   例 $b\times c\times a=abc$　　$2\times y\times x\times3\times z=6xyz$ （アルファベット順）
5. わり算は、記号÷を使わないで、分数の形で書く。
   例 $x\div2=\dfrac{x}{2}$　　$(a+b)\div8=\dfrac{a+b}{8}$

⚠注意

1と文字の積は、1を省いて書く。

例 $1\times a=a$

$t\times(-1)=-t$

⚠注意

たし算、ひき算の記号は省くことはできない。

例 $20\times a+15$

$=20a+15$

$m\div5-n\times3$

$=\dfrac{m}{5}-3n$

② 数量を表す文字式

①個数や量を文字で表す。

例 1個150円のりんごをa個買ったときの代金

$150\times a=150a$　　　代金は$150a$円と表せる。

②速さや割合を文字で表す。

例 道のり$x$kmのコースを2時間かけて走ったときの速さ

道のり÷時間　$x\div2=\dfrac{x}{2}$　　速さは時速$\dfrac{x}{2}$kmと表せる。

例 ある公園の面積がam^{2}で、その30％が花だんであるときの花だんの面積

$a\times\dfrac{30}{100}=\dfrac{3}{10}a$　花だんの面積は$\dfrac{3}{10}a$m^{2}と表せる。

2 文字式の計算

① 文字式の加法・減法

文字の部分が同じ項どうしは、まとめて計算することができる。

例 $2x+4x=(2+4)x=6x$

$-5a+3a=(-5+3)a=-2a$

📖参考

次のような計算をするときは、文字の部分が同じ項どうし、数の項どうしをまとめて計算する。

例 $4y+3-2y+6$

$=4y-2y+3+6$

$=2y+9$

② 文字式の乗法・除法

乗法は、乗法の交換法則や分配法則を使う。除法は、分数の乗法の形になおす。

例 $5x\times7=5\times7\times x=35x$　　　$2(3+4y)=6+8y$

$28b\div4=\dfrac{28b}{4}=\dfrac{28\times b}{4}=7b$

📖参考

交換法則 $a\times b=b\times a$

分配法則 $a(b+c)=ab+ac$

学びのポイント

● 文字をふくむ項と数だけの項はたしひきができないことに注意！
計算法則の練習を重ねよう。

3 関係を表す式

❶ **数量の関係を等式に表す**…2つの数量が等しい関係を、等号「＝」を使って表した式を等式という。

例 ボールがa個ある。b人の子どもに3個ずつ分けたところ、4個余った。この数量の関係を等式に表すと、$a=3b+4$

❷ **数量の関係を不等式に表す**…2つの数量の大小関係を、不等号「>、<、≧、≦」を使って表した式を不等式という。

例 1個80円のみかんx個と、1個90円のりんごy個を買うのに、1000円では足りなかった。この数量の関係を不等式に表すと、$80x+90y>1000$

参考　不等号

・<　>

例 $a<b$
「aはbより小さい(未満)」
$x>y$
「xはyより大きい」

・≦　≧

例 $m \leqq n$
「mはn以下」
$y \geqq z$
「yはz以上」

例題 1

次の計算をしなさい。

(1) $7x-5+3x+8$　　(2) $2(3a+7)-(-2a+7)$

答え

(1) $7x-5+3x+8$
$=7x+3x-5+8$
$=10x+3$

文字の項、数の項それぞれでまとめる

(2) $2(3a+7)-(-2a+7)$
$=6a+14+2a-7$
$=6a+2a+14-7$
$=8a+7$

かっこをはずして、文字の項、数の項それぞれでまとめる

例題 2

次の数量の関係を、等式か不等式に表しなさい。

(1) x枚の紙を、1人に3枚ずつy人に配ると2枚余る。

(2) ある数aに8をたした数は、もとの数aの2倍より小さい。

答え

(1) 配った紙の枚数は、$3y$枚
yを使って、紙の枚数を表す
2枚余るから、紙の枚数は、$(3y+2)$枚
したがって、$x=3y+2$　と表せる。

(2) ある数aに8をたした数は、$a+8$
もとの数aの2倍は、$2a$
したがって、$a+8<2a$　と表せる。
$a+8$が、$2a$より小さいことを表す

3 数と式
式の計算の利用

例題 1

右の図のように、ご石を使って正五角形を左から順に作る。正五角形をn個作ったとき、使ったご石の個数をnを使った式で表しなさい。

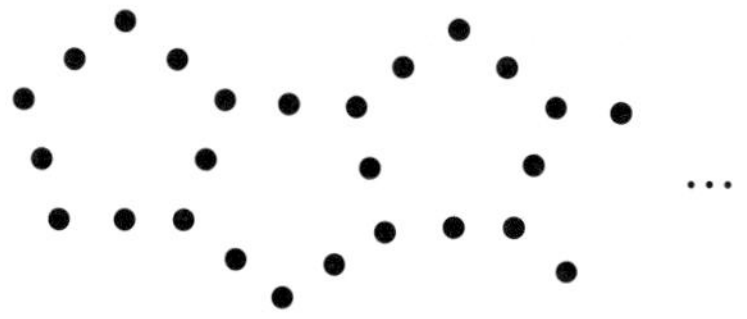

答え

正五角形を1個作るために必要なご石の数は、10個である。
正五角形が1個増えていくごとに使うご石の数は、7個ずつ増えていくので、
正五角形が1個、2個、3個、4個、…のときのご石の数は、
10、$10+7$、$10+7\times2$、$10+7\times3$、…となる。
よって、正五角形をn個作ったときのご石の数は、$10+7\times(n-1)=7n+3$(個)

例題 2

右の図は、ある月のカレンダーである。このカレンダーを使って、右の図のように4つの数を□で囲んだ。4つの数のうち、最も小さい数をnとするとき、4つの数の和をnを使った式で表しなさい。

日	月	火	水	木	金	土
					1	2
3	4	5	6	7	8	9
10	11	12	13	14	15	16
17	18	19	20	21	22	23
24	25	26	27	28	29	30

答え

□で囲まれた4つの数のうち最も小さい数は、□内の左上の数である。
左上の数をnとすると、□内の右上の数は、$n+1$、左下の数は、$n+7$、右下の数は、$n+8$と表すことができる。
よって、□で囲んだ4つの数の和は、
$n+(n+1)+(n+7)+(n+8)=4n+16$

絶対おさえる！ カレンダーで囲まれた数の和の式の表し方

☑ カレンダーで囲まれた数の和の式の表し方

1. 一番小さい数を文字としておく。
2. 文字としておいた数を基準として、他の数を文字を使って表す。
3. 表した文字式をたす。

n	$n+1$
$n+7$	$n+8$

学びのポイント

- 図形がどのような規則性になっているか把握《はあく》し、文字に表してみよう。
- 基準となる数を決め、基準からどのように変化しているか把握しよう。

例題 3

縦の長さが3cm、横の長さが5cmの長方形を下の図のように、重ねて貼《は》り合わせていく。
次の問いに答えなさい。

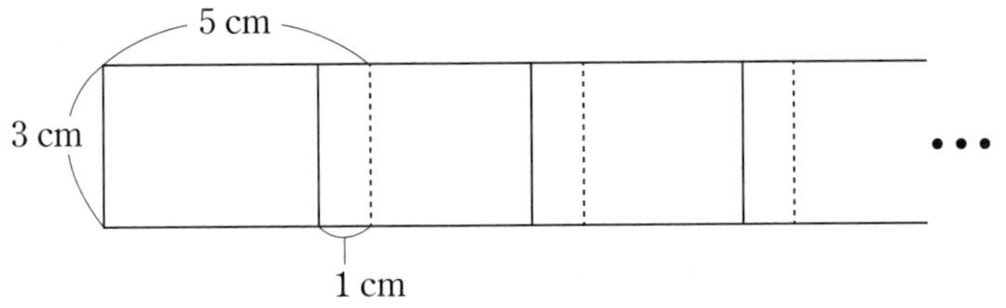

(1)　長方形を5個重ねて貼り合わせたときにできる図形の面積は何cm^2か、求めなさい。

(2)　長方形をn個重ねて貼り合わせたときにできる図形の面積をnを使った式で表しなさい。

(3)　長方形を12個重ねて貼り合わせたときにできる図形の面積は何cm^2か、求めなさい。

答え

(1)　長方形を1個重ねて貼り合わせるごとにできる図形の横の長さは、4cmずつ増えていくので、長方形を5個重ねて貼り合わせたときにできる図形の横の長さは、$5+4\times4=21$(cm)
縦の長さは、長方形をいくつ重ねて貼り合わせても3cmなので、長方形を5個重ねて貼り合わせたときにできる図形の面積は、$3\times21=63$(cm^2)

(2)　長方形を1個重ねて貼り合わせるごとにできる図形の横の長さは、5、$5+4$、$5+4\times2$、$5+4\times3$、…となるので、長方形をn個重ねて貼り合わせたときにできる図形の横の長さは、$5+4\times(n-1)=4n+1$(cm)
よって、長方形をn個重ねて貼り合わせたときにできる図形の面積は、$3\times(4n+1)=12n+3$(cm^2)

(3)　(2)で求めた式に、$n=12$を代入すればよいので、
$12\times12+3=147$(cm^2)

絶対おさえる！　図形の式の表し方

☑ 図形の式の表し方

1. 図形が1個のとき、面積や辺の長さなどがいくつになっているか求める。
2. 図形が1個増えるにつれてどのように変化しているか確認する。
3. 図形の個数をn個として、面積や辺の長さなどの変化を文字に表す。

4 数と式 1次方程式

1 方程式とは

・わからない数を未知数といい、xなどの文字で表す。未知数をふくんだ等式のことを方程式という。

・xの値《あたい》を求めることを、方程式を解くという。求めたxの値を方程式の解という。

2 1次方程式

❶ 1次方程式

移項《いこう》して式を整理すると、(xの1次式)$=0$となる方程式。

$ax+b=0$
$(a\neq 0)$

重要

等式の性質
$A=B$ならば
1 $A+C=B+C$
2 $A-C=B-C$
3 $AC=BC$
4 $\frac{A}{C}=\frac{B}{C}$ $(C\neq 0)$
5 $B=A$

絶対おさえる！ 1次方程式の解き方

☑ 1次方程式の解き方

1 方程式を整理する。
・かっこがあれば、かっこをはずす。
・係数が小数であれば、10、100、1000、…などをかけて、整数にする。
・係数が分数であれば、分母の最小公倍数をかけて、整数にする。

2 移項して、$ax=b$の形にする。

3 両辺をxの係数aでわる。

❷ 比例式

比例式の性質 $a:b=c:d$ ならば $ad=bc$

3 1次方程式の解き方の例

❶ 分数をふくむ方程式

$\frac{1}{3}(x+2)=\frac{1}{2}(8-6x)$　まず、両辺に6をかける
$2(x+2)=3(8-6x)$　かっこをはずす
$2x+4=24-18x$　等式の左辺にxの項、右辺に数の項をそれぞれまとめる
$2x+18x=24-4$
$20x=20$　xの係数20で両辺をわる
$x=1$

重要

求めた方程式の解が正しいかどうかは、もとの方程式に代入して式が成り立っているかどうかで確かめることができる。

❷ 比例式

$x:2=(2x+3):5$　比例式の性質を使って1次方程式の形にする
$5x=2(2x+3)$　かっこをはずす
$5x=4x+6$　左辺にxの項をまとめる
$5x-4x=6$　左辺を計算する
$x=6$

重要

比例式の性質
$a:b=c:d$のとき、
$ad=bc$

月　　日

学びのポイント

- 分数や小数をふくむ方程式は計算間違いに注意。
  まずは係数を簡単な数になおしてから、方程式を解くようにしよう。

例題 1

次の方程式を解きなさい。

(1) $6x + 2 = 20$　　(2) $5x - 6 = 3x - 14$　　(3) $2(x + 7) = 3(8 - 6x)$

答え

(1)
$$6x + 2 = 20$$
$$6x = 20 - 2$$
$$6x = 18$$
$$x = 3$$

(2)
$$5x - 6 = 3x - 14$$
$$5x - 3x = -14 + 6$$
$$2x = -8$$
$$x = -4$$

(3)
$$2(x + 7) = 3(8 - 6x)$$
$$2x + 14 = 24 - 18x$$
$$2x + 18x = 24 - 14$$
$$20x = 10$$
$$x = \frac{1}{2}$$

例題 2

次の方程式を解きなさい。

(1) $0.14x - 0.2 = 0.5x + 7$　　(2) $\frac{2x+1}{5} = \frac{x+5}{4}$

答え

(1)
$$0.14x - 0.2 = 0.5x + 7$$
両辺に100をかける
$$14x - 20 = 50x + 700$$
数の項にかけ忘れないように注意！
$$14x - 50x = 700 + 20$$
$$-36x = 720$$
$$x = -20$$

(2)
$$\frac{2x+1}{5} = \frac{x+5}{4}$$
両辺に分母の最小公倍数20をかける
$$\frac{2x+1}{\cancel{5}_{1}} \times \cancel{20}^{4} = \frac{x+5}{\cancel{4}_{1}} \times \cancel{20}^{5}$$
約分する
$$4(2x + 1) = 5(x + 5)$$
かっこをはずす
$$8x + 4 = 5x + 25$$
$$8x - 5x = 25 - 4$$
$$3x = 21$$
$$x = 7$$

例題 3

次の比例式を解きなさい。

(1) $3 : 7 = x : 21$　　(2) $(3x + 2) : (6x - 4) = 5 : 8$

答え

(1)
$$3 \times 21 = 7 \times x$$
$a : b = c : d$ のとき $ad = bc$
$$63 = 7x$$
$$7x = 63$$
$$x = 9$$

(2)
$$8(3x + 2) = 5(6x - 4)$$
$$24x + 16 = 30x - 20$$
$$24x - 30x = -20 - 16$$
$$-6x = -36$$
$$x = 6$$

Mathematics

5 数と式
方程式の利用

1 文章題を解く手順

方程式をたてる ➡ 方程式を解く ➡ 問題が求めている答えを出す
の順序で考える。

2 方程式のたて方

1 文章中の未知数は何かを見極め、xなどの文字をおく。
2 文章にはどんな条件が書いてあるかを読み取る。
3 その条件のもとで、等しくなる量が何になるかを考える。
4 3 の量をxなどの文字を使った式で表す。
5 等しい量の関係を等式で表す。

注意 単位

未知数をxとしたときに、単位をつけることで意味をとらえやすくなり、方程式をたてやすくなる。
例 1冊100円のノートをx冊買う。

3 方程式の解き方

1次方程式…項《こう》ごとにまとめる。

絶対おさえる！ 方程式の解が問題に適しているかどうかの確認

☑ 方程式の解が問題に適しているかどうかの確認
1 求めた解を方程式に代入して、等式が成り立つか確かめる。
2 方程式の解がそのまま問題の答えにならない場合もあるので、答えが問題文に適しているかどうかを確かめる。

参考

未知数が2つあり、合計がわかっているときに未知数の一方をxとすると、他方は(合計－x)と表すことができる。
例 1冊100円のノートと1冊150円のノートを合わせて8冊買うとき、1冊100円のノートをx冊買うとすると、1冊150円のノートは(8－x)冊買うことになる。

4 文章題での方程式のたて方の例

❶ 同じ枚数を配る場合は全体の枚数は等しい

(全体の枚数) ＝ (1人分の枚数) × (人数) ＋ (余った枚数)
(全体の枚数) ＝ (1人分の枚数) × (人数) － (足りない枚数)

例 色紙をx人で1人3枚ずつ分けると1枚余り、4枚ずつ分けると2枚足りない。
➡全体の枚数で式をたてる。$3x+1=4x-2$

❷ 道のりや時間が等しい場合

(道のり2) ＝ (全体の道のり) － (道のり1)
(道のり1) ÷ (速さ1) ＋ (道のり2) ÷ (速さ2) ＝ (全体の時間)

例 A～C地点間は9000mあり、A地点からB地点までを分速500mで進み、B地点からC地点までを分速800mで進むと、15分かかった。
➡A～B地点間をx mとすると、B～C地点間は$(9000-x)$m
A～C地点間は9000m

合計の時間について式をたてると、$\frac{x}{500}+\frac{9000-x}{800}=15$
(A～B地点を進む時間)＋(B～C地点を進む時間)＝15分

参考

❶、❷以外でも、年齢が等しくなる場合、増えた量(減った量)が等しくなる場合、面積や体積が等しくなる場合、全体の合計が(平均×個数)と等しくなる場合、和や積が等しくなる場合などいろいろな場合がある。

学びのポイント

● 方程式は立式が命！まずは文章をていねいに読み、立式しよう。
立式ができれば、そのあとはいつもの方程式を解くだけだよ。

例題 1

ノートが何冊かあったので、グループの人に配ることにした。8冊ずつ配ると12冊余ったので、9冊ずつ配ると5冊足りなくなった。グループの人は何人いましたか。また、ノートは何冊ありましたか。

答え

グループの人数をx人とする。2通りのノートの配り方をしているが、それぞれの配り方ではノートの冊数は同じなので、ノートの冊数をxで表して方程式をつくる。
8冊ずつ配ると12冊余った→ノートの冊数は、$(8x+12)$冊
9冊ずつ配ると5冊足りなくなった→ノートの冊数は、$(9x-5)$冊
$8x+12=9x-5$というxについての1次方程式がつくれる。
これを解くと、$x=17$より、グループの人数は、17人
人数がわかったので$8x+12$に$x=17$を代入して、$8\times17+12=148$
よって、ノートの冊数は、148冊

例題 2

りんご1個とみかん1個の重さの合計は230gである。りんご3個とみかん5個の重さの合計は850gである。りんごとみかんのそれぞれ1個の重さは何gですか。

答え

りんご1個の重さをxgとして、みかん1個の重さを、
(りんご1個とみかん1個の重さの合計)−(りんご1個の重さ)で表し、
りんご3個とみかん5個の重さの合計について方程式をつくる。
りんご1個の重さをxgとすると、みかん1個の重さは$(230-x)$gと表される。
全体の重さについて式をつくると、$3x+5(230-x)=850$
これを解くと、$x=150$より、りんご1個の重さは、150g
$230-x$に$x=150$を代入して、$230-150=80$より、みかん1個の重さは、80g

例題 3

横の長さが縦の長さより7cm長い長方形があり、周の長さは42cmである。この長方形の面積を求めなさい。

答え

縦の長さを$x$cmとして、横の長さをxを用いて表し、周の長さ＝{(縦の長さ)×2＋(横の長さ)×2}について方程式をつくる。
縦の長さを$x$cmとすると、横の長さは$(x+7)$cmと表される。
周の長さについて式をつくると、$2x+2(x+7)=42$
これを解くと、$x=7$より、縦の長さは7cm
$x+7$に$x=7$を代入して、$7+7=14$より、横の長さは14cm
よって、長方形の面積は、$7\times14=98(\mathrm{cm}^2)$

6 関数 比例と反比例

1 yがxに比例するとき

❶ **式**…$y = ax$（aは比例定数）

❷ **性質**…xの値《あたい》が2倍、3倍、…になると、それにともなってyの値も2倍、3倍、…になる。
$\dfrac{y}{x}$**の値は一定**で、比例定数aに等しい。

❸ **グラフ**…原点を通る直線。

x	1	2	3	…
y	5	10	15	…

×2　×3

$y=5x$

絶対おさえる！　比例のグラフの形

☑ $a>0$のとき

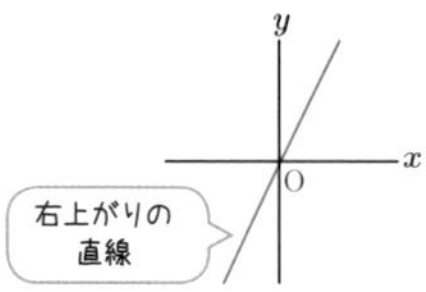

☑ $a<0$のとき

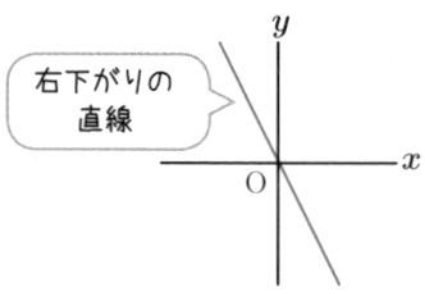

2 yがxに反比例するとき

❶ **式**…$y=\dfrac{a}{x}$（aは比例定数、$x \neq 0$）

❷ **性質**…xの値が2倍、3倍、…になると、それにともなってyの値は$\dfrac{1}{2}$倍、$\dfrac{1}{3}$倍、…になる。
xy**の値は一定**で、比例定数aに等しい。

❸ **グラフ**…原点に関して対称な双曲線。

x	1	2	3	…
y	6	3	2	…

×2　×3
$\times\frac{1}{2}$　$\times\frac{1}{3}$

$y=\dfrac{6}{x}$

絶対おさえる！　反比例のグラフの形

☑ $a>0$のとき

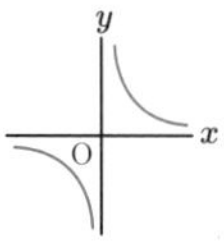

☑ $a<0$のとき

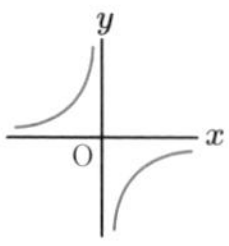

3 比例と反比例の見分け方

・2つの変数xとyが比例するかどうかを見分けるときは、yをxの式で表したときに、$\boldsymbol{y=ax}$（**aは0でない定数**）**と表せれば、yはxに比例しているといえる。**

・2つの変数xとyが反比例するかどうかを見分けるときは、yをxの式で表したときに、$\boldsymbol{y=\dfrac{a}{x}}$(**$a$は0でない定数**)、**または、$xy=a$と表せれば、$y$は$x$に反比例しているといえる。**

$y=ax$　比例の式の形

$y=\dfrac{a}{x}$　または　$xy=a$　反比例の式の形

参考

変数x、yがあり、xの値を決めると、それにともなってyの値がただ1つに決まるとき、yはxの関数であるという。

参考

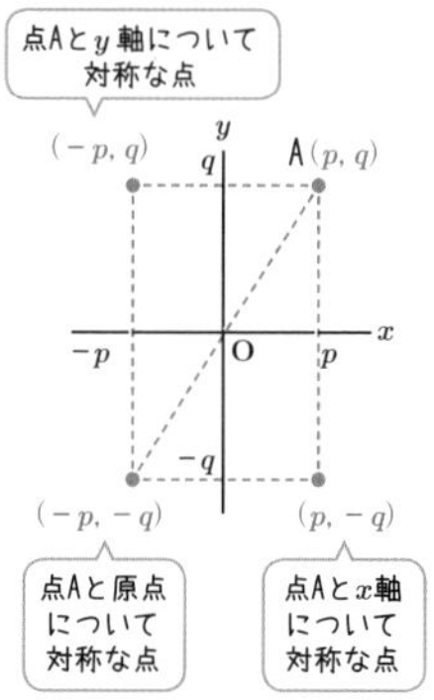

参考

比例定数aが0より大きいとき、

・比例$y=ax$の関係では、xの値が増えれば、yの値は一定の割合で増えていく。

・反比例$y=\dfrac{a}{x}$の関係では、xの値が増えると、yの値は減っていく。

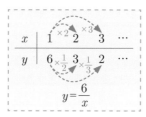

学びのポイント

- 表を使って、比例・反比例に慣れよう。
  慣れないうちは、1つずつ点を打ってグラフをたくさんかいてみよう。

例題 1

次のグラフの式を求めなさい。

(1)

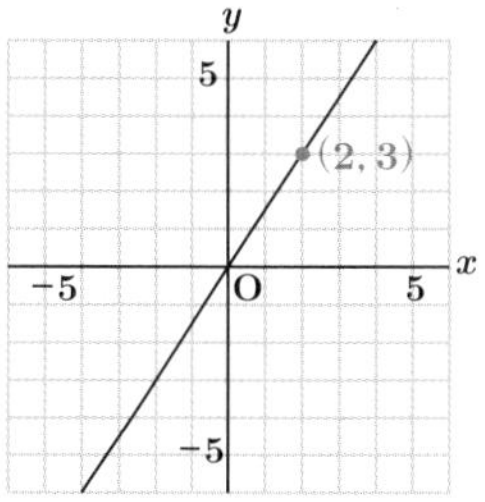

(2)

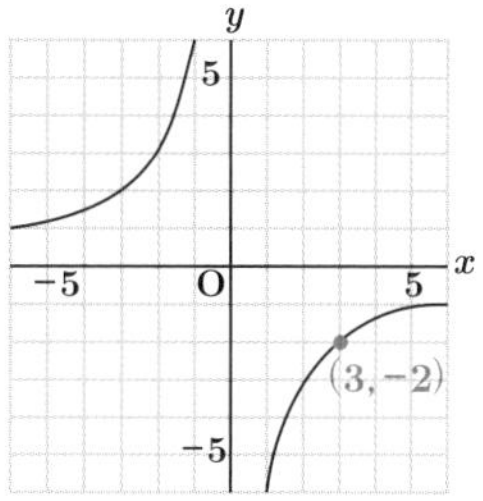

答え

(1) 原点を通る直線だから、比例のグラフである。

$y = ax$とおく。（点 (2, 3) を通るから、$x=2$、$y=3$を代入）

$3 = a \times 2$、$2a = 3$、$a = \dfrac{3}{2}$

よって、$y = \dfrac{3}{2}x$

(2) 双曲線だから、反比例のグラフである。

$y = \dfrac{a}{x}$とおく。（点 (3, −2) を通るから、$x=3$、$y=-2$を代入）

$-2 = \dfrac{a}{3}$、$a = -6$

よって、$y = -\dfrac{6}{x}$

例題 2

yはxに比例し、$x=5$のとき$y=-12$である。$x=6$のときのyの値を求めなさい。

答え

yはxに比例しているので、$y = ax$と表せる。これに$x = 5$、$y = -12$を代入して、（与《あた》えられたx、yの値を代入）

$-12 = 5a$、$a = -\dfrac{12}{5}$

よって、$y = -\dfrac{12}{5}x$に$x = 6$を代入して、$y = -\dfrac{12}{5} \times 6 = -\dfrac{72}{5}$（与えられた値を代入）

例題 3

yはxに反比例し、$x=5$のとき$y=-12$である。$x=6$のときのyの値を求めなさい。

答え

yはxに反比例しているので、$y = \dfrac{a}{x}$と表せる。

$a = xy = 5 \times (-12) = -60$なので、$y = -\dfrac{60}{x}$（与えられた$x$、$y$の値を代入）

これに$x = 6$を代入して、$y = -\dfrac{60}{6} = -10$（与えられた値を代入）

Mathematics

7 関数 比例と反比例の利用

例題 1

右の図のような長方形ABCDの辺BC上を、点Pが点Bから点Cまで動く。線分BPの長さを$x$cm、△ABPの面積を$y$cm^{2}とするとき、次の問いに答えなさい。

(1) yをxの式で表しなさい。

(2) xの変域とyの変域を求めなさい。

(3) △ABPの面積が12cm^{2}になるときのBPの長さを求めなさい。

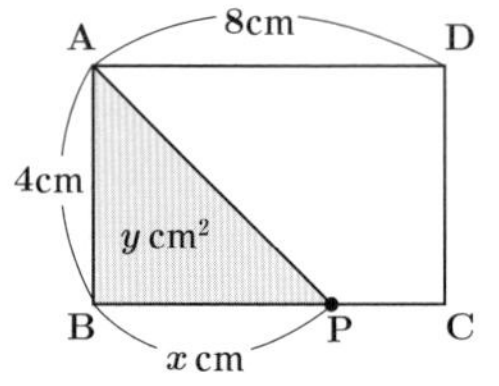

答え

(1) 線分BPを底辺とすると、高さは辺ABなので、△ABPの面積は、

$\frac{1}{2} \times x \times 4 = 2x$　よって、求める式は、$y = 2x$

(2) 点Pが点Bにあるとき、線分BPの長さは0cm、点Pが点Cにあるとき、線分BPの長さは8cmだから、

xの変域は$0 \leqq x \leqq 8$

$x = 0$のとき$y = 0$、$x = 8$のとき$y = 2 \times 8 = 16$だから、yの変域は$0 \leqq y \leqq 16$

yの変域は、(1)で求めた式にxの変域を代入して求める

(3) $y = 2x$に$y = 12$を代入して、$12 = 2x$、$2x = 12$、$x = 6$　よって、BP = 6cm

例題 2

姉と妹は同時に家を出発し、家から600mはなれた公園に歩いて向かった。2人が家を出発してからx分間歩いた道のりをymとする。右のグラフは、姉と妹が家を出発してから公園に着くまでのようすを表したものである。妹は分速75mで歩くとして、次の問いに答えなさい。

(1) 姉の歩く速さは分速何mか、求めなさい。

(2) 姉と妹が100mはなれるのは、家を出発してから何分後か、求めなさい。

(3) 姉が公園に着いたとき、妹は公園まであと何mのところにいるか、求めなさい。

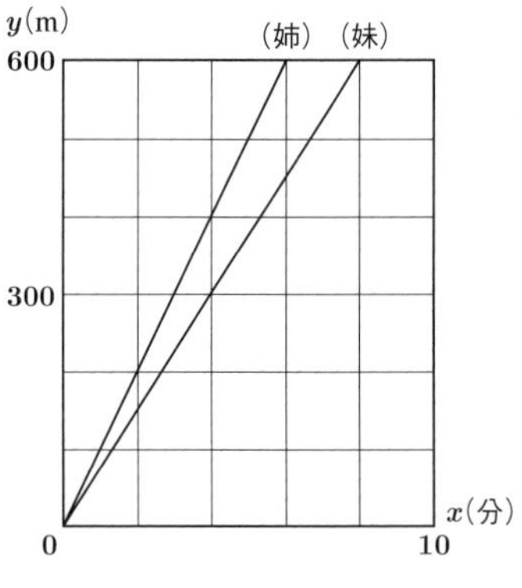

答え

(1) グラフから姉は6分で600m歩いているから、$600 \div 6 = 100$(m)　よって、分速100m

(2) x分後に姉と妹が100mはなれるとすると、(姉の歩いた道のり)－(妹の歩いた道のり)＝100より、

$100x - 75x = 100$　(道のり)＝(速さ)×(時間)

$x = 4$　よって、4分後

(3) 姉が公園に着くのはグラフより6分後である。このとき、妹は$75 \times 6 = 450$(m)歩いているから、

$600 - 450 = 150$(m)

よって、公園まであと150mのところにいる。

学びのポイント

- 関数の式はまずかけ算・わり算を使って表し方を考えてみよう。
- 図形の面積を求める問題では、x軸《じく》またはy軸上の線分を底辺にして考えてみよう。

例題 3

右の図において、直線①は$y=ax$のグラフであり、曲線②は$y=\dfrac{b}{x}$のグラフである。直線①と曲線②は2点A、Bで交わり、点Aの座標は(3, 6)、点Bのx座標は-3である。このとき、次の問いに答えなさい。

(1)　aとbの値《あたい》を求めなさい。

(2)　点Bの座標を求めなさい。

(3)　x軸上の正の部分に点Cをとる。このとき、△ABCの面積が32cm^2になるときの点Cの座標を求めなさい。ただし、座標軸の1目盛りを1cmとする。

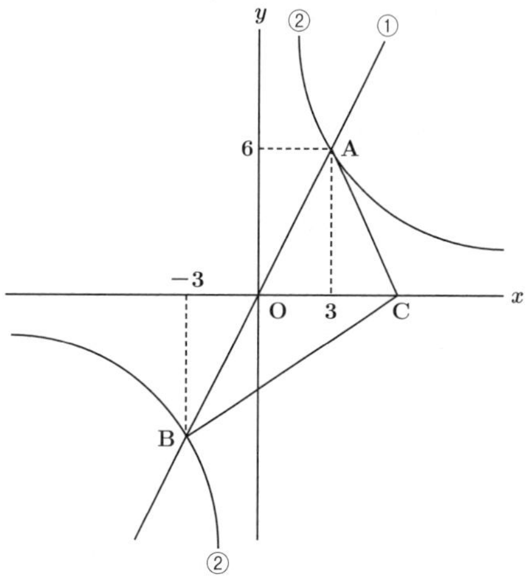

答え

(1)　直線①は、点A(3, 6)を通るから、

$y=ax$ に$x=3$、$y=6$を代入して、

$6=3a$、$3a=6$、$a=2$

曲線②も同様に点A(3, 6)を通るから、$y=\dfrac{b}{x}$ に$x=3$、$y=6$を代入して、

$6=\dfrac{b}{3}$、$b=18$　よって、$a=2$、$b=18$

(2)　(1)より直線①は$y=2x$であり、点Bは直線①を通るので、$y=2x$に$x=-3$を代入して、

$y=2\times(-3)=-6$　よって、B$(-3, -6)$　曲線②の式に$x=-3$を代入してもよい

(3)　△ABCの面積は、△AOCの面積と△BOCの面積をあわせたものである。

点Cのx座標をtとすると、直線OCの長さは、t cmである。

△AOCの底辺を辺OCとすると、高さは点Aのy座標より、6 cm

△AOCの面積は、$\dfrac{1}{2}\times t\times 6=3t$

△BOCの底辺も辺OCとすると、高さは点Bのy座標の絶対値より、6 cm

点Bのy座標は負なので、マイナスをはずした値が高さとなる

底辺はx軸上またはy軸上にとる

△BOCの面積は、$\dfrac{1}{2}\times t\times 6=3t$

したがって、△ABCの面積は、$3t+3t=6t$であり、これが32cm^2なので、

$6t=32$、$t=\dfrac{16}{3}$　点Cのy座標は0なので、点Cの座標は、$\left(\dfrac{16}{3}, 0\right)$

絶対おさえる！　比例の式と反比例の式

☑ 比例の式… $y=ax$（aは比例定数）

☑ 反比例の式… $y=\dfrac{a}{x}$（aは比例定数、$x\neq0$）

8 図形 平面図形

1 図形の移動

平行移動　回転移動　対称《たいしょう》移動

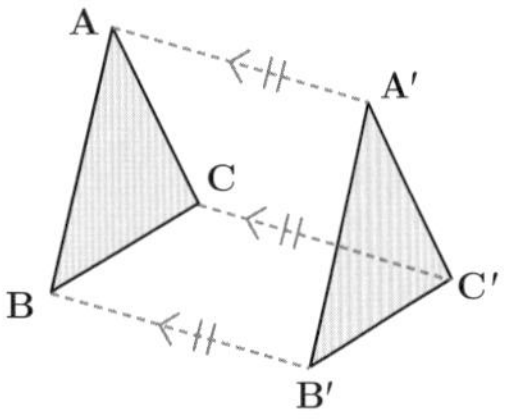

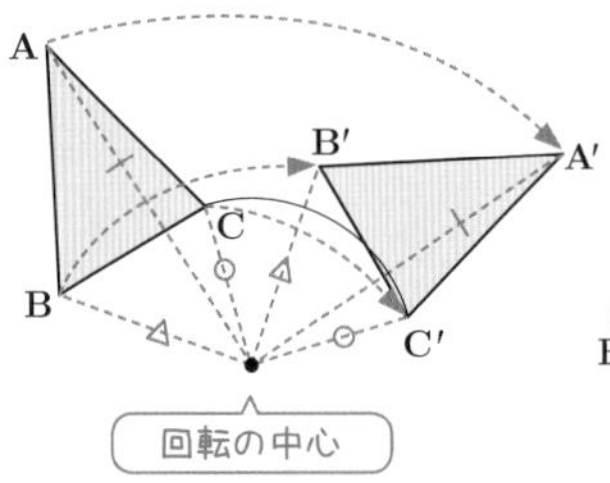

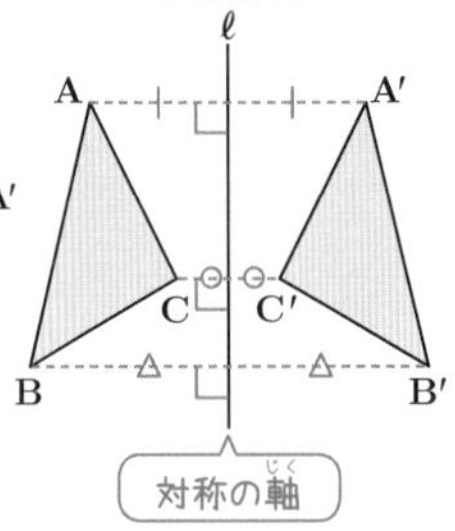

☆ 重要

平行　垂直

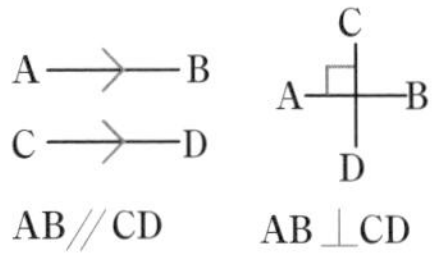

☆ 重要

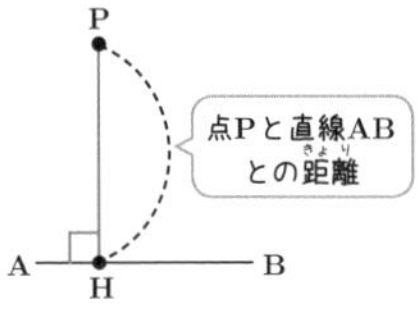

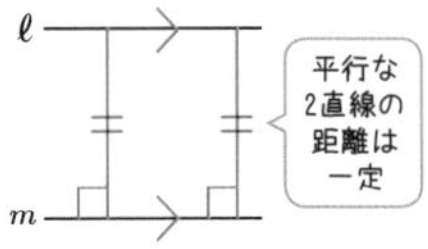

2 基本の作図

垂直二等分線の作図

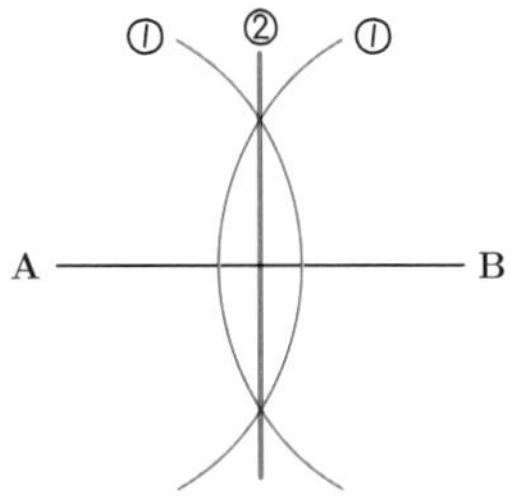

角の二等分線の作図

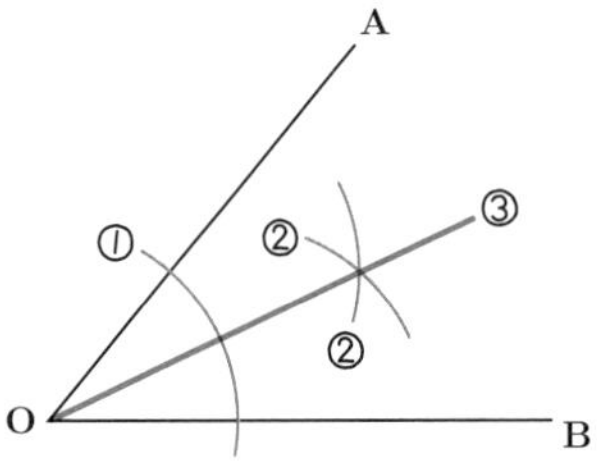

☆ 重要

・線分ABの垂直二等分線上の点は、2点A、Bから等しい距離にある。

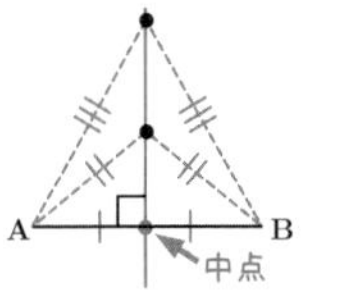

・角の二等分線上の点は、2辺から等しい距離にある。

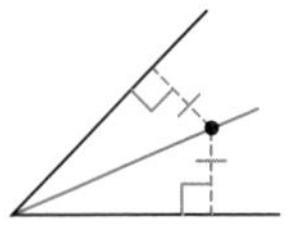

垂線の作図

・点Pが直線ℓ上にないとき

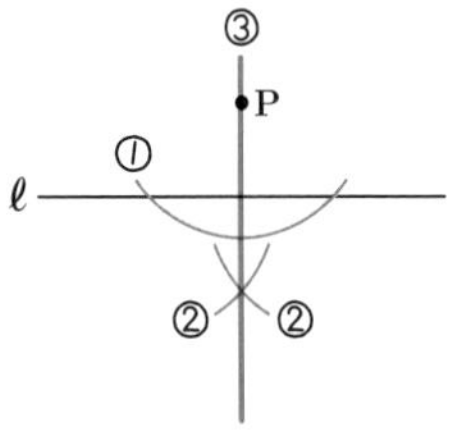

・点Pが直線ℓ上にあるとき

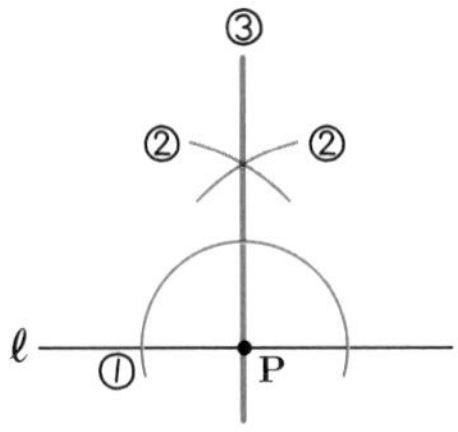

3 円とおうぎ形

❶ 名称

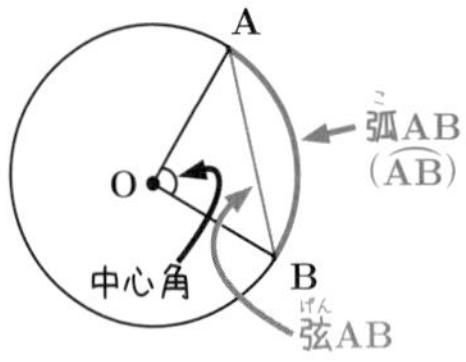

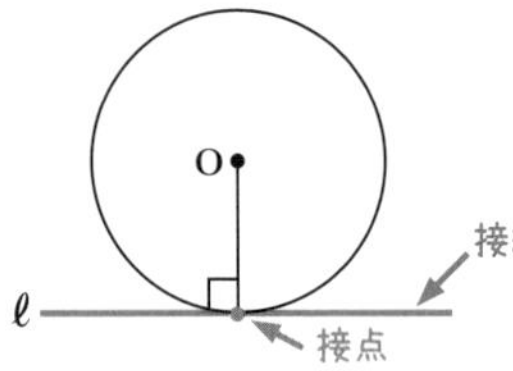

☆ 重要

弦の垂直二等分線は、円の中心を通る。

❷ 計量

絶対おさえる！　おうぎ形の弧の長さと面積

☑ おうぎ形の弧の長さと面積

$\ell = 2\pi r \times \dfrac{a}{360}$、$S = \pi r^2 \times \dfrac{a}{360}$

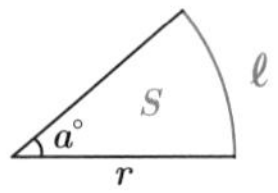

📖 参考

おうぎ形の面積は$S=\dfrac{1}{2}\ell r$でも求められる。

学びのポイント

● 作図の問題を通して図形の成り立ちを理解しよう。
ふだんから図をたくさんかくことが、より深い理解につながるよ。

例題 1

次の作図をしなさい。

(1)　線分ABの中点M

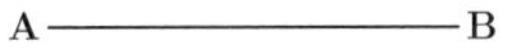

(2)　△ABCの底辺をBCとしたときの高さAH

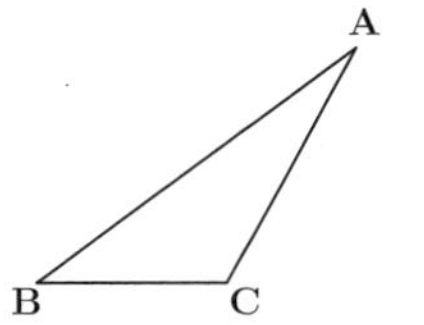

(3)　点Pを接点とする円Oの接線

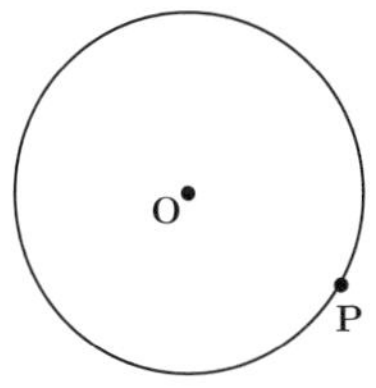

答え

(1)　線分ABの垂直二等分線と線分ABとの交点が中点Mである。

(2)　辺BCを延長して、Aからの垂線を作図する。

(3)　点Pを通り、半径OPに垂直な直線を作図すればよい。

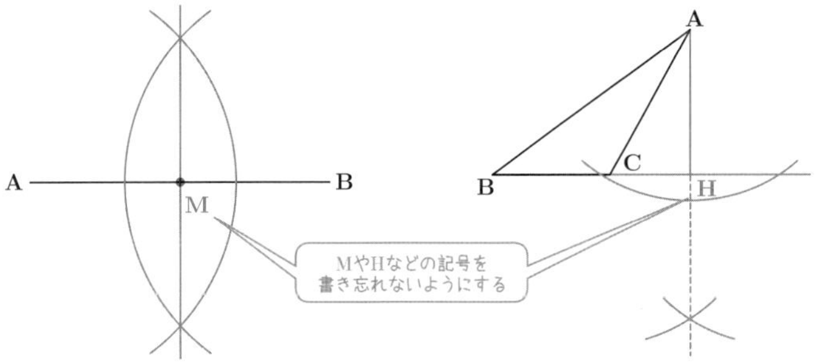

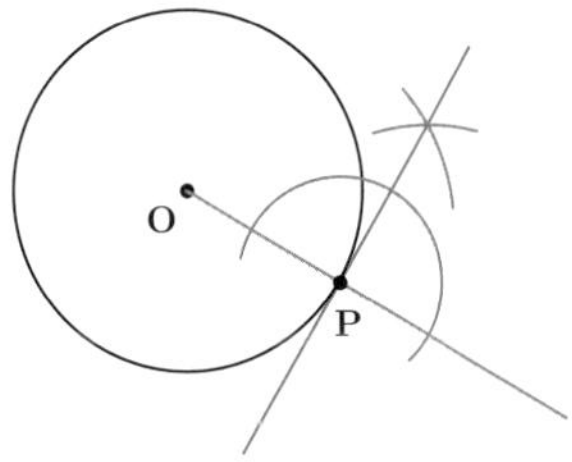

例題 2

おうぎ形OABの$\overset{\frown}{AB}$上にあって、$\overset{\frown}{AP}=\overset{\frown}{BP}$となる点Pを作図しなさい。

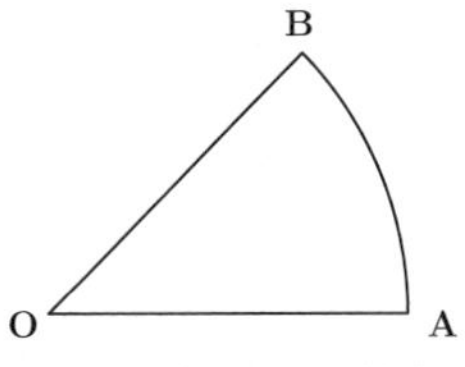

答え

$\overset{\frown}{AP}=\overset{\frown}{BP}$ → $\angle AOP = \angle BOP$ → ∠AOBの二等分線を作図すればよい。

おうぎ形の弧の長さは中心角の大きさに比例する

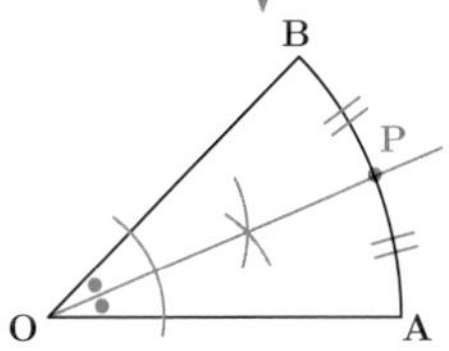

例題 3

半径8cm、中心角45°のおうぎ形の弧の長さと面積を求めなさい。

→ 公式に$r=8$、$a=45$を代入する

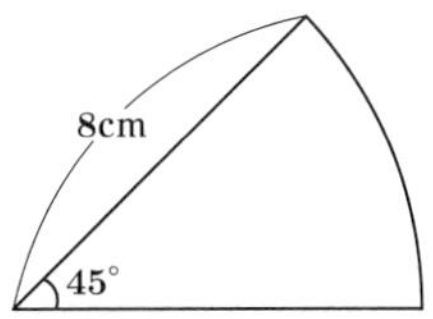

答え

・弧の長さ

$2\pi \times 8 \times \dfrac{45}{360}$

$= 2\pi$ (cm)

・面積

$\pi \times 8^2 \times \dfrac{45}{360}$

$= 8\pi$ (cm²)

別解

$S=\dfrac{1}{2}\ell r$より、

$\dfrac{1}{2} \times 2\pi \times 8 = 8\pi$ (cm^2)

9 図形 いろいろな立体・立体の見方と調べ方

1 いろいろな立体

① 角柱と円柱

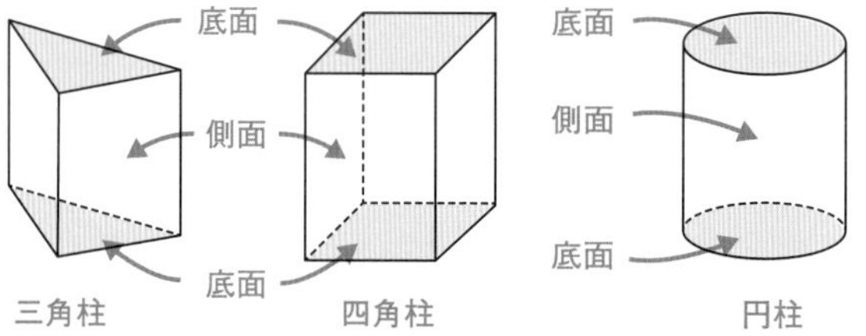

重要

底面が正三角形、正方形、… のように正多角形で、側面がすべて合同な長方形である角柱を、それぞれ正三角柱、正四角柱、…という。

底面が正多角形で、側面がすべて合同な二等辺三角形である角錐を、それぞれ正三角錐、正四角錐、…という。

② 角錐と円錐

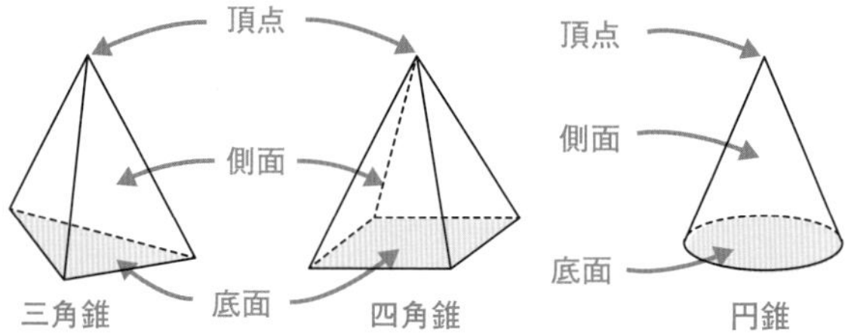

③ 正多面体

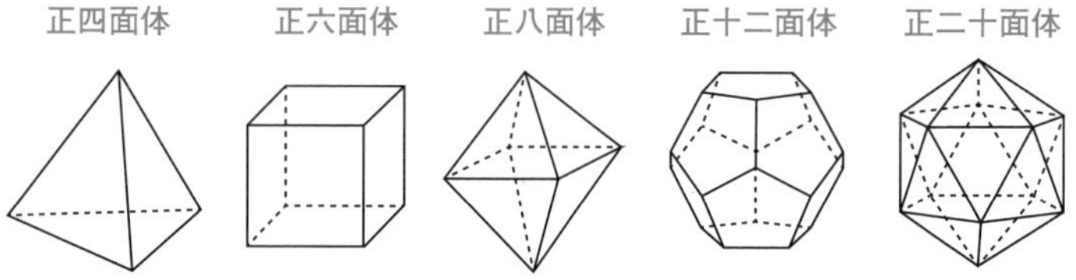

重要

正多面体…
平面だけで囲まれた立体を多面体といい、どの面もすべて合同な正多角形で、どの頂点にも面が同じ数だけ集まっている多面体を正多面体という。正多面体は5種類ある。

2 投影図

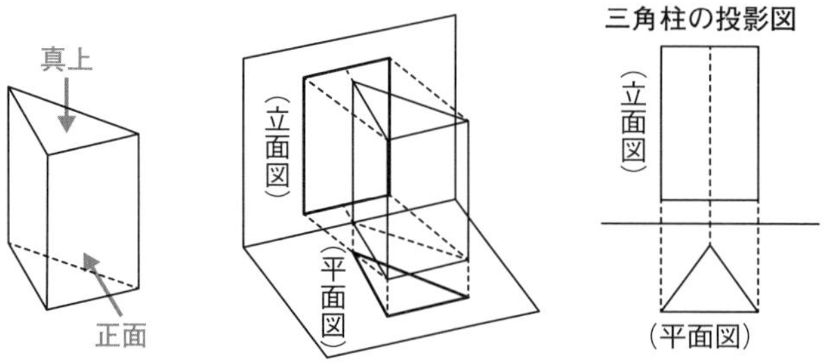

重要

投影図
- 立面図…正面から見た図
- 平面図…真上から見た図

3 2直線の位置関係

絶対おさえる！ 2直線の位置関係

☑ 2直線の位置関係

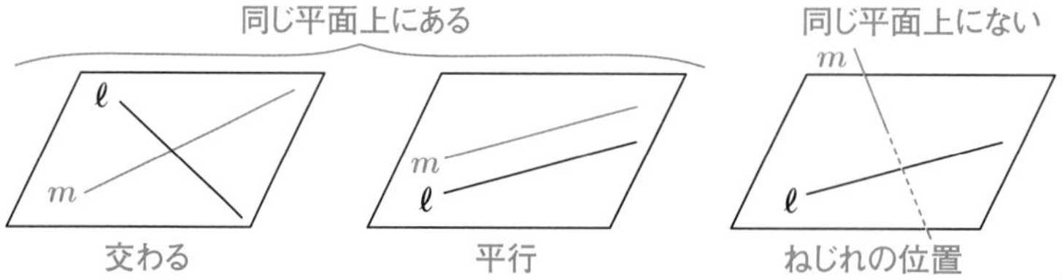

学びのポイント

● 立体図形は「見ないで自分で」かけるようにしておこう。
問題に図がかいてあっても、ふだんからノートにかく習慣をつけよう！

例題 1

右の表の角柱、角錐、多面体について、表を完成させなさい。

立 体	面の数	頂点の数	辺の数
三角柱			
四角柱			
三角錐			
四角錐			
正八面体			

答え

・角柱の面の数は、(底面の辺の数)＋2
・角柱の頂点の数は、(底面の頂点の数)×2
・角柱の辺の数は、(底面の辺の数)×3
・角錐の面の数は、(底面の辺の数)＋1
・角錐の頂点の数は、(底面の頂点の数)＋1
・角錐の辺の数は、(底面の辺の数)×2で求めることができる。

立 体	面の数	頂点の数	辺の数
三角柱	5	6	9
四角柱	6	8	12
三角錐	4	4	6
四角錐	5	5	8
正八面体	8	6	12

正四面体、正六面体、正八面体の3つは立体の形を覚えておこう

例題 2

次のア〜エのような投影図で表されるのはどんな立体ですか。

ア

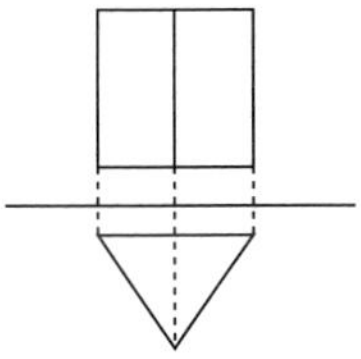

イ

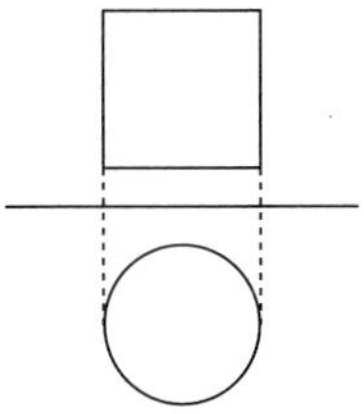

ウ

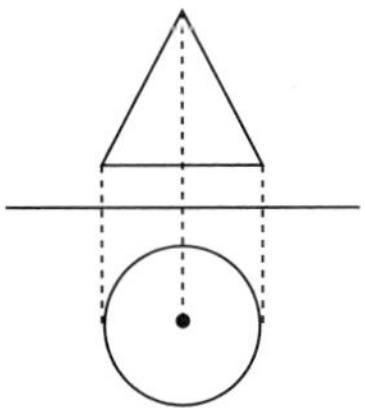

エ

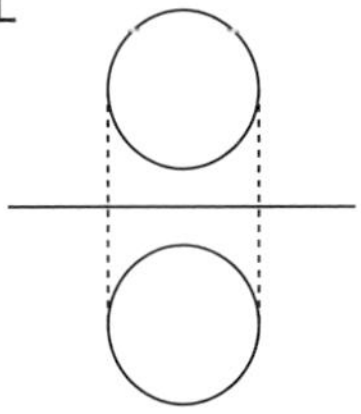

答え ア、イは立面図が長方形だから柱、ウは立面図が三角形だから錐である。エのように2方向から見て円になる立体は球である。よって、ア…三角柱、イ…円柱、ウ…円錐、エ…球

球はどの方向から見ても円

例題 3

下の図の正四角錐について、辺BCとねじれの位置にある辺をすべて答えなさい。

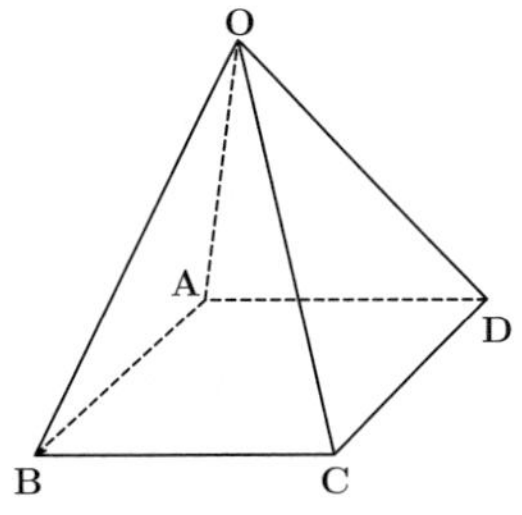

答え

・辺BCと交わる辺(図の○印)
…辺OB、AB、OC、CD
・辺BCと平行な辺(図の△印)
…辺AD
・辺BCとねじれの位置にある辺
(図の○、△以外)
…辺OA、OD

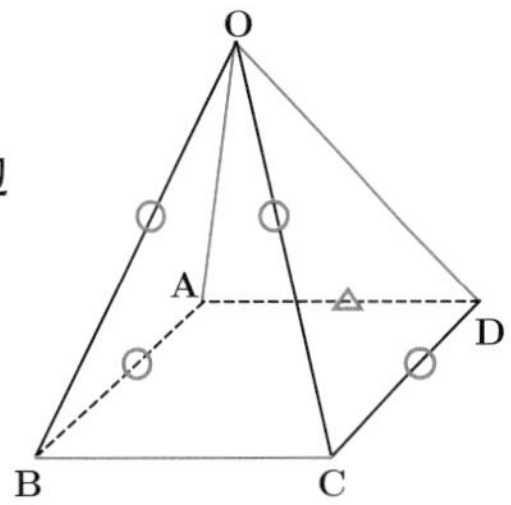

10 図形 立体の体積と表面積

1 回転体

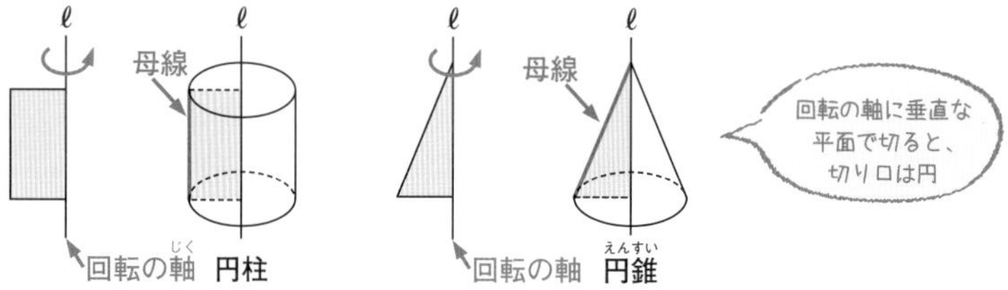

2 立体の体積・表面積

❶ **角柱と円柱**…（角柱と円柱の体積）＝（底面積）×（高さ）

（角柱と円柱の表面積）＝（底面積）× 2 ＋（側面積）

	体積	表面積
四角柱	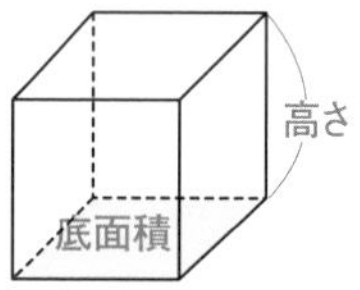	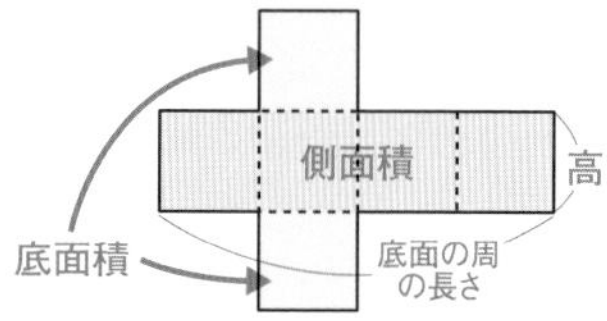
円柱	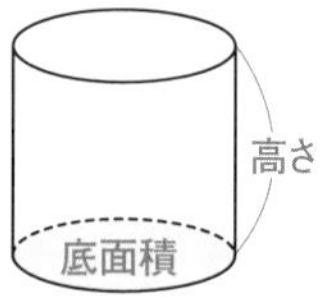	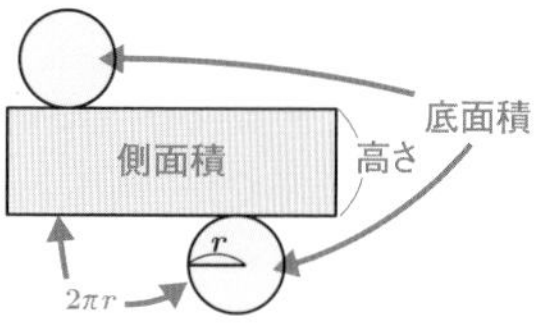

❷ **角錐と円錐**…（角錐と円錐の体積）＝ $\frac{1}{3}$ ×（底面積）×（高さ）

（角錐と円錐の表面積）＝（底面積）＋（側面積）

	体積	表面積
円錐	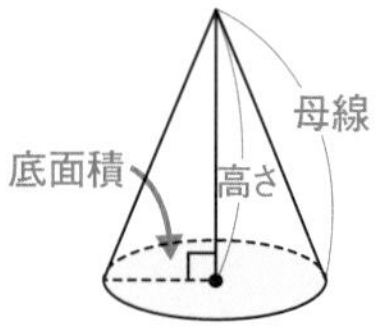	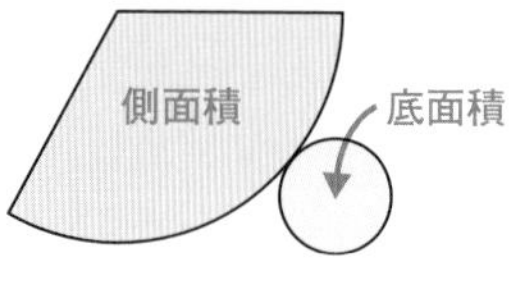

3 球の体積・表面積

絶対おさえる！　球の体積・表面積

☑ **球の体積・表面積**

半径 r の球の体積を V、表面積を S とすると、

$$V=\frac{4}{3}\pi r^3、S=4\pi r^2$$

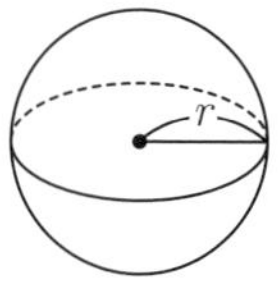

重要

表面積は展開して考える。

・円柱の展開図

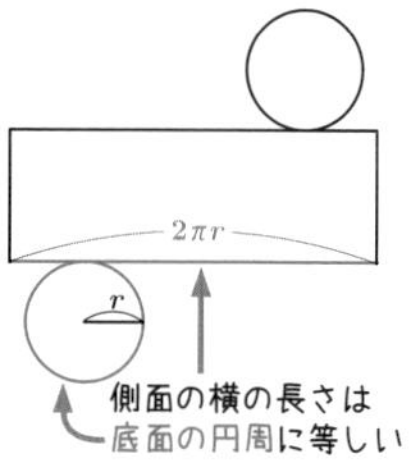

・円錐の展開図

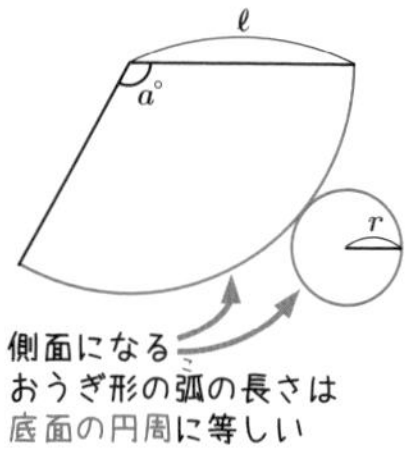

側面になるおうぎ形の円全体に対する弧の長さの割合は、$\frac{半径}{母線}$に等しい。

$$\frac{a}{360}=\frac{r}{\ell}$$

参考

母線の長さ ℓ、底面の半径 r の円錐の側面積は、

$S=\pi\ell^2\times\frac{a}{360}$ より、

$S=\pi\ell^2\times\frac{r}{\ell}$

$S=\pi\ell r$

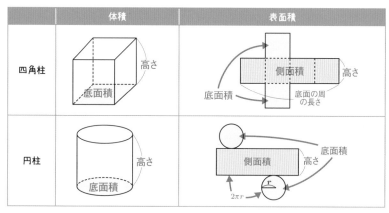

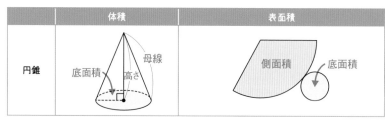

学びのポイント

- 円錐の側面のおうぎ形の中心角や面積など簡単に求められる方法は覚えておこう。
- 体積を求める場合、底面をどこにするか、そのとき高さはどこになるかを把《は》握《あく》しよう。

例題 1

次の立体の体積を求めなさい。

(1) 三角柱

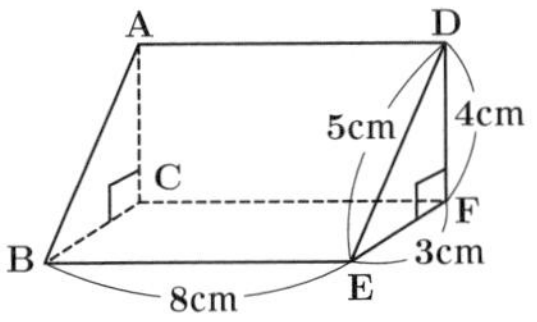

(2) 円錐

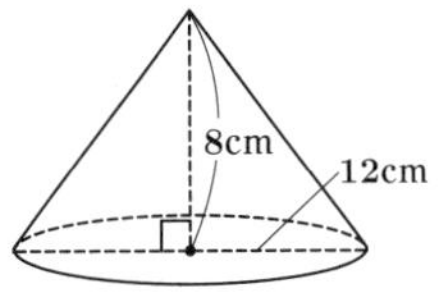

答え

(1) △DEFを底面としたときの高さはBE

$\frac{1}{2} \times 3 \times 4 \times 8 = 48(\text{cm}^3)$

（$\frac{1}{2} \times 3 \times 4$：底面積、$8$：高さ）

(2) 底面の半径は、$12 \div 2 = 6(\text{cm})$

底面積は、$\pi \times 6^2 = 36\pi(\text{cm}^2)$

よって、$\frac{1}{3} \times 36\pi \times 8 = 96\pi(\text{cm}^3)$

（36π：底面積、8：高さ）

例題 2

次の立体の表面積を求めなさい。

(1) 正四角錐

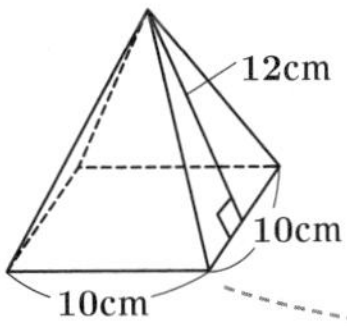

(2) 円錐

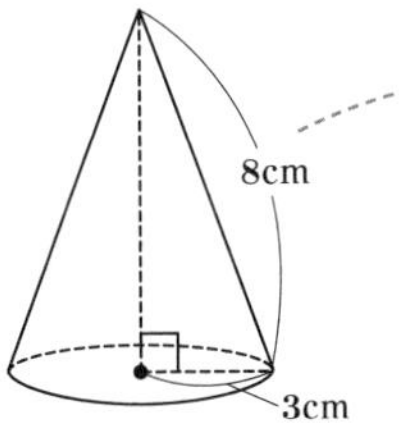

展開図で考える

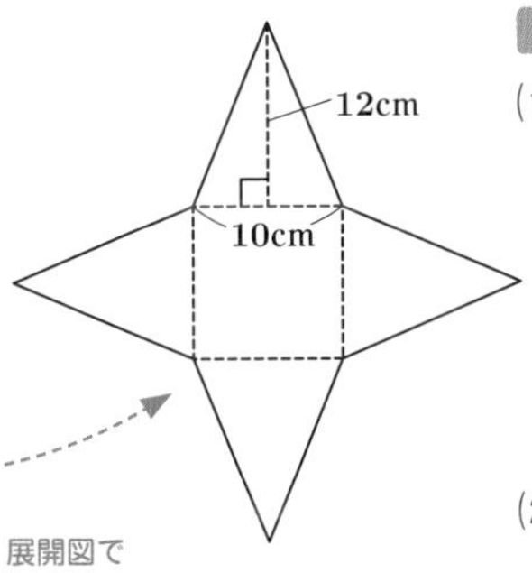

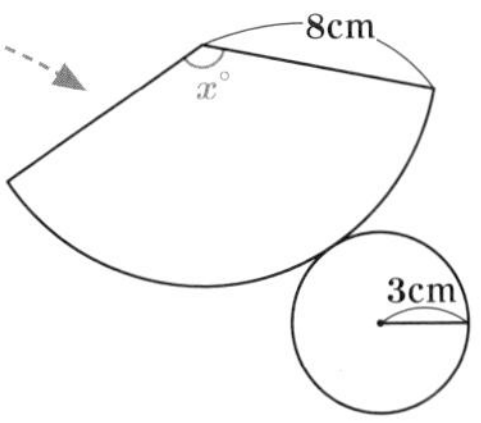

答え

(1) ・底面積　$10 \times 10 = 100(\text{cm}^2)$

・側面積　$\frac{1}{2} \times 10 \times 12 \times 4$

$= 240(\text{cm}^2)$　側面の三角形が4つあるため

よって、表面積は、

$100 + 240 = 340(\text{cm}^2)$

(2) 側面のおうぎ形の中心角をx°とすると、

$2\pi \times 8 \times \frac{x}{360} = 2\pi \times 3$

$x = 135$

側面積は、$\pi \times 8^2 \times \frac{135}{360} = 24\pi(\text{cm}^2)$

（**別解** $S = \pi \ell r$より$\pi \times 8 \times 3 = 24\pi(\text{cm}^2)$）

底面積は、$9\pi\text{cm}^2$

よって、表面積は、

$9\pi + 24\pi = 33\pi(\text{cm}^2)$

例題 3

右の図のおうぎ形を、直線AOを軸として1回転したときにできる立体について、次の問いに答えなさい。

(1) 体積を求めなさい。

(2) 表面積を求めなさい。

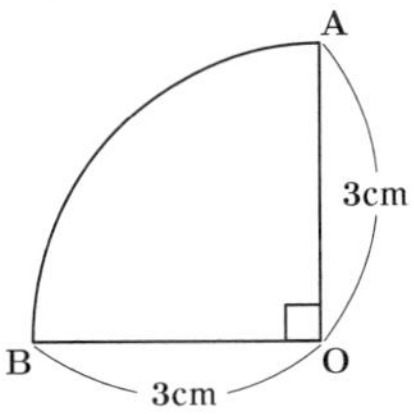

答え 直線AOを軸として1回転したときにできる立体は、右の図のような半球になる。

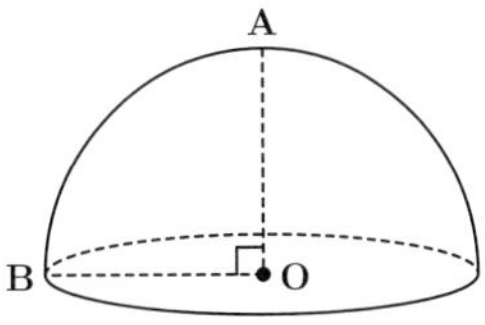

(1) 球の体積の半分なので、$\frac{1}{2} \times \frac{4}{3}\pi \times 3^3 = 18\pi(\text{cm}^3)$

(2) (球の表面積の半分) + (底面の円の面積)より、　底面の円を見落とさないようにしよう

$\frac{1}{2} \times 4\pi \times 3^2 + \pi \times 3^2 = 18\pi + 9\pi = 27\pi(\text{cm}^2)$

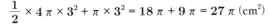

Mathematics

11 確率、統計
データの分析と活用

1 データの分析と活用

① 度数分布表

垂直とびの記録

階級（cm）	度数（人）	相対度数	累積《るいせき》度数（人）	累積相対度数
20 以上 ～ 30 未満	1	0.05	1	0.05
30 ～ 40	4	0.20	5	0.25
40 ～ 50	8	0.40	13	0.65
50 ～ 60	6	0.30	19	0.95
60 ～ 70	1	0.05	20	1.00
計	20	1.00		

② ヒストグラム
度数折れ線

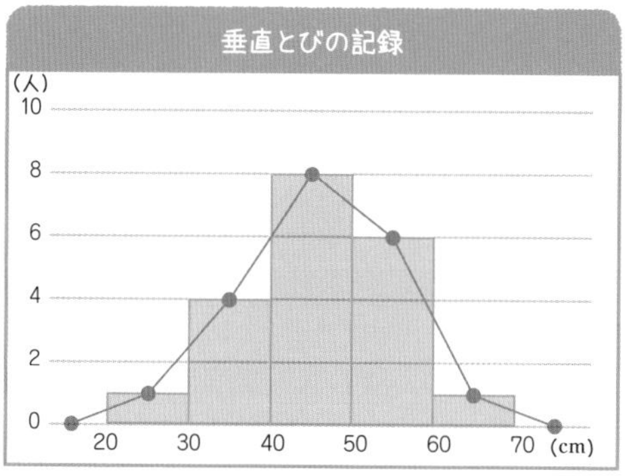

絶対おさえる！　相対度数と平均値

☑ 相対度数＝$\dfrac{\text{階級の度数}}{\text{度数の合計}}$

☑ 平均値＝$\dfrac{\text{個々のデータの値《あたい》の合計}}{\text{データの総数}}$

度数分布表からの平均値の求め方

平均値＝$\dfrac{\text{（階級値×度数）の合計}}{\text{度数の合計}}$

③ 累積度数

各階級について、最初の階級からその階級までの**度数**を合計したもの。

④ 累積相対度数

各階級について、最初の階級からその階級までの**相対度数**を合計したもの。

重要

階級…データを整理するための区間。

階級の幅《はば》…区間の幅。

度数…各階級に入るデータの個数。

範囲《はんい》＝最大値－最小値
（レンジ）

階級値…それぞれの階級のまん中の値。

最頻値《さいひんち》（モード）
…データの中で、最も個数の多い値。

度数分布表では、度数の最も多い階級の階級値を最頻値とする

中央値（メジアン）
…データの値を大きさの順に並べたときの中央の値。

データの総数が偶数《ぐうすう》個の場合は、中央にある2つの値の平均値を中央値とする

重要　累積相対度数

相対度数の合計は1になるから、累積相対度数の最後の階級でも1になる。

学びのポイント

● 用語を完璧《かんぺき》に覚えよう。図を使って、用語の意味を確認したり、実際に計算したりすることで理解が深まるよ。

例題 1

右の度数分布表について、次の問いに答えなさい。

(1) 最頻値を求めなさい。
(2) 平均値を求めなさい。
(3) 2km以上3km未満の階級の相対度数を求めなさい。

通学距離《きょり》

階級（km）	度数（人）
0 以上～ 1 未満	5
1 ～ 2	6
2 ～ 3	8
3 ～ 4	1
計	20

答え

(1) 最も度数の多い階級は2km以上3km未満の階級だから、

$(2+3) \div 2 = 2.5$(km)

階級値で答える

(2) $(0.5 \times 5 + 1.5 \times 6 + 2.5 \times 8 + 3.5 \times 1) \div 20 = 1.75$(km)

（階級値×度数）の合計

(3) $8 \div 20 = 0.4$

相対度数 $= \dfrac{\text{階級の度数}}{\text{度数の合計}}$

例題 2

右の表はある学校の生徒20人の通学時間を調べて、度数分布表にまとめたものである。表の(ア)、(イ)にあてはまる数を求めなさい。

通学時間

階級（分）	度数（人）	相対度数	累積度数（人）	累積相対度数
0 以上～ 10 未満	2	0.10	2	0.10
10 ～ 20	10	0.50	12	0.60
20 ～ 30	7	0.35	(ア)	(イ)
30 ～ 40	1	0.05	20	1.00
計	20	1.00		

答え

(ア) 累積度数は、最初の階級からその階級までの度数の合計である。
よって、0分以上10分未満の階級から、20分以上30分未満の階級までの度数の合計なので、
$2 + 10 + 7 = 19$
よって、(ア)にあてはまる数は、19

(イ) 累積相対度数は、最初の階級からその階級までの相対度数の合計である。
よって、0分以上10分未満の階級から、20分以上30分未満の階級までの相対度数の合計なので、
$0.10 + 0.50 + 0.35 = 0.95$
よって、(イ)にあてはまる数は、0.95

英語のおすすめ勉強法❶

短時間の反復練習で、英単語を覚える!

返し縫い記憶法

英語学習の基本のキは英単語！　ただ単語帳をにらむよりも、ちょっとした工夫をしながら覚えることで、記憶に定着させることができるんです。

「返し縫い記憶法」のやり方

❶ 覚えるべき単語のリストを用意する。

❷ 2分で覚えられる分量に小分けする。　最初は10単語程度がおすすめ！

❸ 下の図のようなイメージで、暗記（2分）とテスト（1分）を繰り返す。

	単語	意味		単語	意味
	look	見る		change	変わる
	take	乗る、持っていく		hurry	急ぐ
	make	作る		order	注文する
	give	与える		return	戻す
	work	働く		enter	入る
A	enjoy	楽しむ	C	accident	事故
	find	見つける		answer	答え
	leave	離れる		rule	ルール
	tell	伝える		such	そのような
	finish	終える		else	他に
	hour	時間		attend	参加する
	station	駅		touch	触る
	month	月		almost	ほとんど
	minute	分		since	～以来
B	place	場所	D	heavy	重い
	vacation	休暇		strong	強い
	library	図書館		feel	感じる
	favorite	お気に入りの		choose	選ぶ
	free	無料の、ひまな		guess	推測する
	busy	忙しい		keep	保つ

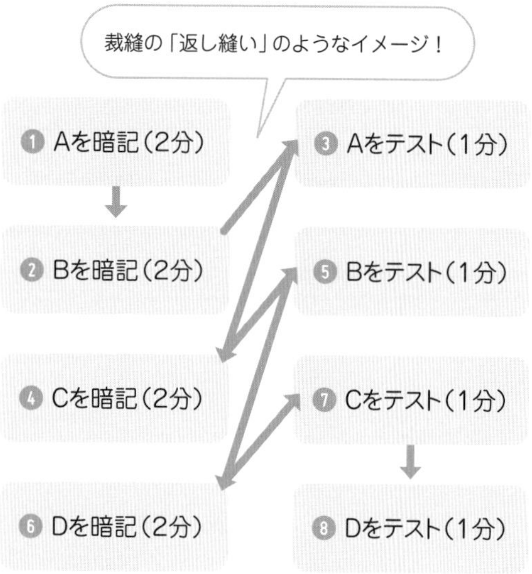

ポイント

☑ 間違えた単語に「正」の字のマークをつけ、重点的に復習すべき単語を明らかにしよう。

☑ 1周目は「英語→日本語」のテスト、2周目は「日本語→英語」のテストをするのもおすすめ。

☑ 英単語の発音を声に出して、読みながら覚えよう。

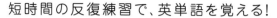

英語のおすすめ勉強法❷

英文法は「文」で理解すべし!

英文法・全文書き出し演習法

英文法の問題で、パーツで覚えようとする人がいますが、そうするとミスの原因がわかりづらくなってしまいます。英文法は、必ず全体の「文」で理解していきましょう。

「英文法・全文書き出し演習法」のやり方

❶ 空欄補充形式だったとしても、文法問題では英文を全文書き出す。

❷ 問題集の1ページ分を解き終えたら、採点する。

❸ 正解・不正解にかかわらず解説を読み、間違いがあれば直す。

❷ 次の日本語に合うように、＿＿に適当な語を書きなさい。

(1) あなたたちはどこで昼食を食べますか。

＿＿＿＿ ＿＿＿＿ you eat lunch?

(2) トムはなぜ忙しいのですか。

＿＿＿＿ ＿＿＿＿ Tom busy?

(3) このカメラはいくらですか。

＿＿＿＿ ＿＿＿＿ is this camera?

(4) 彼女はいつピアノを練習しますか。

＿＿＿＿ ＿＿＿＿ she practice the piano?

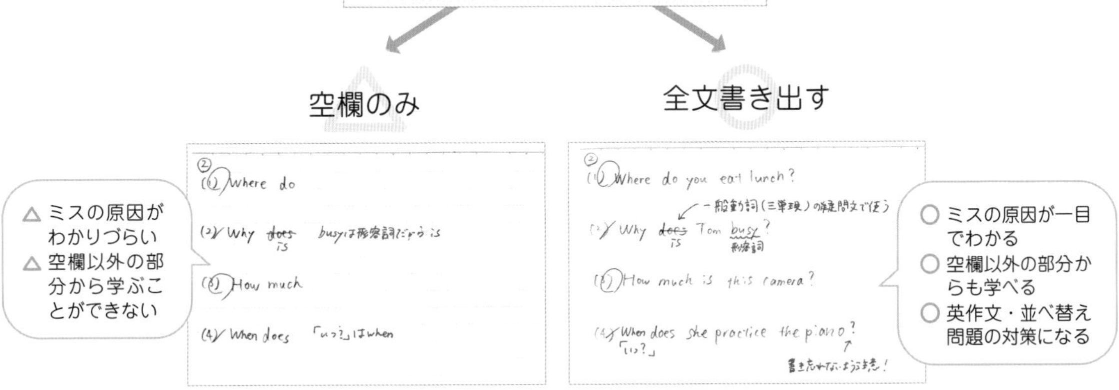

ポイント

☑ 書き出すときは、あとから解説を書き込むために、英文の間にメモ用の行（2行がおすすめ）をあけておく。

☑ 問題として問われていない部分にも注目し、意味や用法がわからない表現は辞書で調べる。

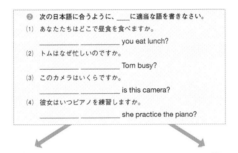

English

1 be動詞、一般動詞①（肯定文）

1 be動詞

絶対おさえる！　be動詞のルール

☑ am、are、is などを be 動詞という。
☑〈主語＋ be 動詞＋～ .〉で「(主語)は～です」という意味になり、主語と be 動詞のあとの語句をつなぐ働きをする。
☑ be 動詞は主語によって使い分ける。

主語	be 動詞
I	am
you と we、they など、複数の人やもの	are
he、she、it など、I、you 以外の単数の人やもの	is

● 「私は～です」

I am Nancy.（私はナンシーだよ）
└ I ＝ Nancy の関係

● 「あなた(たち)は～です」

You are funny.（あなた(たち)はおもしろいね）
└ You ＝ funny の関係

● 主語が複数

We are good friends.（私たちはいい友達だよ）
└ We ＝ good friends の関係

Sam and Jane are students.（サムとジェーンは学生だよ）
└ Sam and Jane ＝ students の関係

SamとJaneで
2人なので、are

● 主語がI、you以外の単数

He is from Australia.（彼はオーストラリア出身だよ）
└ He ＝ from Australia の関係

am を使うのは主語が I のときだけ。

you は「あなたは」「あなたたちは」という意味で、単数・複数どちらも表すが、どちらの場合にも are を使う。

〈主語＋be動詞〉の短縮形

I am → I'm
You are → You're
He is → He's
She is → She's
It is → It's
That is → That's
We are → We're
They are → They're

2 一般動詞

絶対おさえる！　一般動詞のルール

☑ go「行く」や like「好きである」など、動作や状態を表すことばを一般動詞という。
☑〈主語＋一般動詞(＋ ...)〉で「(主語)は(…を)～する」という意味になり、習慣的にしている動作や現在の状態を表す。

I（主語） play tennis.（目的語「…を」）（私はテニスをするよ）
※目的語：「…を」「…に」にあたることば

I（主語） like music.（目的語「…が」）（私は音楽が好きだよ）

参考

一般動詞のあとに目的語がこないこともある。
I run.（私は走るよ）

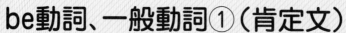

学びのポイント

● “You are speak ～.”のように、be動詞と一般動詞を並べて使うミスに要注意。英文を書く前にどちらを使うべきかをよく考えよう。

➡ 1つの文の中で、be動詞と一般動詞がいっしょに使われることはない。

× You ~~are~~ speak English.

○ You speak English.（あなたは英語を話すね）

一般動詞の文で使われる語句

today「今日」
every day「毎日」
〈on ＋曜日〉「～曜日に」

● 動作を表す一般動詞

come「来る」、**eat**「食べる」、**go**「行く」、**play**「(スポーツを)する」、**read**「読む」、**run**「走る」、**see**「見る」、**study**「勉強する」、**walk**「歩く」など

⚠注意

一般動詞には1つで複数の意味を表すものがある。
have
「持っている」「食べる」「飼っている」
play
「(スポーツを) する」「(楽器を) 演奏する」「遊ぶ」
see
「見る」「わかる」

● 状態を表す一般動詞

have「持っている」、**know**「知っている」、**like**「好きである」、**live**「住んでいる」、**want**「ほしい」など

基礎力チェック！

❶ 次の日本語に合うように、____にam、are、isのいずれか適する語を書きなさい。

(1) 私はコウタです。
I __________ Kota.

(2) 彼女はカナダ出身です。
She __________ from Canada.

(3) あなたは勇敢《ゆうかん》です。
You __________ brave.

(4) スミス先生は英語の先生です。
Mr. Smith __________ an English teacher.

❷ 次の日本語に合うように、____に適当な語を書きなさい。

(1) 私は毎日、本を読みます。
I __________ a book every day.

(2) 私は福岡に住んでいます。
I __________ in Fukuoka.

(3) あなたは動物が好きです。
You __________ animals.

(4) あなたは上手にピアノを演奏します。
You __________ the piano well.

答え

❶(1) am
→ 1 参照
(2) is
→ 1 参照
(3) are
→ 1 参照
(4) is
→ 1 参照
❷(1) read
→ 2 参照
(2) live
→ 2 参照
(3) like
→ 2 参照
(4) play
→ 2 参照

English

2 be動詞、一般動詞②（否定文・疑問文）

1 be動詞の否定文

絶対おさえる！　be動詞の否定文の語順

☑「（主語）は～ではありません」という be 動詞の否定文を作るときは、〈主語＋ be 動詞＋ not ＋～ .〉で表す。

肯定文　I am Jenny.（私はジェニーだよ）

否定文　I am not Jenny.（私はジェニーではないよ）
└ be動詞のあとにnot

〈be動詞＋not〉の短縮形
are not → aren't
is not → isn't
※ am not の短縮形はない

2 be動詞の疑問文

絶対おさえる！　be動詞の疑問文の語順と答え方

☑「（主語）は～ですか」という be 動詞の疑問文を作るときは、〈be 動詞＋主語 ～？〉で表す。
☑ 答えの文は主語を代名詞にかえて、〈Yes, ＋代名詞＋ be 動詞 .〉または〈No, ＋代名詞＋ be 動詞＋ not.〉で答える。

肯定文　Kevin is from Canada.（ケビンはカナダ出身だよ）

疑問文　Is Kevin from Canada?（ケビンはカナダ出身なの？）
└ 主語の前にbe動詞

文の最後を上げて言う。

応答文　Yes, he is.（うん、そうだよ）
No, he is not.（いいえ、ちがうよ）
└ Kevinをheに変える

答えの文でもbe動詞を使う！

➡ 主語が this、that のとき、答えの文の主語は it になる。
Is this your book?（これはあなたの本？）
— Yes, it is. / No, it is not.（うん、そうだよ／いいえ、ちがうよ）

⚠注意
主語がyouの疑問文に答えるとき、主語はＩまたはweに変わる。
Are you tired?
（あなた（たち）は疲れているの？）
— Yes, I am[we are].
（うん、疲れているよ）

3 一般動詞の否定文

絶対おさえる！　一般動詞の否定文の語順

☑「（主語）は～しません」という一般動詞の否定文を作るときは、主語がＩ、you、複数で現在の場合、〈主語＋ do not[don't]＋一般動詞 ～ .〉で表す。

肯定文　I play soccer.（私はサッカーをするよ）

否定文　I do not play soccer.（私はサッカーをしないよ）
└ 一般動詞の前にdo not[don't]

don't は do not の短縮形。

学びのポイント

● 文法問題で否定文・疑問文の作り方がわからないときは、まず肯定文を考えてみよう。かなり解きやすくなるよ！

4 一般動詞の疑問文

絶対おさえる！　一般動詞の疑問文の語順と答え方

☑「(主語)は〜しますか」という一般動詞の疑問文を作るときは、主語がI、you、複数で現在の場合、〈Do＋主語＋一般動詞 〜?〉で表す。

☑ 答えの文は主語を代名詞に変えて、〈Yes, ＋代名詞＋ do.〉または〈No, ＋代名詞＋ do not[don't].〉で答える。

肯定文　I **have** a dog.（私はイヌを飼っているよ）

疑問文　**Do** you **have** a dog?（あなたはイヌを飼っているの？）
└主語の前にdo

応答文　Yes, I **do**.（うん、飼っているよ）
No, I **do not**.（いいえ、飼っていないよ）
└短縮形don'tでもよい

答えの文でもdoを使う！

文の最後を上げて言う。

Do you 〜？の you が「あなたたちは」のときの答えの文は、Yes, we do. / No, we do not[don't].

基礎カチェック！

❶ 次の日本語に合うように、____に適当な語を書きなさい。

(1) 私は14歳ではありません。
I __________ __________ 14 years old.

(2) メグはテニス選手ですか。―いいえ、ちがいます。
__________ Meg a tennis player?
― No, __________ __________.

(3) あなたは野菜が好きですか。―はい、好きです。
__________ you __________ vegetables?
― Yes, __________ __________.

❷ 次の日本語に合う英文になるように、(　　) 内の語を並べかえなさい。なお、問題文では文頭にくる語も小文字にしてある。

(1) 私は東京に住んでいません。
(in / don't / Tokyo / I / live / .)
____

(2) 彼は新入生ですか。
(new / he / student / is / a / ?)
____

答え

❶(1) am not
→ 1 参照
(2) Is、she isn't [she's not]
→ 2 参照
(3) Do、like、I do
→ 4 参照

❷(1) I don't live in Tokyo.
→ 3 参照
(2) Is he a new student?
→ 2 参照

English

3 3人称単数現在形

1 3人称単数現在

絶対おさえる！　3人称単数とは？

☑ 1人称(＝「私」)、2人称(＝「あなた」)以外の人やもので、1人の人、1つのものを「3人称単数」という。

● 1人称単数、2人称単数、3人称単数

1人称単数… I「私は」

2人称単数… you「あなたは」

3人称単数… he「彼は」、she「彼女は」、my father「私の父」
Bob、Mr. Smith、my dog「私のイヌ」など

3人称複数

3人称で、2人以上の人、2つ以上のものは3人称複数という。

例 they「彼らは、彼女たちは、それらは」
Bob and Lisa「ボブとリサ」
his cats「彼のネコたち」など

2 3人称単数現在 ～ 一般動詞の肯定文

絶対おさえる！　3人称単数現在形

☑ 主語が3人称単数で現在の文のとき、一般動詞に -s、または -es をつける。このときの動詞の形を「3人称単数現在形」という。

● 3人称単数現在の一般動詞の肯定文

Mr. Yamada speaks English.（ヤマダさんは英語を話すよ）
(Mr. Yamada ← 主語が3人称単数／speaks ← 3人称単数現在形)

● 3人称単数現在形の作り方

動詞	つけ方	例
ほとんどの語	-s	make「作る」→ makes stay「滞在する」→ stays
-o、-s、-x、-ch、-sh で終わる語	-es	do「する」→ does wash「洗う」→ washes
〈子音字＋y〉で終わる語	-yをiに変えてから-es	study「勉強する」→ studies

※ have は has に形が変わる。

3人称複数が主語の文

主語が3人称でも、複数の場合は動詞に -s、-es をつけない。

They often go to the park.
(彼らはよくその公園に行く)

Bob and Mike like music.
(ボブとマイクは音楽が好きだ)

3 3人称単数現在 ～ 一般動詞の否定文

絶対おさえる！　主語が3人称単数で、現在の一般動詞の否定文

☑ 主語が3人称単数で、現在の一般動詞の否定文は、〈主語＋ does not[doesn't]＋動詞の原形 ～ .〉で表す。
※「動詞の原形」… 動詞に -s、-es がついていない元の形

● 3人称単数現在の一般動詞の否定文

Amy doesn't play the piano.（エイミーはピアノを演奏しないよ）
(doesn't ＝ does not／play ← 動詞は原形にする)

doesn't は does not の短縮形。

学びのポイント

● ３単現のsで失点が多い人は、文法問題を解くとき、日本語の主語部分に下線を引いてみよう。ミスが劇的に減るよ！

4《 3人称単数現在 ～ 一般動詞の疑問文

絶対おさえる！　主語が３人称単数で、現在の一般動詞の疑問文

☑ 主語が３人称単数で、現在の一般動詞の疑問文は、〈Does ＋主語＋動詞の原形 ～？〉で表す。
☑ Does ～？には does を使って答える。
☑ what「何」などの疑問詞を使うときは、文頭に疑問詞を置き、そのあとに〈does ＋主語＋動詞の原形 ～？〉を続ける。

● ３人称単数現在の一般動詞の疑問文とその答え方

Does Yumi run fast?（ユミは速く走るの？）
↳動詞は原形にする

— Yes, she does.（うん、走るよ）
No, she doesn't[does not].（いいや、走らないよ）

答えの文でも doesを使う！

● ３人称単数現在の疑問詞のある一般動詞の疑問文

↱文頭に置く
What does Mike have?（マイクは何を持っているの？）
— He has a tennis racket.（彼はテニスラケットを持っているよ）
↳Yes / No ではなく具体的に答える

答えの文の主語

答えの文の主語は、疑問文の主語を指す代名詞（he、she、it）にする。
Does your mother play tennis?
（あなたのお母さんはテニスをするの？）
— Yes, she does.
（うん、（彼女は）するよ）

基礎力チェック！

❶ 次の日本語に合うように、（　）内の語を適当な形に変えて書きなさい。

(1) 私の兄は野球が好きです。
My brother (like) baseball. ＿＿＿＿＿

(2) ナミは毎日英語を勉強します。
Nami (study) English every day. ＿＿＿＿＿

❷ 次の日本語に合うように、＿＿に適当な語を書きなさい。

(1) リズは私の弟を知りません。
Liz ＿＿＿＿＿ ＿＿＿＿＿ my brother.

(2) メアリーは６時に起きますか。
＿＿＿＿＿ Mary ＿＿＿＿＿ up at 6:00?

(3) （(2)に答えて）いいえ、起きません。
No, ＿＿＿＿＿ ＿＿＿＿＿.

(4) タニさんは夕食に何を食べますか。
＿＿＿＿＿ does Mr. Tani ＿＿＿＿＿ for dinner?

答え

❶(1) likes
→ 2《 参照
(2) studies
→ 2《 参照
❷(1) doesn't know
→ 3《 参照
(2) Does、get
→ 4《 参照
(3) she doesn't
→ 4《 参照
(4) What、eat[have]
→ 4《 参照

English

4 命令文、can

1 命令文

絶対おさえる！　命令文のルール

- ☑「～しなさい」と相手に命令するときは、**動詞の原形**で文を始める。
- ☑「～してはいけません」と禁止するときは、**動詞の原形の前に Don't** を置く。
- ☑「～してください」「～しないでください」と丁寧に頼むときは、**please** を命令文の前または最後に置く。
- ☑「～しよう」と相手を誘うときは、**動詞の原形の前に Let's** を置く。

● 命令文

肯定文　You clean this room.（あなたはこの部屋を掃除するね）

主語はなくなる

命令文　Clean this room.（この部屋を掃除しなさい）

└動詞の原形で文を始める

丁寧な命令文　Please clean this room.（この部屋を掃除してください）

└動詞の原形の前にPlease

= Clean this room, please.

└命令文の最後に , please

➡ be 動詞の命令文は、am、are、is の原形 be を使う。

肯定文　You are quiet.（あなたは静かだね）

areの原形beに変える

命令文　Be quiet.（静かにしなさい）

● 否定の命令文(禁止)

命令文　Open that window.（あの窓を開けなさい）

否定の命令文　Don't open that window.（あの窓を開けないで）

└動詞の原形の前にDon't。Do notでもよい

丁寧な否定の命令文　Please don't open that window.（あの窓を開けないでください）

└don'tの前にPlease

= Don't open that window, please.

否定の命令文の最後に , please

● Let's ～.の文

命令文　Sing songs.（歌を歌いなさい）

Let's ～.の文　Let's sing songs.（歌を歌おう）

└動詞の原形の前にLet's

応答文　Yes, let's.（うん、そうしよう）

No, let's not.（いいや、やめておこう）

命令文の答え方

OK. / All right.
（わかりました）
I'm sorry, but I can't.
（すみませんが、できません）

be動詞を使った命令文

Be a good student.
（いい生徒になりなさい）
Don't be shy.
（恥ずかしがらないで）
Let's be careful.
（注意しよう）

OK. や All right. などと答えてもよい。

学びのポイント

- canのあとは必ず「動詞の原形」が続くことに注意。
- “Can you ～？”“Can I ～？”は会話文で頻出。必ず覚えておこう。

2 can

絶対おさえる！　canの意味と用法

☑ 〈主語＋ can ＋動詞の原形 ～.〉の形で、「(主語)は～することができる」(能力・可能)や「(主語)は～してもよい」(許可)という意味になる。

☑ 否定文は〈主語＋ cannot[can't]＋動詞の原形 ～.〉。疑問文は〈Can ＋主語＋動詞の原形 ～?〉の語順で、依頼や許可を表すこともある。

肯定文　Sam **can** swim fast.（サムは速く泳げるよ）
↳ canのあとの動詞は原形

否定文　Sam **cannot** swim fast.（サムは速く泳げないよ）
↳ 動詞の前にcannotまたはcan't

疑問文　**Can** Sam swim fast?（サムは速く泳げるの？）
↳ 主語の前にCan

応答文　Yes, he **can**.（うん、泳げるよ）
No, he **cannot**.（いいえ、泳げないよ）

答えの文でもcanを使う！

cannot はふつう、続けて1語で書く。

許可を表すcanの肯定文
You can go home now.
(今、家に帰ってもよい)

● **Can you ～？とCan I ～？**

Can you help me?（私を手伝ってくれない？）
↳「～してくれませんか」と依頼する

Can I use your pen?（あなたのペンを使ってもいい？）
↳「～してもいいですか」と許可を求める

May I ～？も Can I ～？と同様に「～してもいいですか」という意味になる。

基礎力チェック！

次の日本語に合うように、＿＿に適当な語を書きなさい。

(1)　3時に私の家に来てください。
＿＿＿＿＿ ＿＿＿＿＿ to my house at three.

(2)　なまけてはいけません。
＿＿＿＿＿ ＿＿＿＿＿ lazy.

(3)　放課後に公園へ行きましょう。
＿＿＿＿＿ ＿＿＿＿＿ to the park after school.

(4)　私は上手に英語を話すことができます。
I ＿＿＿＿＿ ＿＿＿＿＿ English well.

(5)　彼女は牛乳を飲むことができません。
She ＿＿＿＿＿ ＿＿＿＿＿ milk.

(6)　ここで写真を撮ってもいいですか。
＿＿＿＿＿ ＿＿＿＿＿ take pictures here?

答え

(1) Please come
→ 1 参照
(2) Don't be
→ 1 参照
(3) Let's go
→ 1 参照
(4) can speak
→ 2 参照
(5) cannot[can't] drink
→ 2 参照
(6) Can[May] I
→ 2 参照

English

5 名詞(可算・不可算)、代名詞

1 名詞

絶対おさえる！　可算名詞・不可算名詞の特徴

☑ student や dog など、人やものの名前を表す語を名詞という。
☑ **数えられる(可算)名詞**と、**数えられない(不可算)名詞**がある。
☑ 数えられる名詞には単数(１つ・１人)と複数(２つ・２人以上)の区別がある。単数のときは前に a[an]をつけ、複数のときは語尾に -s または -es をつける。
☑ 数えられない名詞は、前に a[an]をつけず、語尾に -s または -es もつけない。

● 数えられる名詞・数えられない名詞

名詞	特徴	例
数えられる名詞	形やまとまりがある	boy、apple、cat
数えられない名詞	形が一定でない	water、air
	目に見えない、抽象的	music、soccer
	人や地名	Ken、Japan

その他の数えられない名詞

homework「宿題」
information「情報」
money「お金」
news「ニュース」
paper「紙」 など

● 数えられる名詞

・単数形のときは前に a[an] をつける。

a boy「(１人の)男の子」、**an eraser**「(１つの)消しゴム」

・複数形の作り方

規則変化	ほとんどの語	-sをつける	boy → boys cat → cats
	-s、-x、-ch、-sh で終わる語	-esをつける	box → boxes dish → dishes
	-oで終わる語	-sまたは-esをつける	piano → pianos potato → potatoes
	〈子音字＋y〉で終わる語	yをiに変えてから-esをつける	city → cities
不規則変化	形が変わる語	child → children、man → men、woman → women	
	単数形と同じ語	fish → fish、sheep → sheep	

aとan

母音（ア・イ・ウ・エ・オ）の音で始まる名詞の前には an を置く。
例 an apple、an orange

単数形・複数形が同じ名詞

単数か複数かは前に a[an] があるかないかで判断する。
I see a fish.（１匹の魚）
I see fish.（複数の魚）

● 数えられない名詞

・前に a[an] をつけない。量を表すときは素材や物質を入れた容器や枚数などの単位を使う。

water「水」 ➡ **a glass of water**「グラス１杯の水」
bread「パン」 ➡ **a slice of bread**「１切れのパン」

※ 数えられない名詞は単数扱いなので、be 動詞は is になる。

This coffee is bitter.（このコーヒーはにがいね）
coffee：数えられない名詞

複数を表すときは、容器などを表す語を複数形にする。
two glasses of water
「グラス２杯の水」

学びのポイント

● 代名詞の表（I、my、me、mine…）は最低20回、声に出して読んで覚えよう。もちろん、意味の理解も忘れずに！

2《 代名詞

絶対おさえる！　代名詞の種類と用法

☑ I や he、it など、人やものを表し**名詞のかわりをする語**を代名詞という。
☑ 代名詞は置かれる位置によって形が変わる。

● 代名詞の形

人称	「～は、～が」（主格）	「～の」（所有格）	「～を、～に」（目的格）	「～のもの」（所有代名詞）
1人称	I	my	me	mine
	we	our	us	ours
2人称	you	your	you	yours
3人称	he	his	him	his
	she	her	her	hers
	it	its	it	—
	they	their	them	theirs

※〈人名＋'s〉で「～の」、「～のもの」を表す。
例 Kana's「カナの」、「カナのもの」

人称
1人称は「自分」、2人称は「相手」、3人称は「自分と相手以外の人やもの」を指す。

● 代名詞の働き

I am Kota.（ぼくはコウタだよ）
↳主語になる

This is my bag.（これは私のかばんだよ）
↳あとに名詞がくる

Do you know me?（あなたは私を知っているの？）
動詞　↳動詞の目的語になる

This bag is mine.（このかばんは私のものだよ）
↳1語で「～のもの」という意味を表す

前置詞のあとに置く代名詞は目的格になる。
Look at me.「私を見て」

基礎力チェック！

次の日本語に合うように、(　　) 内の語を適当な形に変えて書きなさい。

(1) 私は3つの箱が必要です。
I need three (box). ＿＿＿＿＿＿

(2) 何人かの女性が体育館にいます。
Some (woman) are in the gym. ＿＿＿＿＿＿

(3) 彼らを手伝いましょう。
Let's help (they). ＿＿＿＿＿＿

(4) この自転車はあなたのものですか。
Is this bike (you)? ＿＿＿＿＿＿

答え

(1) boxes
→ 1《 参照
(2) women
→ 1《 参照
(3) them
→ 2《 参照
(4) yours
→ 2《 参照

6 疑問詞①（what、who、whose、which）

1 疑問詞

絶対おさえる！　疑問詞とは？

- ☑ what「何」、who「だれ」など具体的な内容をたずねるときに疑問文の前に置く語。
- ☑ 答えるときは Yes / No ではなく、具体的な内容を答える。

疑問文　Is this a guitar?（これはギターなの？）

「何」＝ whatを文の最初に置く

疑問詞の文　What is this?（これは何？）

疑問詞で始まる疑問文

疑問詞で始まる疑問文の最後は下げ調子に言う。
Is this a guitar?（↗）
What is this?（↘）

2 Whatで始まる疑問文

絶対おさえる！　whatの意味と用法

- ☑「何」とものについてたずねるときは、What で疑問文を始める。
- ☑「～は何ですか」とたずねるときは〈What is[are] ～？〉で表す。
- ☑「(主語)は何を～しますか」とたずねるときは〈What do[does]＋主語＋一般動詞 ～？〉で表す。

● 〈What＋be動詞の疑問文〉

What is that?（あれは何？）— It is a fox.（それはキツネだよ）

↳ Whatのあとに〈be動詞＋主語 ～？〉

What isはWhat'sと短縮してもよい

● 〈What＋一般動詞の疑問文〉

What do you have?（あなたは何を飼ってるの？）

↳ Whatのあとに〈do＋主語＋一般動詞 ～？〉

— I have a dog.（私はイヌを飼っているわ）

〈What＋名詞〉

「どんな～」、「何の～」を表す。
What sport do you play?
（あなたは何のスポーツをしますか？）

「何時」と時刻をたずねるときは What time で文を始める。
What time is it now?
（今、何時ですか？）

3 Whoで始まる疑問文

絶対おさえる！　whoの意味と用法

- ☑「だれ」と人についてたずねるときは、Who で疑問文を始める。
- ☑「～はだれですか」とたずねるときは〈Who is[are] ～？〉で表す。「だれが～しますか」とたずねるときは〈Who ＋一般動詞 ～？〉で表す。

● 〈Who＋be動詞の疑問文〉

Who is that man?（あちらの男性はだれ？）

Who isはWho'sと短縮してもよい

↳ Whoのあとに〈be動詞＋主語 ～？〉

— He is Mr. Brown.（彼はブラウンさんだよ）

● 〈Who＋一般動詞の疑問文〉

Who plays soccer well?（だれが上手にサッカーをするの？）

↳ Whoのあとに〈一般動詞 ～？〉

— Kenta does.（ケンタがするよ）

whoは主語のとき、3人称単数扱いする

Whoのあとに〈do＋主語＋一般動詞 ～？〉

Who do you go to school with?
（あなたはだれと学校に行くの？）
— I go to school with my sister.
（姉［妹］と行くよ）

月　　日

学びのポイント

● 疑問詞のあとの語順でミスが多い場合は、112ページ「2. be動詞、一般動詞②(否定文・疑問文)」に戻って復習しよう。

4 Whoseで始まる疑問文

絶対おさえる！　whoseの意味と用法

☑「…はだれの～ですか」と所有者についてたずねるときは、Whose で疑問文を始める。

Whose pen is this? (これはだれのペン？)

↳〈Whose＋名詞〉を文の最初に置く

— It is Ken's. (ケンのものだよ)

↳持ち主を答える

Whose is this pen?
(このペンはだれのもの？)
で、ほぼ同じ意味を表せる。

5 Whichで始まる疑問文

絶対おさえる！　whichの意味と用法

☑ 2つのもののうちの「どちら」とたずねるときは、Which で疑問文を始める。

☑「(主語)は A と B のどちらが～ですか」とたずねるときは〈Which ＋ be 動詞＋主語 ～, A or B?〉で表す。「(主語)は A と B のどちらを～しますか」とたずねるときは〈Which do[does]＋主語＋一般動詞 ～, A or B?〉で表す。

● 〈Which ＋ be動詞の疑問文〉

Which is your pen, the red one or the blue one?

↳ Whichのあとに〈be動詞＋主語 ～?〉

(赤いのと青いの、どちらがあなたのペン？)

— The blue one is. (青いのだよ)

● 〈Which ＋一般動詞の疑問文〉

Which do you want, a cap or a T-shirt?

↳ Whichのあとに〈do＋主語＋一般動詞 ～?〉

(帽子とTシャツのどちらがほしい？)

— I want a cap. (私は帽子がほしいな)

最後の〈A or B〉の部分は、A は上げ調子、B は下げ調子に言う。

one は前に出た数えられる名詞と同じ種類のものを表すときに使う。

基礎力チェック！

❶ 次の英文の (　　) 内から適当な語を選び、○で囲みなさい。

(1) (Who / Whose) is that girl? — She's my sister.

(2) (Which / Who) do you study, English or math?

❷ 次の日本語に合うように、____に適当な語を書きなさい。

(1) あなたはどんな食べ物が好きですか。

__________ __________ do you like?

(2) あれはだれの家ですか。

__________ house __________ that?

答え

❶(1) Who
→ 3 参照

(2) Which
→ 5 参照

❷(1) What food
→ 2 参照

(2) Whose、is
→ 4 参照

English

7 疑問詞②（when、where、why、how）

1 Whenで始まる疑問文

絶対おさえる！ whenの意味と用法

☑「いつ」と時をたずねるときは、When で疑問文を始める。
☑「～はいつですか」とたずねるときは〈When is ～？〉で表す。「(主語)はいつ～しますか」とたずねるときは〈When do[does]＋主語＋一般動詞 ～？〉で表す。

● 〈When＋be動詞の疑問文〉

When is your birthday?（あなたの誕生日はいつ？）
↳ Whenのあとに〈be動詞＋主語 ～?〉

— It is June 20.（6月20日だよ）

● 〈When＋一般動詞の疑問文〉

When do you do your homework?（あなたはいつ宿題をするの？）
↳ Whenのあとに〈do＋主語＋一般動詞 ～?〉

— I do my homework before dinner.（夕食前に宿題をするよ）

時を表す表現

〈at ＋時刻〉「～時に」
〈on ＋曜日〉「～曜日に」
〈in ＋月〉「～月に」
in the morning「午前に」
in the afternoon「午後に」
in the evening「夕方に」
at night「夜に」
before ～「～の前に」
after ～「～のあとに」

2 Whereで始まる疑問文

絶対おさえる！ whereの意味と用法

☑「どこ」と場所をたずねるときは、Where で疑問文を始める。
☑「～はどこですか」とたずねるときは〈Where is[are] ～？〉で表す。「(主語)はどこで～しますか」とたずねるときは〈Where do[does]＋主語＋一般動詞 ～？〉で表す。

● 〈Where＋be動詞の疑問文〉

Where is your bike?（あなたの自転車はどこ？）
↳ Whereのあとに〈be動詞＋主語 ～?〉

— It is under the tree.（それは木の下だよ）

● 〈Where＋一般動詞の疑問文〉

Where do you live?（あなたはどこに住んでいるの？）
↳ Whereのあとに〈do＋主語＋一般動詞 ～?〉

— I live in Yokohama.（横浜に住んでいるよ）

場所を表す表現

in ～「～の中に」
on ～「～の上に」
by ～「～のそばに」
next to ～「～のとなりに」
under ～「～の下に」

「～に[で]」のatとin

〈at ＋比較的狭い場所〉
〈in ＋比較的広い場所〉

3 Whyで始まる疑問文

絶対おさえる！ whyの意味と用法

☑「なぜ」と理由をたずねるときは、Why で疑問文を始める。

Why do you like soccer?（なぜサッカーが好きなの？）
↳ Whyを文の最初に置く

— It's exciting.（わくわくするからだよ）

答えの文の最初に because「なぜなら」を置くこともある。
Because it's exciting.

月　日

学びのポイント

● “How＋形容詞[副詞]”を使った疑問文は、空所補充・並べかえ問題で頻出。この項目で紹介したものは一瞬で英訳できるようにしよう。

4《 Howで始まる疑問文

絶対おさえる！　howの意味と用法

☑「～はどうですか」と調子や状態をたずねるときは〈How is[are] ～？〉で表す。「(主語)はどうやって～しますか」と手段や方法をたずねるときは〈How do[does]＋主語＋一般動詞 ～？〉で表す。

☑ How many「いくつ」や How much「いくら」など、How のあとに形容詞[副詞]を続けて、程度をたずねることもできる。

● **〈How＋be動詞の疑問文〉**

How are you? (調子はどう？)　**— I'm fine.** (元気だよ)

↳ Howのあとに〈be動詞＋主語 ～?〉

● **〈How＋一般動詞の疑問文〉**

How do you go to the park? (あなたはその公園にどうやって行くの？)

↳ Howのあとに〈do＋主語＋一般動詞 ～?〉

— I go there by bike. (私はそこに自転車で行くよ)

↳〈by＋交通手段〉＝「～で」

● **〈How many＋名詞の複数形 ～？〉**

How many pens do you have? (あなたは何本ペンを持っているの？)

↳〈How many＋名詞の複数形〉で数をたずねる

— I have nine (pens). (9本(のペンを)持っているよ)

How＋形容詞[副詞]

How old ～？
「何歳？」(年齢)
How much ～？
「いくら？」(値段、量)
How long ～？
「どのくらい長く？」
(時間の長さ)
How far ～？
「どのくらい遠く？」(距離)
How often ～？
「どのくらいしばしば？」
(頻度)

基礎力チェック！

❶ 次の英文の（　）内から適当な語を選び、○で囲みなさい。

(1) (When / Where) is Jane? — She's in the library.

(2) (Why / When) do you watch TV? — After dinner.

(3) (How / Where) is the weather? — It's cloudy.

❷ 次の日本語に合うように、____に適当な語を書きなさい。

(1) あなたたちはどこで昼食を食べますか。

______ ______ you eat lunch?

(2) トムはなぜ忙しいのですか。

______ ______ Tom busy?

(3) このカメラはいくらですか。

______ ______ is this camera?

(4) 彼女はいつピアノを練習しますか。

______ ______ she practice the piano?

答え

❶(1) Where
→ 2《 参照
(2) When
→ 1《 参照
(3) How
→ 4《 参照

❷(1) Where do
→ 2《 参照
(2) Why is
→ 3《 参照
(3) How much
→ 4《 参照
(4) When does
→ 1《 参照

English

8 be動詞、一般動詞の過去形

1 be動詞の過去形

絶対おさえる！ be動詞の過去形のルール

☑「～でした」「(～に)いました」と**過去の状態**について言うときは、**be 動詞を過去形にする。am、is の過去形は** was、**are の過去形は** were。

☑ 否定文は **was[were]のあとに** not を置き、疑問文は **was[were]を主語の前に**置く。答えの文も **was[were]**を使って答える。

● **be動詞の過去形の文の形**

肯定文 He was tired.（彼は疲れていたよ）
↳主語がheなのでbe動詞はwas

否定文 He was not tired.（彼は疲れていなかったよ）
↳ wasのあとにnot

疑問文 Was he tired?（彼は疲れていたの？）
↳主語の前にWas

応答文 Yes, he was.（うん、疲れていたよ）
No, he was not.（いいえ、疲れていなかったよ）

過去を表す語句

yesterday「昨日」
last ～「この前の～」
～ ago「～前に」

〈was[were]＋not〉の短縮形

was not → wasn't
were not → weren't

2 一般動詞の過去形

絶対おさえる！ 一般動詞の過去形のルール

☑「～しました」と**過去の動作**について言うときは、一般動詞を過去形にする。**一般動詞の過去形は**、語尾に -ed をつける**規則動詞**と、異なる形に変化する**不規則動詞**がある。

☑ 否定文は**動詞の前に** did not[didn't]を置き、疑問文は**主語の前に** did を置く。答えの文も did を使って答える。否定文・疑問文の中の**一般動詞は原形**になる。

● **規則動詞の過去形の作り方**

ほとんどの語	-edをつける	play → played visit → visited
-eで終わる語	-dをつける	like → liked use → used
〈子音字＋y〉で終わる語	yをiに変えてから-edをつける	study → studied try → tried
〈短母音＋子音字〉で終わる語	子音字を重ねて-edをつける	stop → stopped

edの発音

[d] played、tried
[id] visited
[t] liked、stopped

● **不規則動詞**

buy ➡ bought、**come** ➡ came、**eat** ➡ ate、**get** ➡ got、
give ➡ gave、**go** ➡ went、**have** ➡ had、**make** ➡ made、
run ➡ ran、**take** ➡ took、**write** ➡ wrote など

read は現在形も過去形もつづりは同じだが、発音が異なる。
現在形 read [ri:d]
過去形 read [red]

学びのポイント

● "bought""ran"などの発音がわからない場合は辞書で確認しよう。電子辞書で音声を聞いてみるのがオススメ！

● 一般動詞の過去形の文の形

肯定文　Meg cooked dinner.（メグは夕食を作ったよ）
↳ cookの語尾に -edをつける

否定文　Meg did not cook dinner.（メグは夕食を作らなかったよ）
一般動詞の前に did not ↲　↳ 動詞は原形

did not のかわりに短縮形 didn't を使ってもよい。

疑問文　Did Meg cook dinner?（メグは夕食を作ったの？）
↳ 主語の前に Did　↳ 動詞は原形

応答文　Yes, she did.（うん、作ったよ）
No, she did not.（いいえ、作らなかったよ）

答えの文でも didを使う！

➡ 疑問詞で始まる疑問文には、具体的な内容を過去形を使って答える。

What did Meg make?（メグは何を作ったの？）
↳《What＋一般動詞の過去形の疑問文》

— She made curry and rice.（彼女はカレーライスを作ったよ）
↳ makeの過去形はmade

基礎力チェック！

❶ 次の日本語に合うように、＿＿に適当な語を書きなさい。

(1) 彼らは教室にいませんでした。
They ＿＿＿＿＿ ＿＿＿＿＿ in the classroom.

(2) 私は昨日、本を１冊買いました。
I ＿＿＿＿＿ a book ＿＿＿＿＿.

(3) 休暇を楽しみましたか。—はい、楽しみました。
＿＿＿＿＿ you ＿＿＿＿＿ your vacation?
— Yes, I ＿＿＿＿＿.

❷ 次の日本語に合う英文になるように、(　　) 内の語を並べかえなさい。なお、問題文では文頭にくる語も小文字にしてある。

(1) 彼女は先週、忙しかったですか。
(she / was / busy / last) week?
＿＿＿＿＿＿＿＿＿＿＿＿＿＿＿＿＿＿＿＿ week?

(2) 私は３日前、ルーシーに会いました。
(met / days / I / three / Lucy) ago.
＿＿＿＿＿＿＿＿＿＿＿＿＿＿＿＿＿＿＿＿ ago.

(3) 私たちは放課後、テニスを練習しませんでした。
(tennis / not / we / after / practice / did) school.
＿＿＿＿＿＿＿＿＿＿＿＿＿＿＿＿＿＿＿＿ school.

答え

❶(1) were not
→ 1 参照
(2) bought、yesterday
→ 2 参照
(3) Did、enjoy、did
→ 2 参照
❷(1) Was she busy last
→ 1 参照
(2) I met Lucy three days
→ 2 参照
(3) We did not practice tennis after
→ 2 参照

English

9 現在進行形、過去進行形

1 現在進行形

絶対おさえる！　現在進行形のルール

☑「～しています」と今している動作について言うときは、〈am[are、is]＋動詞の -ing 形〉で表す。
☑ 否定文は am[are、is]のあとに not を置き、疑問文は am[are、is]を主語の前に置く。答えの文も am[are、is]を使って答える。

● 動詞の -ing 形の作り方

ほとんどの語	-ingをつける	play → playing read → reading
-eで終わる語	eを取って-ingをつける	make → making use → using
〈短母音＋子音字〉で終わる語	子音字を重ねて-ingをつける	run → running swim → swimming

⚠注意

see は e を取らずにそのまま -ing をつける。
cook、look、visit などは子音字を重ねずにそのまま -ing をつける。

● 現在進行形の文の形

肯定文　Tom is watching TV.（トムはテレビを見ているよ）
└〈is＋動詞の -ing形〉

否定文　Tom is not watching TV.（トムはテレビを見ていないよ）
└ isのあとにnot

疑問文　Is Tom watching TV?（トムはテレビを見ているの？）
└ 主語の前にIs

応答文　Yes, he is.（うん、見ているよ）
No, he is not.（いいえ、見ていないよ）

答えの文でも be動詞を使う！

-ing形にしない動詞

like や know、want など、状態や感情を表す動詞はふつう -ing 形にしない。
✕ I am wanting a new bag.
○ I want a new bag.
（私は新しいかばんがほしい）

➡ 疑問詞で始まる疑問文には、具体的な内容を現在進行形を使って答える。

What is Eri studying?（エリは何を勉強しているの？）
└〈What＋現在進行形の疑問文〉

— She is studying science.（彼女は理科を勉強しているよ）
└〈is＋動詞の -ing形〉

2 過去進行形

絶対おさえる！　過去進行形のルール

☑「～していました」と過去のある時点にしていた動作について言うときは、〈was[were]＋動詞の -ing 形〉で表す。
☑ 否定文は was[were]のあとに not を置き、疑問文は was[were]を主語の前に置く。答えの文も was[were]を使って答える。

学びのポイント

● 進行形の文ではbe動詞の書き忘れミスが頻発する。
「進行形は、“be動詞 ＋ ing”」と何度も唱えて忘れないようにしよう。

● 過去進行形の文の形

過去のある時点を表す語句

then、at that time「そのとき」

肯定文　Sam **was sleeping**.（サムは眠っていたよ）
└〈was＋動詞の-ing形〉

否定文　Sam **was not sleeping**.（サムは眠っていなかったよ）
└ wasのあとにnot

疑問文　**Was** Sam **sleeping**?（サムは眠っていたの？）
└主語の前にWas

応答文　Yes, he **was**.（うん、眠っていたよ）
No, he **was not**.（いいえ、眠っていなかったよ）

➡ 疑問詞で始まる疑問文には、具体的な内容を過去進行形を使って答える。

Where were you studying?（あなたはどこで勉強していたの？）
└〈Where＋過去進行形の疑問文〉

— I **was studying** at the library.（図書館で勉強していたよ）
└〈was＋動詞の-ing形〉

基礎力チェック！

❶ 次の日本語に合うように、＿＿に適当な語を書きなさい。

(1) 私は今、Eメールを書いています。
I ＿＿＿＿＿ ＿＿＿＿＿ an e-mail now.

(2) 彼らは今、走っていますか。—はい、走っています。
＿＿＿＿＿ they ＿＿＿＿＿ now?
— Yes, they ＿＿＿＿＿.

(3) 私たちはそのとき、公園を掃除していました。
We ＿＿＿＿＿ ＿＿＿＿＿ the park then.

❷ 次の日本語に合う英文になるように、(　　) 内の語を並べかえなさい。なお、問題文では文頭にくる語も小文字にしてある。

(1) 母は今、料理をしていません。
(is / mother / cooking / not / my) now.
＿＿＿＿＿＿＿＿＿＿＿＿＿＿＿＿＿＿＿＿ now.

(2) 私はそのとき、歌を歌っていました。
(that / I / songs / singing / at / was) time.
＿＿＿＿＿＿＿＿＿＿＿＿＿＿＿＿＿＿＿＿ time.

(3) 昨夜8時、あなたは何をしていましたか。
(you / doing / at / what / last / eight / were) night?
＿＿＿＿＿＿＿＿＿＿＿＿＿＿＿＿＿＿＿＿ night?

答え

❶(1) am writing
→ 1 参照
(2) Are、running、are
→ 1 参照
(3) were cleaning
→ 2 参照
❷(1) My mother is not cooking
→ 1 参照
(2) I was singing songs at that
→ 2 参照
(3) What were you doing at eight last
→ 2 参照

English

10 未来

1 willの文

絶対おさえる！　willの意味と用法

- ☑ 未来のことについて「～だろう」と予測したり、「～しよう[するつもりだ]」と意志を表したりするときは、〈will＋動詞の原形〉で表す。
- ☑ 否定文は動詞の前に will not[won't]を置き、疑問文は will を主語の前に置く。答えの文も will を使って答える。

● willの意味

will は can と同じ助動詞。

・未来の予測「～だろう」

It will be sunny tomorrow.（明日は晴れでしょう）

・未来の意志「～しよう[するつもりだ]」

I will visit the museum tomorrow.（明日その博物館を訪れるつもりだよ）

未来を表す語句

tomorrow「明日」
next ～「次の～」

● willの文の形

肯定文　I will call Ken.（私はケンに電話するつもりだよ）
└ willのあとの動詞は原形

否定文　I will not call Ken.（私はケンに電話するつもりはないよ）
└ 動詞の前に will notまたはwon't

疑問文　Will you call Ken?（あなたはケンに電話するつもり？）
└ 主語の前に Will

応答文　Yes, I will.（うん、電話するつもりだよ）
No, I will not.（いいえ、電話するつもりはないよ）

答えの文でも willを使う！

〈主語＋will〉の短縮形

I will → I'll
you will → you'll
he will → he'll
she will → she'll
it will → it'll
we will → we'll
they will → they'll

will not の短縮形は won't。

➡ 疑問詞を使う場合は、疑問詞のあとに will の疑問文を続ける。

When will you meet Jane?（あなたはいつジェーンに会うつもり？）
└〈When＋willの疑問文〉

— I will meet her next Sunday.（次の日曜日に彼女に会うつもりだよ）

➡ Will you ～？は相手に依頼するときにも用いる。

Will you come to the party?（パーティーに来てくれませんか？）
└ Will you ～？で「～してくれませんか」という意味

Can you ～？よりも丁寧な印象を与える。

2 be going toの文

絶対おさえる！　be going toの意味と用法

- ☑ 未来のことについて、「～だろう」と今の状況から考えて予測したり、「～する予定だ」と以前から計画していたことを言ったりするときは、〈am[are、is]＋going to＋動詞の原形〉で表す。
- ☑ 否定文は am[are、is]のあとに not を置き、疑問文は am[are、is]を主語の前に置く。答えの文も am[are、is]を使って答える。

学びのポイント

● willの使い方は、116ページ「4. 命令文、can」で学んだcanと同じ。共通点を意識して学習すれば、素早く習得できるよ。

● be going toの意味

・今の状況から考えた未来の予測「～だろう」

It is going to rain this afternoon. (今日の午後は雨が降るでしょう)

・未来の決まっている予定「～する予定だ」

I am going to go shopping tomorrow. (明日は買い物に行く予定だよ)

willとbe going toの違い

will
「発話時に決めた未来のこと」や「未来の予測」を表す。

be going to
「すでに決まっている未来のこと」や「今の状況から予測できる未来のこと」を表す。

● be going toの文の形

肯定文　**I am going to meet Ken.** (私はケンに会う予定だよ)
└ be going toのあとの動詞は原形

否定文　**I am not going to meet Ken.** (私はケンに会う予定はないよ)
└ amのあとにnot

疑問文　**Are you going to meet Ken?** (あなたはケンに会う予定なの?)
└ 主語の前にAre

応答文　**Yes, I am.** (うん、会う予定だよ)
No, I am not. (いいえ、会う予定はないよ)

答えの文でもbe動詞を使う!

疑問詞で始まる疑問文は〈疑問詞＋be動詞＋主語＋going to ～?〉の語順。
Where are you going to go? (あなたはどこに行く予定ですか)

基礎力チェック!

❶ 次の日本語に合うように、＿＿に適当な語を書きなさい。

(1) 私は夕食後、お皿を洗うつもりです。
I ＿＿＿＿ ＿＿＿＿ the dishes after dinner.

(2) 彼は今日、サッカーを練習する予定です。
He's ＿＿＿＿ ＿＿＿＿ ＿＿＿＿ soccer today.

(3) あなたは彼女を手伝う予定ですか。—はい、手伝う予定です。
＿＿＿＿ you ＿＿＿＿ to help her?
— Yes, I ＿＿＿＿.

(4) 私たちは次の週末、忙しくないでしょう。
We ＿＿＿＿ ＿＿＿＿ busy next weekend.

❷ 次の日本語に合う英文になるように、(　　) 内の語 (句) を並べかえなさい。なお、問題文では文頭にくる語も小文字にしてある。

(1) 明日の天気はどうなるでしょうか。
(be / the weather / how / will) tomorrow?
＿＿＿＿＿＿＿＿＿＿＿＿＿＿＿＿ tomorrow?

(2) 私たちは泳ぎに行く予定はありません。
(are / swimming / to / we / not / going / go / .)
＿＿＿＿＿＿＿＿＿＿＿＿＿＿＿＿

答え

❶(1) will wash [do]
→ 1 参照

(2) going to practice
→ 2 参照

(3) Are、going、am
→ 2 参照

(4) won't be
→ 1 参照

❷(1) How will the weather be
→ 1 参照

(2) We are not going to go swimming.
→ 2 参照

English

11 There is[are] ～ . の文、look+形容詞

1 There is[are] ～ .の文

絶対おさえる！ There is[are] ～ . の文の意味と用法

- ☑「(～に) …がある[いる]」と言うときは、〈There is[are]＋名詞(＋場所を表す語句).〉で表す。名詞が単数のときは is、複数のときは are を使う。
- ☑「(～に) …があった[いた]」と言うときは、〈There was[were]＋名詞(＋場所を表す語句).〉で表す。名詞が単数のときは was、複数のときは were を使う。
- ☑ 否定文は be 動詞のあとに not を置き、疑問文は be 動詞を there の前に置く。答えの文も be 動詞と there を使う。

●〈前置詞＋名詞〉(場所を表す語句)

on the box (箱の上に) ／ in the box (箱の中に) ／
by the box (箱のそばに) ／ under the box (箱の下に) ／
next to the park (公園のとなりに) ／ near the park (公園の近くに)

● There is[are] ～ .の文の形

肯定文　There is　a cat on the sofa.
名詞が単数なのでis
└ 場所を表す語句
(ソファの上にネコがいるよ)

否定文　There is not a cat on the sofa.
└ be動詞のあとにnot
(ソファの上にネコはいないよ)

疑問文　Is there　a cat on the sofa?
└ thereの前にbe動詞
(ソファの上にネコがいる？)

応答文　Yes, there is. (うん、いるよ)
No, there is not. (いいえ、いないよ)

答えの文でもbe動詞とthereを使う！

数をたずねる疑問文

How many eggs are there in the basket?
└〈How many＋名詞の複数形＋are there＋場所を表す語句 ～?〉
(かごの中には何個のたまごがあるの？)

応答文　There are twelve (eggs). (12個(のたまごが)あるよ)

There is[are]の短縮形

There is → There's
There are → There're

あとに続く名詞が複数のとき

There are two cats on the sofa.
(ソファの上に２匹のネコがいるよ)

過去の状態を表すとき

There was a cat on the sofa.
(ソファの上にはネコがいたよ)

➡ 特定のものや人について言うときはふつう There is[are] ～ . の文は使わない。

× There is my dog under the bed.
└ my「私の」はあとに続く名詞dogを特定しているので、There is ～ . の文は使えない

○ My dog is under the bed. (私のイヌがベッドの下にいるよ)

the dog「そのイヌ」の場合も dog を特定しているので There is ～ . の文は使えない。

月　　日

学びのポイント

● "There is[are] ～." の文末には、「前置詞 + 名詞」が続くことが多い。この機会に前置詞の意味もマスターしよう！

➡ There is[are] ～. の文は have を使って言いかえることができる場合もある。

There are many temples in the city.

= The city has many temples. （その市にはたくさんのお寺があるよ）

2 〈look+形容詞〉

絶対おさえる！ 〈look＋形容詞〉の意味

☑「(主語)は～のように見える」と、見た人やものについての印象を言うときは、〈look ＋形容詞〉で表す。

☑〈look ＋形容詞〉の look は「～を見る」という意味ではなく、主語＝形容詞の関係が成り立つ。

Meg looks happy. （メグはうれしそうに見えるね）

↳ lookのあとに形容詞→「～のように見える」
Meg = happy

Meg looked at the picture. （メグはその写真を見たよ）

↳ lookのあとに〈at＋名詞〉→「～を見る」
Meg ≠ the picture

〈sound ＋形容詞〉で「～のように聞こえる[思う]」という意味になる。
The plan sounds great.
（その計画はすばらしく聞こえる）

基礎力チェック！

❶ 次の日本語に合うように、＿＿に適当な語を書きなさい。

(1) テーブルの上にカップが１つありました。

＿＿＿＿ ＿＿＿＿ a cup ＿＿＿＿ the table.

(2) あなたは疲れているように見えます。

You ＿＿＿＿ ＿＿＿＿.

(3) かばんの中に本がありますか。―はい、あります。

＿＿＿＿ there any books ＿＿＿＿ the bag?

― Yes, ＿＿＿＿ ＿＿＿＿.

❷ 次の日本語に合う英文になるように、(　　) 内の語 (句) を並べかえなさい。なお、問題文では文頭にくる語も小文字にしてある。

(1) この近くに銀行はありません。

(is / a bank / here / there / not / near / .)

＿＿＿＿＿＿＿＿＿＿＿＿＿＿＿＿

(2) 木の下に何台の自転車がありますか。

(bikes / there / the tree / many / under / are / how / ?)

＿＿＿＿＿＿＿＿＿＿＿＿＿＿＿＿

答え

❶(1) There was、on
→ 1 参照

(2) look tired
→ 2 参照

(3) Are、in、there are
→ 1 参照

❷(1) There is not a bank near here.
→ 1 参照

(2) How many bikes are there under the tree?
→ 1 参照

- とく…古「急いで・すぐに」
- のたまふ…古「おっしゃる」
- ゆかし…古「見たい・聞きたい」
- わろし…古「よくない」

3 古文の特徴《とくちょう》

❶ 主語の省略…前に書かれた内容からわかる場合、主語が省略される。

例「老父あり。たださへかすむ目もとの暮方《くれがた》に、(老父が)二階よりおりんとする。」

❷ 助詞の省略…古文では「は」や「が」などの助詞が省略されることがある。

例「雨など(が)降るもをかし」

❸ 古文特有の助動詞

例「男ありけり」＝男がいた〔けり＝過去〕

「筒《つつ》の中光りたり」＝筒の中が光っている〔たり＝存続〕

❹ 助詞「の」の用法

・主語を表す…例「夕日のさして」＝夕日がさして

・連体修飾語《しゅうしょくご》…例「竹の中に」

❺ 係り結び

文中に係り結びを起こす助詞(係助詞)「ぞ」「なむ」「や」「か」「こそ」がある場合、文末が決まった形に変化すること。「ぞ」「なむ」「こそ」は強調、「や」「か」は疑問・反語(「〜か、いや、〜ではない」という意味)の意味を付け加える。

例

「もと光る竹　一筋ありけり。」←係助詞がない文

「もと光る竹なむ一筋ありける。」←係助詞「なむ」で「根元の光る竹」を強調

「けり」の連体形「ける」に変化

絶対おさえる!

☑係り結びによる文末の変化を覚えよう。

○ぞ・なむ・や・か　→　文末が連体形に変化する。

○こそ　→　文末が已然形《いぜんけい》に変化する。

基礎カチェック!

1. 次の①〜⑮を現代仮名遣いに直しなさい。

① みづ　② たまへ　③ いんぐわ

④ をり　⑤ ゐる　⑥ くわかく

⑦ はぢ　⑧ めづらし　⑨ こゑ

⑩ まうづ　⑪ うつくしう　⑫ てうし

⑬ おほかた　⑭ なむ　⑮ かうし

2. 次の文の(　)に省略されている係助詞を補いなさい。

白き花(　)咲《さ》きけれ。

3. 次の——線部ア〜ウの「の」から、主語を表す働きのものを選びなさい。

夕日アのかかやいたるに、みな紅《くれなゐ》イの扇《あふぎ》の日出《い》だしたるが、白波ウの上に漂《ただよ》ひ……

4. 次の文から係助詞と結びの語を抜《ぬ》き出しなさい。

① 神へ参るこそ本意《ほい》なれ。

② 名をばさぬきのみやつことなむいひける。

③ 聞きしにも過ぎて、尊くこそおはしけれ。

答え

1. ①みず ②たまえ ③いんが ④おり ⑤いる ⑥かかく ⑦はじ ⑧めずらし ⑨こえ ⑩もうず ⑪うつくしゅう ⑫ちょうし ⑬おおかた ⑭なん ⑮こうし →1参照

2. こそ →3参照

3. ア →3参照

4. ①係助詞…こそ　結びの語…なれ
②係助詞…なむ　結びの語…ける
③係助詞…こそ　結びの語…けれ →3参照

※国語は巻末（P149）から始まります。

Japanese

8 古文 古文の基《き》礎《そ》知識

月　日

学びのポイント
● 歴史的仮名《かな》遣《づか》いへの慣れが、古文の第一歩。意味がわかりにくい文も、まずは声に出そう。

絶対おさえる！
☑「ア段＋う(ふ)→オ段＋う」「イ段＋う(ふ)→イ段＋ゅう」「エ段＋う(ふ)→イ段＋ょう」と読む。

1 歴史的仮名《かな》遣《づか》い

古文に使われている仮名遣いを歴史的仮名遣いと言い、次のように現代仮名遣いに直して読む。

❶ 語頭と助詞以外の「は・ひ・ふ・へ・ほ」→「わ・い・う・え・お」

例 あはれ→あわれ　おはす→おわす　思ひ→思い
言ふ→言う　たとへ→たとえ　考へず→考えず
なほ→なお　こほり→こおり

❷ ワ行の「ゐ・ゑ・を」→「い・え・お」

例 ゐる→いる　こゑ→こえ　ゑむ（笑む）→えむ
をかし→おかし　をとこ→おとこ

❸「ぢ」→「じ」／「づ」→「ず」

例 もみぢ→もみじ　まづ→まず　よろづ→よろず

❹「む」→「ん」／「くわ（ぐわ）」→「か（が）」

例 やむごとなし→やんごとなし　なむ→なん　行かむ→行かん
ぐわんじつ→がんじつ　くわじ（火事）→かじ

❺

ア段＋う（ふ）→オ段＋う

例 やうやう→ようよう　まうけ→もうけ　まうす→もうす

イ段＋う（ふ）→イ段＋ゅう

例 ちうや→ちゅうや　しうと→しゅうと　あやしう→あやしゅう

エ段＋う（ふ）→イ段＋ょう

例 てうし→ちょうし　けふ→きょう　れうり→りょうり

2 重要な古語

古語の中には、現代語と意味が異なるものや、現代では使われないものがある。

❶ 現代語とは異なる意味で使われる語

あはれ…古「しみじみとした趣《おもむき》がある」　現「かわいそうだ」
あやし…古「不思議だ・粗末《そまつ》だ」　現「疑わしい」
うつくし…古「かわいい」　現「美しい」
おどろく…古「はっと気づく・目を覚ます」　現「驚《おどろ》く」
めでたし…古「すばらしい・立派だ」　現「おめでたい・結構だ」
かなし…古「いとおしい・かわいい」　現「悲しい」
年《とし》ごろ…古「長年」　現「ふさわしい年齢《ねんれい》」
やがて…古「そのまま・すぐに」　現「そのうち」
をかし…古「風情《ふぜい》がある・おもしろい」　現「こっけいだ」

❷ 現代ではほとんど使われなくなった語

あらまほし…古「望ましい」　いと…古「たいそう・まったく」
いみじ…古「はなはだしい・ひどい」　うし…古「辛《つら》い・ゆううつだ」
おはす…古「いらっしゃる」　おぼゆ…古「思われる・似る」
たまふ…古「くださる」　つきづきし…古「ふさわしい」
やうやう…古「しだいに」　つれづれなり…古「退屈《たいくつ》だ」

例 春になると、花は鮮《あざ》やかに咲《さ》き、鳥はにぎやかに歌う。

⬇「……は――（する）」という同じ構成を繰《く》り返《かえ》すことで、調子を整え、内容に深みを与《あた》えている。

例 甘《あま》えん坊《ぼう》でわがままなうさぎと、世話好きで優《やさ》しいかめが出会った。

例 東の国では豊かな土壌《どじょう》で農業が発達し、西の国では豊かな資源で工業が発達した。

❺ 反復（繰り返し）

同じ言葉や似た語句を繰り返し使って、感動を強く表現し、リズムを出したり印象を強めたりする。

例 しんしんと。しんしんと。静かな夜に雪だけが降り続く。

⬇「しんしんと。」を繰り返すことで、意味を強め、リズミカルな印象を与えている。

例「ねえ、大丈夫《だいじょうぶ》かい、大丈夫かい。」くまさんは大声で呼びかけた。

❻ 省略

文章の一部をあえて省略することで、余韻を残したり、引《ひ》き締《し》まった雰囲気《ふんいき》を出したりする。

例 前に負けたときは涙《なみだ》が出るほど悔《くや》しかった。もちろん、今日も。

⬇「もちろん、今日も（涙が出るほど悔しい）」の意味。

例 なんで、こんなところにぼくの財布《さいふ》が。

絶対おさえる！

☑ **表現技法を使って書き手が強調している部分は、書き手が特に伝えたい部分であることが多いので、**読解においては表現技法に注意しよう。

基礎力チェック！

1. 次の――線部に使われている表現技法をあとから選びなさい。

① かぐわしい香りがする梅の花。
② 赤ちゃんの手はまるでもみじのようだ。
③ 遠い、遠い、遠い昔のお話。
④ ご覧ください、彼《かれ》の新しい作品を。
⑤ どうしてここに君が？
⑥ 寒さのあまり、手はかじかみ、足は震《ふる》えた。
⑦ 父は不機嫌《ふきげん》そうに黙《だま》り込《こ》み、母は機嫌よく話し始めた。
⑧ 君は歩く百科事典だね。
⑨ 鳥が窓の外から語りかけてくる。
⑩ 家族みんなで暮らせる喜び。
⑪ 私は全然知らないよ、そんな話は。
⑫ 光陰《こういん》矢のごとし
⑬ どうか、私たちに勝利を！
⑭ 君はわが社の宝だ。
⑮ 彼は何度も何度も力強くうなずいた。
⑯ あたかも雲の上の世界のように、全てが光り輝《かがや》いていた。

ア 倒置法　イ 対句　ウ 反復
エ 擬人法　オ 直喩　カ 体言止め
キ 隠喩　ク 省略

答え

1. ①カ　②オ　③ウ　④ア　⑤ク
⑥イ　⑦イ　⑧キ　⑨エ　⑩カ
⑪ア　⑫オ　⑬ク　⑭キ　⑮ウ
⑯オ

→ 1 参照

Japanese

7 韻文 いろいろな表現技法

学びのポイント

● 表現技法は知識問題として頻出《ひんしゅつ》！文章中で使われている部分を自分で探してみよう。

月　日

1 表現技法

表現技法とは、表現を工夫《くふう》することによって伝えたい内容を強調したり、出来事を生き生きと印象的に表現したりする技《わざ》で、とくに詩や文学的文章において多く使われる。表現技法によって強調している部分は、書き手がとくに伝えたい内容であることが多いので注意しよう。

表現技法には、比喩《ひゆ》・体言止め・倒置《とうち》法・対句《ついく》・反復・省略などがある。

❶ 比喩

あるものを別のものにたとえ、印象を強める表現技法。たとえとも言う。大きく次の三つに分けられる。

・直喩（明喩）…「（まるで・あたかも・さながら）～ようだ（みたいだ・ごとし）」などの表現を使って、たとえるものとたとえられるものをはっきりと示す比喩。

例 あなたはまるでひまわりのような人だ。

⬇「あなた」を「ひまわり」にたとえて、その人柄《ひとがら》の明るさを強調している。

例 さながら真冬のごとく、朝から冷《ひ》え込《こ》みが厳しい。本当に夢みたいだ。

・隠喩《いんゆ》（暗喩）…「（まるで・あたかも・さながら）～ようだ（みたいだ・ごとし）」を使わずに、たとえるものとたとえられるものを、それとなく示す比喩。

例 先生は仏の顔でほほえんだ。

⬇先生を遠まわしに「仏」にたとえることで、その柔和《にゅうわ》さを強調している。

例 時は金なり。

・擬人《ぎじん》法…人間以外のものを人間に見立てて表現する比喩。

例 暖かなそよ風が春の訪《おとず》れを告げる。

⬇「そよ風」を人間に見立てて表現することで、印象を強めている。

例 雪山が私を呼んでいる。

例 木の上から野良猫《のらねこ》がぼくたちをあざわらっていた。

❷ 体言止め

文末を名詞（体言）で止めることで、印象を強め、余韻《よいん》を残す。

例 寂寥《せきりょう》感のある冬の景色。

⬇言い切ることで印象を強め、余情を感じさせる。

例 忘れられない君との思い出。

例 中学校生活において大事なこと。

❸ 倒置法

通常とは語順を入《い》れ替《か》えることで、言葉の勢いを強め、印象深く表現する。

例 君だったのか、手紙をくれたのは。

⬇本来の語順では、「手紙をくれたのは、君だったのか。」だが、語順を入れ替えることで感動を強く表現している。

例 十月十日ですよ、我《わ》が校の体育祭は。

例 とてもかわいらしいね、幼子がよちよち歩くのは。

❹ 対句

対になる言葉やよく似た表現などを同じ構成で並べてリズム感を出し、印象を強める。

品詞分類表

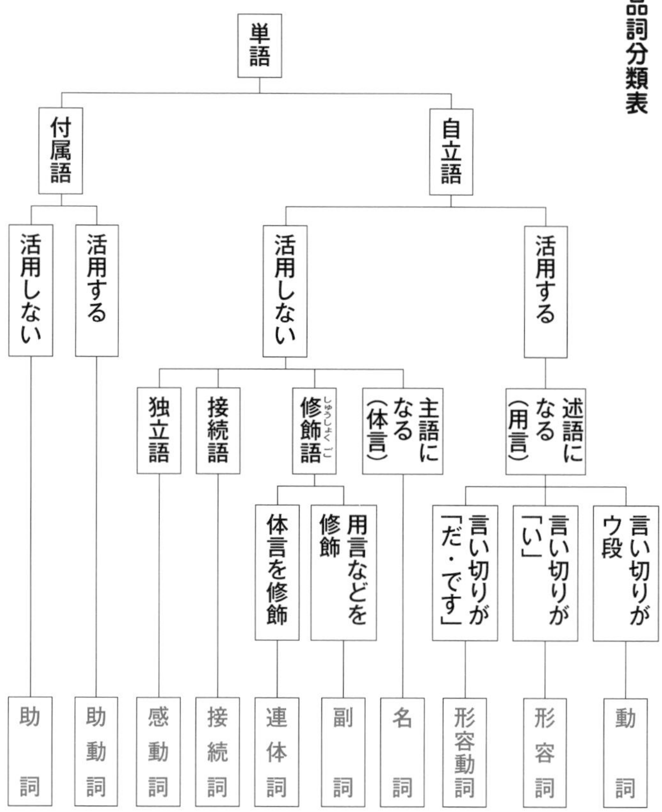

※文中での働きから品詞を判断する。
品詞を判断する際には、文中での働きをとらえることが大切である。

・単独で**主語**になっている→体言
・単独で**述語**になっている→用言
・単独で**連用修飾語**になっている→副詞または形容詞・形容動詞

※実際の入試問題では、文を単語に分ける問題、品詞を問う問題が多く扱《あつか》われる。

絶対おさえる!

☑ **単語は十種類の品詞に分けられる。**自立語・付属語、活用のある・なし、などの特徴《とくちょう》でも分類できる。

基礎力チェック!

1. **次の文の単語の数を漢数字で書きなさい。**
① かたつむりがあじさいの葉の上にいる。
② 土曜日に従兄弟《いとこ》の家に行きます。
③ 彼女《かのじょ》のアイディアは特別すばらしかった。
④ 今日の宿題は後ろの黒板に書いてある。
⑤ ただし、期限は十日までだ。

2. **次の文中から自立語をそのまま抜《ぬ》き出して書きなさい。**
① あらゆる村で米の栽培《さいばい》が始まった。
② でも、弟はいたずらを反省はしないだろう。
③ もっと練習しよう、来月の本番まで。

3. **次の文中の活用する単語の数を漢数字で書きなさい。**
① 先生は若いころ、登山部に所属していたらしい。
② スポーツでは、やっぱり水泳が最も得意だと思うよ。
③ 明るく元気な祖父は、毎日、広い公園を散歩する。

4. **次の文に用いられている品詞を全て選び、記号で答えなさい。**
そして、早く目覚めると、いろんな鳥のにぎやかなさえずりが聞こえた。

ア 名詞　イ 動詞　ウ 形容詞　エ 形容動詞　オ 副詞
カ 連体詞　キ 感動詞　ク 接続詞　ケ 助詞　コ 助動詞

答え

1. ①九 ②八 ③七 ④十一 ⑤六 → 1 参照
2. ①あらゆる・村・米・栽培・始まっ
②でも・弟・いたずら・反省・し
③もっと・練習し・来月・本番 → 1 参照
3. ①五 ②二 ③四 → 2 3 参照
4. ア・イ・ウ・エ・カ・ク・ケ・コ → 4 参照

Japanese

6

文法

単語の分類

社会 理科 数学 英語 国語

学びのポイント

● この単元は「品詞」を学ぶための導入部分！「品詞」がわからなくなったら、ここに戻《もど》ろう。

月　日

1 自立語と付属語

①自立語
・その語だけで一つの文節をつくることができる。
・必ず文節の初めにある。
・一文節に一つしかない。

②付属語
・その語だけでは文節をつくることができない。
・必ず自立語のあとに付いて文節をつくる。

※自立語と付属語に分けるには、文節で区切り、文節の最初にある自立語を見つける。

例 庭に白い花が咲《さ》いた。

①文節に分ける⬇ 庭に｜白い｜花が｜咲いた。
②単語に分ける⬇ 庭｜に｜白い｜花｜が｜咲い｜た。

庭	に	白い	花	が	咲い	た
自	付	自	自	付	自	付

2 活用

活用とは、あとに続く単語によって、単語の終わりの部分が規則的に変わることをいう。活用しても変わらない部分を語幹、変わる部分を活用語尾《ごび》という。

例 高い

語幹	活用語尾	
高	かろ	ーう
高	かっ	ーた
高	く	ーて
高	い	ー。
高	い	ーとき
高	けれ	ーば

絶対おさえる！

☑ **自立語は単独で文節をつくることができ、付属語は自立語のあとに付く。単語には、単語の終わりの部分が規則的に変わる活用をするものもある。**

3 用言と体言

①用言
・活用がある自立語。
・単独で述語になることができる単語。
・品詞…動詞・形容詞・形容動詞

②体言
・活用がない自立語。
・単独で主語になることができる単語。
・品詞…名詞

絶対おさえる！

☑ **用言は活用がある自立語で、単独で述語になる。体言は活用がない自立語で、単独で主語になる。**

4 品詞

単語は、全部で十種類に分類することができる。分類した一つひとつを品詞という。

※並立の関係の文節は、順序を入れ替《か》えても意味が通る。

例 涼しくさわやかな風が吹いている。＝さわやかで涼しい風が吹いている。

6 補助の関係

主な意味をもつ文節と、そのあとに付いて補助的な意味を添《そ》える文節の関係。

例 スキーを 教えて（主な意味） もらう（補助的な意味）。　猫《ねこ》が かけよって（主な意味） くる（補助的な意味）。

※その他、「いる」「ある」「みる」「いく」「あげる」なども、「遊んでいる」「置いてある」「読んでみる」などの形で、補助的な意味を添える文節となる。

絶対おさえる!

☑ **文節どうしの関係には、主語・述語の関係、修飾・被修飾の関係、接続の関係、独立の関係、並立の関係、補助の関係がある。**

2 連文節

二つ以上の文節が一まとまりとなって一つの働きをするものを連文節という。連文節はその働きによって、主部・述部・修飾部・接続部・独立部などと呼ばれる。

例 父と 母が、（主部） かぼちゃと ピーマンを（修飾部） 育てて いる（述部）。

雨が 降ったので、（接続部） 気温が 下がった。

ボートでの 世界一周、（独立部） それが ぼくの 夢だ。

絶対おさえる!

☑ **連文節は、二つ以上の文節で一つの働きをする。主部・述部・修飾部・接続部・独立部の五つがある。**

基礎力チェック!

1. 次の文の主語と述語をそれぞれ一文節で答えなさい。主語がない場合は×と答えなさい。

① 鳥たちも 一斉《いっせい》に 空へ 飛び立った。

② 今週は ぼくの 父は 東京に 出張中だ。

③ ぼくらは 次こそ 試合で 勝てるだろう。

④ 彼《かれ》の 面白《おもしろ》い 話に くぎづけに なった。

2. 次の文から接続語または独立語を一文節で抜《ぬ》き出しなさい。

① 退屈《たいくつ》だが、仕方なく待つことにした。

② ねえ、明日の放課後は空いているかな。

③ 社長、今日は三時から社内会議です。

④ なお、彼は私の遠い親戚《しんせき》なのです。

3. 次の――線部の文節どうしの関係をあとから選びなさい。

① この 缶《かん》ジュースは 冷たく ない。

② 二人は 遊んだり けんかしたり して 成長した。

③ 近所の 公園は ぼくたちの 一番の 居場所だ。

④ 机に 一通の 手紙が 置いて ありました。

⑤ 昨日は 君も 熱心に 自主トレを したね。

⑥ たった 一週間で 一輪車に 乗れるように なった。

ア 主語・述語の関係　イ 修飾・被修飾の関係

ウ 並立の関係　エ 補助の関係

答え

1. ①（主語）鳥たちも （述語）飛び立った　②（主語）父は （述語）出張中だ　③（主語）ぼくらは （述語）勝てるだろう　④（主語）× （述語）なった
→ 1 参照

2. ①退屈だが　②ねえ　③社長　④なお → 1 参照

3. ①エ　②ウ　③ア　④エ　⑤ア　⑥イ → 1 参照

Japanese

5 文法 文節相互《そうご》の関係

学びのポイント
- 文節どうしの関係は、読解でも役立つ。傍《ぼう》線《せん》部《ぶ》や設問文の正確な理解につながる!

月　日

1 文節どうしの関係

文節の働きには、主語・述語・修飾語《しゅうしょくご》・接続語・独立語などがある。

❶ 主語・述語の関係

主語…「何が」「誰《だれ》が」にあたる文節。「〜は」「〜も」「〜こそ」などの場合もある。
述語…「どうする」「どんなだ」「何だ」「ある／いる」「ない」にあたる文節。

主語　述語　主語　述語
例 明日は　晴れだ。　君も　仲間だ。

※主語・述語の関係
①何が（誰が）―どうする。　例 弟が笑う。
②何が（誰が）―どんなだ。　夕焼けが美しい。
③何が（誰が）―何だ。　姉は高校生だ。
（「何が（誰が）―ある／いる。」・「何が（誰が）―ない。」などもある。）

❷ 修飾・被修飾《ひしゅうしょく》の関係

修飾語…他の文節を詳《くわ》しく説明したり、内容を補ったりする働きをする。

修飾語　主語　修飾語　述語
例 赤い　花が　道ばたに　さく。

※修飾語の二つの種類
①連体修飾語…体言（名詞）を修飾する。

連体修飾語　連体修飾語　体言（被修飾語）
例 あの　大きな　ビルだよ。

②連用修飾語…用言（動詞・形容詞・形容動詞）を修飾する。

連用修飾語　連用修飾語　用言（被修飾語）
例 あした　友達と　会う。

❸ 接続の関係

接続語…文と文、文節と文節をつないで、原因・理由・逆接・条件などの文節どうしの関係を示す。

例 寒かった。だから、コートを着た。（原因・理由）
寒かった。しかし、コートを着なかった。（逆接）
寒かったので、コートを着た。（原因・理由）
寒かったら、コートを着るつもりだ。（条件）

❹ 独立の関係

独立語…他の文節とは直接関係がなく、独立しており、応答・あいさつ・呼びかけ・提示・感動などを表す。

例 はい、私です。（応答）　こんにちは、久しぶり。（あいさつ）
森本さん、いらっしゃいますか。（呼びかけ）
十月二日、それが生徒会選挙の日だ。（提示）
うわあ、すばらしい眺《なが》めだ。（感動）

❺ 並立《へいりつ》の関係

二つ以上の文節が対等な関係で並んでいることを示す。

例 涼《すず》しく　さわやかな　風が吹《ふ》いている。

※「遊んで／いる」「置いて／ある」「読んで／みる」「通って／いく」などの、「いる」「ある」「みる」「いく」なども一文節と数えることに注意する。

❸単語

意味のある言葉としては最小の単位。これ以上分けられないところまで、文節をさらに細かく区切ったもの。

※単語は働きによって、いくつかの種類に分けられる。

例 名詞（ものの名前を表す）・動詞（動作や様子を表す）など。

※ 単語の分け方

①まずは文節で分ける。

②文節を、言葉の働きに注意しながら、さらに細かく区切る。

例 ぼくは公園で友達と遊んでいた。

①文節　ぼくは／公園で／友達と／遊んで／いた。　⬇5文節

②単語　ぼく｜は｜公園｜で｜友達｜と｜遊ん｜で｜い｜た。　⬇10単語

つまり、来週は忙《いそが》しくなるのだね。

①文節　つまり、／来週は／忙しく／なるのだね。　⬇4文節

②単語　つまり、｜来週｜は｜忙しく｜なる｜の｜だ｜ね。　⬇8単語

※「勉強する」「一学期」「君たち」などは複合語と呼ばれ、一単語となるので注意しよう。

絶対おさえる！

☑ **文節は「ね」「さ」「よ」を入れることができるところが区切り。単語は文節をさらに細かく分けた、言葉の最小の単位。**

基礎力チェック！

1. 次の文を例にならって文節に分けなさい。

例 空が／青い。

① 今日は昨日よりもいくらか暑い。

② この小説はとても面《おも》白《しろ》かったです。

③ 大きくなったら、ぼくは教師になりたい。

④ 教室の壁《かべ》に時間割がはってある。

⑤ 先に行きますね、私が。

2. 次の文の単語の数を算用数字で答えなさい。

① 修学旅行の土産《みやげ》をもらった。

② 充実《じゅうじつ》した中学校生活を送りたいと思います。

③ 学校を休むことをメールで連絡《れんらく》した。

④ 危ないよ、スピードを出すと。

⑤ ただし、セールは明日で終了《しゅうりょう》ですよ。

3. 次の文章について、段落と文の数を算用数字で答えなさい。

　犬は、昔から人間のそばで暮らしてきた。ある犬たちは猟犬《りょうけん》や牧羊犬として人間の役に立ってきた。また別の犬たちは、人間のペットとしてかわいがられてきた。

答え

1. ①今日は／昨日よりも／いくらか／暑い。
②この／小説は／とても／面白かったです。
③大きく／なったら、／ぼくは／教師に／なりたい。
④教室の／壁に／時間割が／はって／ある。
⑤先に／行きますね、／私が。 ↓ 2 参照

2. ①6　②9　③9　④6　⑤8 ↓ 2 参照

3. 段落2　文3 ↓ 1 参照

Japanese

4 文法 言葉の単位

1 文章・段落

言葉の単位は文章・段落・文・文節・単語という五つに分けることができる。

❶ 文章

一編の小説や論説文などの、書き手の考えや思いを一まとまりの内容として、文字で書き表したもの。

例 随筆《ずいひつ》・一通の手紙・俳句一首

❷ 段落

書き手が、自分の意図をわかりやすく伝えるため、文章を内容のまとまりごとに区切ったもの。段落の初めは改行し、一字下げる。

※書き出しを一字下げた段落（形式段落）を、意味上のまとまりから二つ以上まとめたものをとくに意味段落と呼ぶ。

※詩の場合は、「連」が段落にあたる。

文章

段落　段落

文

ある晴れた日、ぼくは公園で友達と遊んでいた。いつものように、広場でドッジボールをしていたのだ。

二時間ほど経《た》ったころ、ぼくは植《う》え込《こ》みの下に白いものを見た。よく見ると、白い子犬だった。ぼくとシロの出会いだった。

絶対おさえる！

☑ **文章は一つのまとまった内容を表したもので、一つ以上の段落から構成される。**

2 文・文節・単語

❶ 文

文章における最小の単位。「何（だれ）がどうする」「何（だれ）がどんなだ」など、あるまとまった内容を表す一続きの言葉のこと。

※文は終わりに句点「。」が付けられている。句点の代わりに、「？（疑問符《ぎもんふ》）」や「！（感嘆符《かんたんふ》）」が付けられている場合もある。

※長い文の場合は文中に読点「、」が付けられていることが多い。

例 ある晴れた日、ぼくは公園で友達と遊んでいた。
君だよね？
ついに思い出したぞ！

（読点　句点　疑問符　感嘆符）

❷ 文節

文を、意味のかたまりとして発音するうえで不自然でないところで、できるだけ短く区切った一区切り。

※文節の区切りには、区切り目に「ね」「さ」「よ」などを入れることができる。読点「、」があるところで、文節も区切れる。

※ 文節の分け方

間に「ね」「さ」「よ」を入れることができるところが文節の切れ目である。

例 ある ね 晴れた ね 日、 ね ぼくは ね 公園で ね 友達と ね 遊んで ね いた。 ⬇ 8文節

昨日、 ね 公園に ね いたのは、 ね 君だよね？ ⬇ 4文節

学びのポイント

● まずは文を「分けて」とらえることから。「文節」と「単語」の分け方を区別しよう！

月　日

※現在の漢字の大半をしめているのは**形声文字**である。よって、読みを答える問題では、**同じ音符の漢字の読みから類推できる**場合がある。

例「版」の読み⇩音符が同じ漢字「坂・板・飯（ハン）」から、「ハン」と類推できる。

「側」の読み⇩音符が同じ漢字「測（ソク）」から、「ソク」と類推できる。

❺ 転注《てんちゅう》文字…ある漢字の元の意味が広がって、関係する別の意味に転用された文字。

例 楽

元の意味 「器楽・音楽」

現在 音楽は「楽しい」ことから、「ラク」という読みになり、「楽しい」という意味に転用された。

比

元の意味 「人が二人並んでいる」という意味から、「ならぶ」という意味ができた。

現在 「くらべる」という意味に転用された。

❻ 仮借《かしゃ》文字…元々文字で表せなかった事がらについて、意味に関係なく、音が似た漢字を転用した文字。

例「豆《トウ》」は元々は「肉を盛る器《うつわ》」を意味する漢字であったが、植物の「マメ」のことも「トウ」と同じ音で呼んでいたため、「マメ」を表す文字として使われるようになったと言われている。

例 アメリカ→亜米利加　キリスト→基督　あみだ→阿弥陀

絶対おさえる！

☑**漢字の成り立ちには、象形文字・指事文字・会意文字・形声文字・転注文字・仮借文字の六つがあり、六書と呼ばれる。**

基礎力チェック！

1. 次の漢字の成り立ちをあとから一つずつ選びなさい。

①末　②名　③治　④子
⑤多　⑥星　⑦女　⑧三
⑨士　⑩安　⑪本　⑫皿
⑬引　⑭耳　⑮男　⑯持
⑰中　⑱倍　⑲測　⑳位

ア 象形文字　イ 指事文字
ウ 会意文字　エ 形声文字

2. 次の漢字に共通する音をカタカナで答えなさい。

①持・時　②署・諸
③磁・滋　④険・検
⑤蔵・臓　⑥境・鏡
⑦経・径　⑧起・紀

3. 次の漢字で書かれた国名をカタカナで答えなさい。

①英吉利　②独逸　③仏蘭西
④阿蘭陀　⑤伊太利亜　⑥印度

答え

1. ①イ　②ウ　③エ　④ア　⑤ウ　⑥エ　⑦ア　⑧イ　⑨ア
⑩ウ　⑪イ　⑫ア　⑬イ　⑭ア　⑮ウ　⑯エ　⑰イ　⑱エ
⑲エ　⑳ウ→2参照

2. ①ジ　②ショ　③ジ　④ケン　⑤ゾウ　⑥キョウ　⑦ケイ
⑧キ→2参照

3. ①イギリス　②ドイツ　③フランス　④オランダ　⑤イタリア
⑥インド→2参照

Japanese

3 漢字・語句 漢字の成り立ち

学びのポイント

● 漢字の多くをしめるのが形声文字。知らない漢字でも、読みや意味を予想しよう！

月　日

1 文字の種類

❶ 表音文字と表意文字

世界で使われている文字は、大きく次の二つの種類に分けることができる。

①表意文字…それぞれの字が一定の意味を表している。

例 漢字

②表音文字…それぞれの字が音を表している。世界の文字の多くは表音文字である。

例 アルファベット・ハングル

❷ 日本の文字

①漢字…表意文字であり、表音文字でもあるという特殊《とくしゅ》な性質をもつ。

②ひらがな
③カタカナ
}音だけを表す表音文字である。

※漢字は、字の形・音・意味の三つの要素をもっており、他の文字には見られない特徴《とくちょう》となっている。

例
川 { 形「川」 / 音 セン・かわ / 意味 かわ。水の流れ。 }
岩 { 形「岩」 / 音 ガン・いわ / 意味 いわ。大きな石。 }

絶対おさえる！

☑ 漢字には形・音・意味の三つの情報がふくまれており、表意文字であり、表音文字でもある。

2 六書《りくしょ》

漢字の成り立ちや使い方の原理に注目して、漢字を六種類に分類したものを六書と呼ぶ。六書には次のような種類がある。

❶ 象形《しょうけい》文字

…具体的なものの形を写し取ったり、特徴をとらえてかたどったりしてできた文字。へんやつくりなどにもなっている。

例 →雨　→日　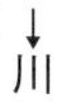→川　→月

❷ 指《し》事《じ》文字

…形のないものを点や線で抽象的《ちゅうしょうてき》に示した文字。多くは、象形文字に点や線を加えて意味を表すようになったものである。

例 →上　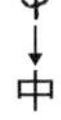→中　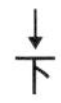→下
一→一　=→二　≡→三

❸ 会《かい》意《い》文字

…象形文字や指事文字などの、意味を表す漢字を二つ以上組み合わせることで、元の意味を生かしつつ新しい意味をもたせている文字。

例 人＋木→休　口＋鳥→鳴
木＋木＋木→森

❹ 形《けい》声《せい》文字

…二つの字を組み合わせて、一方で音、もう一方で意味を表している。意味を表す部分を意符《いふ》、音を表す部分を音符《おんぷ》と呼ぶ。ただし、音符は音だけでなく意味を表すこともある。

例
財 { 意符…貝 / 音符…才 }　授 { 意符…扌 / 音符…受 }　霜《しも》 { 意符…雨 / 音符…相 }
管 { 意符…竹 / 音符…官 }　紅 { 意符…糸 / 音符…工 }　清 { 意符…氵 / 音符…青 }

2 熟語の読み方

とくに二字の漢字からなる熟語の読み方は、音読みと訓読みの組み合わせで四種類に分けられる。加えて、特別な読み方をする熟字訓もある。

❶ 音読み＋音読み

上下の漢字をどちらも音読みする。

例 学校（ガッコウ）・改善（カイゼン）・判断（ハンダン）・事件（ジケン）

❷ 訓読み＋訓読み

上下の漢字をどちらも訓読みする。

例 野原（のはら）・草木（くさき）・海辺（うみべ）・物置（ものおき）

❸ 音読み＋訓読み

上の漢字を音読みし、下の漢字を訓読みし、重《ジュウ》箱《ばこ》読み（重は音読み、箱は訓読み）と呼ばれる。

例 気合（キあい）・現場（ゲンば）・半年（ハンとし）・札束（サツたば）

❹ 訓読み＋音読み

上の漢字を訓読み、下の漢字を音読みし、湯《ゆ》桶《トウ》読み（湯は訓読み、桶は音読み）と呼ばれる。

例 手帳（てチョウ）・指図（さしズ）・弱気（よわキ）・黒幕（くろマク）

❺ 熟字訓

一字ごとの音訓とは関係なく、熟語全体にひとつの読み方を付したもの。

例 梅雨（つゆ）・笑顔（えがお）・竹刀（しない）・土産（みやげ）

※音訓の組み合わせを間違《まちが》えやすい熟語

仕事（シごと）・素顔（スがお）…音読み＋訓読み

家賃（やチン）・合図（あいズ）…訓読み＋音読み

絶対おさえる！

☑**熟語を読むときは、読み方の組み合わせが四種類のうちどれか、あるいは熟字訓かどうかを意識するとよい。**

基礎力チェック！

1. 次の漢字の（　）内の読みが音読みであればア、訓読みであればイと答えなさい。

①形（かた）　②貝（かい）　③弓（ゆみ）
④陸（りく）　⑤元（もと）　⑥骨（こつ）
⑦円（えん）　⑧株（かぶ）　⑨気（け）
⑩波（は）　⑪酒（さけ）　⑫銀（ぎん）

2. 次の熟語の読みを例にならって、音読みはカタカナ、訓読みはひらがなを用いて書きなさい。

例 手帳…てチョウ

①毎日　②服屋　③雨具　④門戸
⑤荷台　⑥真冬　⑦花見　⑧精肉
⑨構造　⑩仲間　⑪安値　⑫本来

3. 次の――線部の漢字の音の違いに注意して、熟語全体の読みをひらがなで答えなさい。

①昼夜・昼間　②頭部・頭上　③読書・読点
④漁港・漁師　⑤土砂・砂糖　⑥知己・利己
⑦反省・省略　⑧裁判・判断

答え

1. ①イ　②イ　③イ　④ア　⑤イ　⑥ア　⑦ア　⑧イ　⑨ア　⑩ア　⑪イ　⑫ア → 1 参照

2. ①マイニチ　②フクや　③あまグ　④モンコ　⑤にダイ　⑥まふゆ　⑦はなみ　⑧セイニク　⑨コウゾウ　⑩なかま　⑪やすね　⑫ホンライ → 2 参照

3. ①ちゅうや・ひるま　②とうぶ・ずじょう　③どくしょ・とうてん　④ぎょこう・りょうし　⑤どしゃ・さとう　⑥ちき・りこ　⑦はんせい・しょうりゃく　⑧さいばん・はんだん → 1 参照

Japanese

2 漢字の音訓

漢字・語句

学びのポイント

● 漢字の訓読みは、言葉の意味と直結している。訓読みを通して、漢字の意味を理解していこう！

月　日

1 漢字の音訓

漢字には音読みと訓読みの二種類の読み方がある。読みを記すときは、音読みにカタカナ、訓読みにひらがなを用いることが一般的《いっぱんてき》である。

例 山：音読み…サン／訓読み…やま　光：音読み…コウ／訓読み…ひかり・ひか（る）

❶ 音読み…中国語の読みをもとにした読み方。

伝わってきた時代によって、次のように複数の音読みをもつ漢字がある。

① **呉音《ごおん》**…最も古い時代、中国の中南部を経由して、仏教とともに伝えられた読み。『古事記《こじき》』や『万葉集《まんようしゅう》』に使われている。

② **漢音**…遣隋使《けんずいし》や遣唐使《けんとうし》によって中国の北部を経由して伝えられた読み。

③ **唐音《とうおん》**…平安時代の中期以降に伝えられた新しい読み。

例 外：呉音…ゲ（外科）／漢音…ガイ（外交・海外）／唐音…ウイ（外郎《ういろう》）
行：呉音…ギョウ（行列）／漢音…コウ（行動・断行）／唐音…アン（行脚《あんぎゃ》）

※次のように複数の音をもつ漢字もある。

例 化：カ（変化）／ケ（化粧《けしょう》）　物：ブツ（動物）／モツ（禁物）　間：カン（空間）／ケン（世間）

※複数の音をもつ漢字には、使われる意味によって読みが異なるものもある。

例 楽：ガク（音楽）→ 意味 音楽／ラク（楽園）→ 意味 たのしい

❷ 訓読み…中国から伝わった漢字に日本語（やまとことば）をあてた読み方。

音読みと比べ、漢字のもつ意味が明確である。

例 草《くさ》・日《ひ》・朝《あさ》・上《うえ》・左《ひだり》・笑《わら》う・立《た》つ・走《はし》る

※次のように複数の訓をもつ漢字もある。

例 外：そと／ほか／はず（す）・はず（れる）　空：から／そら／あ（ける）・あ（く）
集：あつ（める）・あつ（まる）／つど（う）　着：き（る）・き（せる）／つ（く）・つ（ける）

※国字…日本でつくられた独自の漢字。国字はほとんどが訓読みしかもたない。

例 畑《はたけ》・枠《わく》・峠《とうげ》

例外 「働」のように音読みをもつ国字もある。

働：ドウ／はたら（く）

※漢字は音とともに中国から伝わってきたため、国字を除き、音読みだけをもち、訓読みをもたないものが多い。

例 校《コウ》・茶《チャ》・画《ガ》・絵《エ》・肉《ニク》・医《イ》・客《キャク》・気《キ》・駅《エキ》・両《リョウ》・台《ダイ》・胃《イ》

絶対おさえる！

☑ **音読みは中国の読みをもとにした読みで、カタカナで表記し、訓読みは日本語をあてた読みで、ひらがなで表記する。**

⑤ たれ（漢字の上側から左下に垂れる。）

广…まだれ 意味 屋根・建物 例 庁・広

厂…がんだれ 意味 石・岩 例 原・厚

戸…とだれ・とかんむり 意味 小屋・扉《とびら》 例 房《ふさ》・扉

疒…やまいだれ 意味 病気・傷害 例 病・痛

尸…しかばね 意味 身体・家屋 例 居・届

⑥ にょう（漢字の左側から下を取り巻く。）

辶…しんにょう・しんにゅう 意味 行く・進む 例 返・辺

廴…えんにょう・いんにょう 意味 進む・道 例 延・廷《てい》

走…そうにょう 意味 走る・歩く 例 起・趣《しゅ》

鬼…きにょう 意味 死者・魂《たましい》 例 魅《み》・魂

⑦ かまえ（漢字の三方や四方、両側を囲んでいる。）

冂…えんがまえ・けいがまえ・どうがまえ 意味 遠い 例 円・再

匸…かくしがまえ 意味 かくす 例 区・医

勹…つつみがまえ 意味 包む 例 包・勾《こう》

行…ぎょうがまえ・ゆきがまえ 意味 道路・街 例 術・街

囗…くにがまえ 意味 囲む 例 回・因

气…きがまえ 意味 気体 例 気

門…もんがまえ 意味 入り口・囲い 例 開・閉

戈…ほこがまえ 意味 武器 例 戦・成

匚…はこがまえ 意味 箱・箱の種類 例 匠《しょう》

絶対おさえる！

☑ここに取り上げた部首については、**名前と表す意味**をおさえよう。新出漢字を覚える手助けにもなる。

基礎力チェック！

1. 次の漢字の部首名をひらがなで答えなさい。

①境 ②種 ③登 ④冷 ⑤局

⑥飲 ⑦術 ⑧包 ⑨医 ⑩腹

2. 次の漢字に共通する部首を抜《ぬ》き出し、部首名をひらがなで答えなさい。

①陸・院・降 ②都・部・郷

③空・窓・究 ④閉・開・関

⑤段・殴・殺 ⑥約・紀・納

3. 次の部首を持つ漢字をあとから選び、記号で答えなさい。

①ごんべん ②ころもへん ③しめすへん

④おおがい ⑤ゆみへん ⑥りっしんべん

ア 情 イ 複 ウ 張 エ 願

オ 祝 カ 謝

4. 次の（　）の中の二つの部分を組み合わせて、□に適切な漢字を入れ、熟語を完成させなさい。

①（走＋己）→□立 ②（令＋頁）→受□

答え

1. ①つちへん ②のぎへん ③はつがしら ④にすい ⑤しかばね ⑥しょくへん ⑦ぎょうがまえ（ゆきがまえ） ⑧つつみがまえ ⑨かくしがまえ ⑩にくづき → 1 参照

2. ①阝・こざとへん ②阝・おおざと ③穴・あなかんむり ④門・もんがまえ ⑤殳・るまた（ほこづくり） ⑥糸・いとへん → 1 参照

3. ①カ ②イ ③オ ④エ ⑤ウ ⑥ア → 1 参照

4. ①起 ②領 → 1 参照

社会
理科
数学
英語
国語

Japanese

1 漢字の組み立てと部首

漢字・語句

1 部首

漢字を組み立てている部分について、左側（へん）や右側（つくり）、上部（かんむり）や下部（あし）など、七つのグループに分類したもの。その漢字の大まかな意味を表すことが多い。

① へん（漢字の左側にある。）

亻…にんべん 意味 人の状態 例 使・作　訁…ごんべん 意味 言葉 例 語・話

糸…いとへん 意味 糸・糸製品 例 絵・紙　氵…さんずい 意味 水 例 海・流

阝…こざとへん 意味 丘《おか》・山 例 陸・降　禾…のぎへん 意味 穀物 例 秋・科

衤…ころもへん 意味 衣類 例 複・補　犭…けものへん 意味 動物 例 独・犯

口…くちへん 意味 口・食べる 例 味・吸　月…にくづき 意味 肉・体 例 臓・肺

女…おんなへん 意味 女性・血縁《けつえん》 例 妹・姉　火…ひへん 意味 火・熱 例 焼・燃

忄…りっしんべん 意味 感情 例 情・性　扌…てへん 意味 手の動き 例 指・打

彳…ぎょうにんべん 意味 行く・道 例 役・往　牜…うしへん 意味 牛 例 牧・物

礻…しめすへん 意味 神・祭事 例 礼・社　飠…しょくへん 意味 飲食 例 飯・飼

馬…うまへん 意味 馬・馬の状態 例 駅・験　木…きへん 意味 木 例 松・材

金…かねへん 意味 金属 例 銅・鉱　魚…さかなへん 意味 魚 例 鮮《せん》・鯨《くじら》

⻊…あしへん 意味 足の動作 例 跡《せき》・路　耳…みみへん 意味 耳・聞く 例 聡《そう》・職

弓…ゆみへん 意味 弓 例 引・弱　目…めへん 意味 目の働き 例 眼・眠《みん》

矢…やへん 意味 矢 例 知・短　冫…にすい 意味 冷たい・氷 例 冷・凍《とう》

日…にちへん・ひへん 意味 太陽・日時 例 明・時

𤣩…おうへん・たまへん 意味 美しい石・王 例 球・現

② つくり（漢字の右側にある。）

刂…りっとう・かたな 意味 切る・刃物《はもの》 例 列・利　力…ちから 意味 力 例 助・動

殳…るまた・ほこづくり 意味 打つ・たたく 例 段・殴《おう》

頁…おおがい 意味 人の姿・頭 例 頂・預　阝…おおざと 意味 集落 例 部・郡

彡…さんづくり・けかざり 意味 飾《かざ》り 例 彩《さい》・形　隹…ふるとり 意味 鳥 例 雑・難

寸…すん 意味 手の動作 例 対・射　斤…おのづくり 意味 斧《おの》で切る 例 断・新

欠…あくび・かける 意味 口を開く 例 欲・歌

攵…のぶん・ぼくにょう・ぼくづくり 意味 打つ・強制する 例 改・教

③ かんむり（漢字の上側にある。）

亠…なべぶた・けいさんかんむり 意味 特定の意味はない 例 亡・交

癶…はつがしら 意味 足の動作 例 発・登　艹…くさかんむり 意味 草花 例 草・茶

冖…わかんむり 意味 おおう 例 写・冠《かん》　宀…うかんむり 意味 家屋 例 安・守

穴…あなかんむり 意味 穴 例 究・窓　⺮…たけかんむり 意味 竹類 例 筆・等

𠆢…ひとやね 意味 人の状態 例 全・会

雨…あめかんむり 意味 雨・気象 例 雲・雪

耂…おいかんむり・おいがしら 意味 老人に関するもの 例 考・者

④ あし（漢字の下側にある。）

儿…にんにょう・ひとあし 意味 人 例 兄・児

灬…れんが・れっか 意味 火・熱 例 熱・照　皿…さら 意味 容器 例 盟・盛

貝…かい 意味 貨幣《かへい》 例 貿・買　心…こころ・したごころ 意味 心の働き 例 志・忘

学びのポイント

● 部首にはそれぞれ「意味」が込《こ》められている。意識すると、漢字の書き分けがラクになるぞ！

月　日

読解や試験対策にも役立つ！

カタマリ音読

近年の高校入試では、「読み方」の問題も出題されます。国語学習の中で「声に出して読むこと」が重視され始めている今、中学でも音読をやってみましょう！

「カタマリ音読」のやり方

1. 形式段落や場面、意味段落などの一つの「カタマリ」を音読する。
2. 読み終えたら、音読したカタマリの内容を思い出し、振り返る。1と2を繰り返していく。

ポイント

- ☑ 声に出して読むと、「内容をイメージしやすくなる」「内容を覚えやすくなる」という効果がある。
- ☑ 高校入試での「どこを強調して読むと、相手に伝わりやすいか」「このセリフはどう発音すると、より気持ちが伝わるか」といった出題の対策にもなる。

水の循環の始まりは、「蒸発」です。太陽の熱によって水は蒸発し、水蒸気が空気中にあがっていきます。この蒸気が冷やされて目に見えるようになったものを「雲」と言います。凝結した水の粒が集まって雲を作り、やがて雨となって地上に落ちます。これを「降水」と言います。
音読
「水の循環」についての話だったな。「蒸発する→雲ができる→雨が降る」の流れで……
振り返り
地面に落ちた雨水の一部は、川や湖、海へと流れていきます。しかし、すべての雨水が直接川や海に流れるのではなく、地中に浸み込む雨水もあります。これは「浸透」と呼ばれています。地中に浸み込んだ雨水の一部は、植物の根から吸い上げられ、葉から水蒸気としてまた空気中に戻ります。そのほかは、「地下水」となり、長い時間をかけて流れ、やがては川や湖、海へと流れます。
音読
地面に落ちた水は「流れていく水」や「浸み込む水」になるんだな。「浸み込む水」は、植物に吸い上げられたり、地下水として流れたり……
振り返り

国語のおすすめ勉強法①

漢字の勉強で、語彙力をアップする！

熟語分解読み

漢字は一文字ごとに意味があります。新しい漢字を勉強するときは、「言葉の意味を習得していく」意識を持つと、語彙力もアップしていきます。

「熟語分解読み」のやり方

1. 覚える漢字を書いたら、音読みと訓読みの両方を書きとめる。
2. そのとき、熟語を漢字に分解して、訓読みしながらつなげて読む。たとえば「読書」は「書を読む」など。

ポイント

☑ 漢字の勉強のときに、「意味を理解しないままひたすら書く」は絶対にNG。

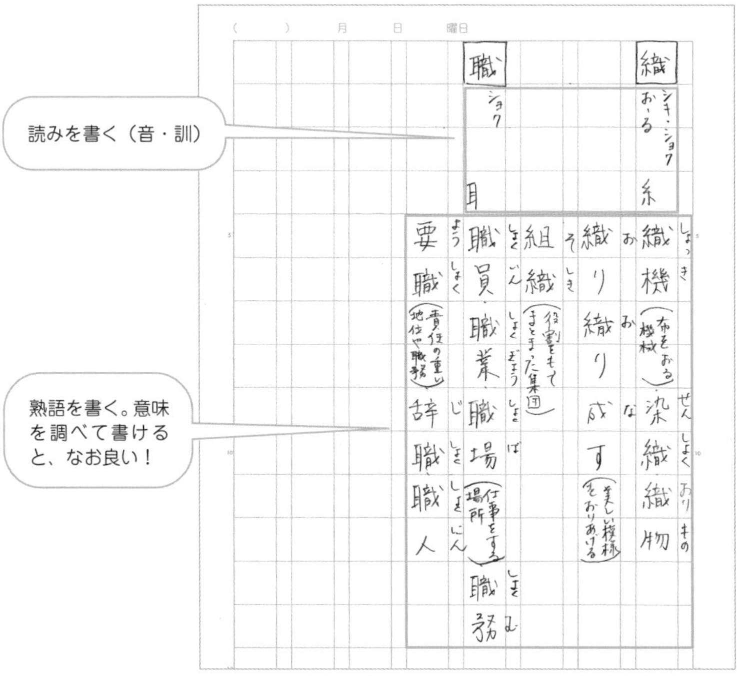

読みを書く（音・訓）
熟語を書く。意味を調べて書けると、なお良い！

監修者紹介

清水　章弘（しみず・あきひろ）

◉——1987年、千葉県船橋市生まれ。海城中学高等学校、東京大学教育学部を経て、同大学院教育学研究科修士課程修了。新しい教育手法・学習法を考案し、東大在学中に20歳で起業。東京・京都・大阪で「勉強のやり方」を教える学習塾プラスティーを経営し、自らも授業をしている。青森県三戸町教育委員会の学習アドバイザー。

◉——著書は『現役東大生がこっそりやっている 頭がよくなる勉強法』（PHP研究所）など多数。テレビでコメンテーターも務めており、TBS「ひるおび」等にレギュラー出演中。

プラスティー

東京、京都、大阪で中学受験、高校受験、大学受験の塾を運営する学習塾。代表はベストセラー『現役東大生がこっそりやっている、頭がよくなる勉強法』（PHP研究所）などの著者で、新聞連載やラジオパーソナリティ、TVコメンテーターなどメディアでも活躍の幅を広げる清水章弘。
「勉強のやり方を教える塾」を掲げ、勉強が嫌いな人のために、さまざまな学習プログラムや教材を開発。生徒からは「自分で計画を立てて勉強をできるようになった」「自分の失敗や弱いところを理解し、対策できるようになった」の声が上がり、全国から生徒が集まっている。
学習塾運営だけではなく、全国の学校・教育委員会、予備校や塾へのサービスの提供、各種コンサルティングやサポートなども行っている。

マナPenくん®

明日《あした》を変《か》える。未来《みらい》が変《か》わる。

マイナス60度にもなる環境を生き抜くために、たくさんの力を蓄えているペンギン。
マナPenくんは、知識と知恵を蓄え、自らのペンの力で未来を切り拓く皆さんを応援します。

中《ちゅう》1　要点《ようてん》が1冊《さつ》でしっかりわかる本《ほん》 5科《か》

2024年7月8日　　第1刷発行

監修者——清水　章弘
発行者——齊藤　龍男
発行所——株式会社かんき出版
　　　　東京都千代田区麹町4-1-4 西脇ビル　〒102-0083
　　　　電話　営業部：03(3262)8011㈹　編集部：03(3262)8012㈹
　　　　FAX　03(3234)4421　　振替　00100-2-62304
　　　　https://kanki-pub.co.jp/
印刷所——シナノ書籍印刷株式会社

ISBN978-4-7612-3120-0 C6000